DELIUS KLASING

Lucia Simion

Antarktis
Das weiße Herz der Erde

unter Mithilfe von Brigitte Huard

Delius Klasing Verlag

Inhalt

Geleitwort von Jean-Louis Étienne .. 6

Einführung 11

Die Antarktis, ein Eisplanet 33

Das Leben auf dem Kontinent
der Extreme 79

Das heroische Zeitalter
der Polarforschung 117

Ein Land des Friedens und
der Wissenschaft 143

Alles auf einen Blick 196

Geleitwort

Von der Antarktis geht genau die Faszination aus, die alles Unerreichbare auf die Menschen ausübt, jene Faszination, die sie dazu bringt, sich leidenschaftlich für eine Sache zu engagieren. Dieses wunderbare Buch veranschaulicht all diese künstlerischen, menschlichen, wissenschaftlichen und politischen Leidenschaften.

Mitten im Kalten Krieg, am Ende des *Internationalen Geophysikalischen Jahres 1957/1958*, wurde der Antarktisvertrag geschlossen, der den Kontinent des Südpols zu einem Land des Friedens und der Wissenschaft macht. Hauptziel dieses Vertrages ist es, im Interesse der menschlichen Zukunft dafür zu sorgen, dass die Antarktis auf ewig für friedliche Zwecke genutzt und niemals zum Zankapfel wird. Seit er unterschrieben und 1991 verlängert wurde, sind Gebietsansprüche eingefroren, alle militärischen und nuklearen Aktivitäten verboten und die Forscher verpflichtet, ihre Ergebnisse untereinander auszutauschen. Das *Protokoll von Madrid* zum Umweltschutz verbietet bis zum Jahre 2048 den Abbau mineralischer Ressourcen.

Die Antarktis ist der einzige Kontinent, auf dem Länder ihre nationalen Ambitionen zurückgestellt haben und es ihnen gelungen ist, ein Modell für eine Weltregierung zu erstellen.

Zugleich ist die Antarktis in ihrer Abgeschiedenheit ein Observatorium für die Auswirkungen menschlichen Handelns auf die Erde. Hier wurde das Ozonloch hoch oben in der Atmosphäre entdeckt, hier verraten die im Eis eingeschlossenen Luftbläschen, welchen Einfluss unsere Zivilisation auf den Klimawandel hat, hier haben sich die oberirdischen Atomtests in die Eisschichten eingraviert. Der Südpol hält Wacht über die Umwelt unseres Planeten.

Die Antarktis ist das Refugium einer äußerst spezialisierten Natur, dort gibt es Arten, die hervorragend angepasst sind an die Kälte, an das Regime der Winde, an die Entfernungen, die zurückgelegt werden müssen, um an Nahrung zu kommen, an die kahlen, offenen Brutplätze, die keinen Schutz bieten vor Wetter oder natürlichen Feinden, an den kurzen Sommer, in dem man seine Nachkommen schnell vor dem Einbruch des Winters großziehen muss. Im Laufe von Jahrtausenden haben diese polaren Lebewesen den biologischen Wettlauf gewonnen und sich an den Grenzen des Lebens angesiedelt – Grenzen, die wir heute überschreiten. Doch dabei ist Vorsicht geboten, denn die Arten in diesem mächtigen Land sind empfindlich.

Die Menschen, die sich dort hingewagt haben, wissen, dass man von einem langen Aufenthalt auf dem weißen Kontinent nicht als derselbe zurückkehrt. Weitgehend oder vollkommen abgeschnitten von der Welt, muss man viel Zeit mit sich selbst verbringen, man orientiert sich um, bezwingt die Abgründe der Einsamkeit. Vielleicht liegt genau in dieser intensiven Begegnung mit sich selbst der Schlüssel zu der paradoxen, unwiderstehlichen Anziehungskraft der doch so unwirtlichen Polargebiete. Diese Welt aus Eis, wo das Erhabene und das Grauen mit solcher Gewalt aufeinandertreffen, hat so manche Helden, Maler, Schriftsteller und Fotografen hervorgebracht, deren Werke die Fantasie ebenso beflügeln wie die schönsten Kindheitsträume.

Mit ihrer Sensibilität, ihrem unvoreingenommenen Blick und ihrer Leidenschaft für die Antarktis zeigt Lucia Simion uns nun auch die verborgenen Seiten dieses Planeten, auf dem wir immer nur Gäste sein werden. Die Antarktis ist kein Kontinent für die Menschen, sie ist ein Kontinent für die Erde.

Jean-Louis Étienne

Einführung

Auf Englisch heißt es schlicht *The Ice* – Das Eis. Zwei Silben, die so sanft herabfallen wie Schneeflocken. *The Ice*, die Antarktis. Die *Terra australis incognita*, deren Existenz Aristoteles schon 2400 Jahre vor ihrer Entdeckung vermutete. Die letzte jungfräuliche Gegend unseres Planeten: das ebenso raue wie prachtvolle Reich des Eises, der Felsen und des Windes, weitab hinter den schrecklichsten Meeren, die wir kennen, dort, wo sich nie eine menschliche Kultur entfalten konnte. So weitab am südlichen Pol des Planeten gelegen, ist dieses Reich fast schon ein außerirdisches, und die Faszination, die seit jeher von dieser Kristallwüste ausgeht, ergreift gleich einer leidenschaftlichen Liebe all jene für immer, die ihre strahlende Schönheit einmal gesehen haben.

»Hier kommt niemand zufällig hin«, merkte der kanadische Geophysiker John Tuzo Wilson (1908–1993) an, einer der Teilnehmer des *Internationalen Geophysikalischen Jahres*. »Dies ist ein Kontinent der Extreme und der Gegensätze, hier gibt es nirgendwo Raum für einen Mittelweg.« Und auch keinen Raum für Intoleranz und Rassismus, denn die Antarktis ist ein Land des Friedens, sie hat sich der Wissenschaft verschrieben und gehört keinem Staat. Kein Pass ist nötig, um ihren Boden zu betreten. Die wahrhaft »Vereinten Nationen« unseres Planeten, dort sind sie zu finden.

Gewaltige Größe

Der Kontinent am Ende der Welt ist fast anderthalbmal größer als Europa und 37-mal größer als Deutschland. Er besteht aus zwei Blöcken unterschiedlichen geologischen Ursprungs: Vor etwa 200 Millionen Jahren gehörte die Ostantarktis zusammen mit Australien, Südamerika, Indien, Sri Lanka, Afrika und Madagaskar zum Superkontinent Gondwana; ihr Gestein ist 2,5 Milliarden Jahre alt. Die Westantarktis ist aus dem südlichsten Ende des südamerikanischen Kontinents entstanden und gleicht eher einem Archipel. Die beiden Landmassen befinden sich seit etwa 100 Millionen Jahren auf ihrer polaren Position und verschwinden fast vollständig unter einem Eisschild von rund 30 Millionen m^3, der sich aus dem im Laufe von Jahrtausenden angehäuften Schnee gebildet hat und Inlandeis genannt wird. Nur die Gipfel des Transantarktischen Gebirges (einer 3500 km langen Bergkette, die den östlichen und den westlichen Eisschild voneinander trennt) sowie einige Vulkane und die Nunataks (vereinzelte Bergspitzen) durchstoßen diesen schweren Panzer und ragen in die Luft. Lediglich 2 % der Oberfläche des Kontinents sind frei von Eis – polare Oasen wie die Trockentäler von McMurdo, dem Ort auf der Erde, der den Bedingungen auf dem Mars am nächsten kommt; hier hat die *NASA* in den 1970er-Jahren die Missionen von Voyager 1 und 2 vorbereitet.

Das Gewicht des antarktischen Inlandeises ist so groß (an manchen Stellen ist es 4776 m dick, fast so hoch wie der Mont Blanc), dass die Erdkruste 800 m unter dem Meeresspiegel liegt. Diese 30 Millionen km^3 stellen 90 % der Eismenge auf der Erde dar und enthalten etwa 80 % ihres Süßwassers.

Einführung

Unter der Eiskappe

Wenn man diesen Panzer abheben könnte, würde man darunter Gebirgsketten wie die 3000 m hohen Gamburtsev Mountains entdecken, tiefe Täler und Süßwasserseen; die Radar-Höhenmesser der Satelliten haben 150 solcher Seen aufgespürt. Der größte von ihnen, der Vostok-See, liegt unter 4000 m Eis verborgen, ist 32-mal so groß wie der Genfer See und etwa 600 m tief. Die Entstehung solcher Seen hängt zum Teil mit der geothermischen Wärme aus dem Erdinnern zusammen (die die Basis des Eisschildes zum Schmelzen bringt), und mit dem sehr hohen Luftdruck (400 Atmosphären in 4000 m Tiefe), der das Wasser im flüssigen Zustand hält. Wenn die antarktischen Eisschilde vollständig abschmelzen würden, würden Städte wie New York, Kapstadt, Marseille oder Sydney überschwemmt und ständen etwa 60 m unter Wasser.

Die Antarktis ist das Land der Extreme: das kälteste, das trockenste, das windigste, das höchste. Im Herzen des Kontinents gibt es nur einen Sonnenaufgang und einen Sonnenuntergang im Jahr; es gibt dort nur einen einzigen Fluss, den Onyx, der in den Trockentälern fließt; kein Landsäugetier lebt dort rund ums Jahr. Der Lambert-Gletscher in der Ostantarktis, der größte der Erde, ist 500 km lang und 80 km breit. Mit einer Geschwindigkeit von 1200 m pro Jahr fließt er auf das Amery-Schelfeis zu, eine auf dem Meer schwimmende Eisfläche, die anderthalbmal so groß ist wie Dänemark.

Der antarktische Zirkumpolarstrom, ein riesiger, flüssiger Gürtel, viermal gewaltiger als der Golfstrom, fließt im Uhrzeigersinn um den Kontinent herum und befördert etwa 135-mal so viel Wasser wie alle Flüsse der Erde zusammen. Er ist vor 23 bis 25 Millionen Jahren entstanden, nachdem sich die Drakestraße geöffnet hatte, und ist eines der wichtigsten Systeme für die Wärmeregulierung der Weltmeere und damit auch der Erdatmosphäre (zusammen mit den Eisschilden und dem Packeis).

Das eisige und sehr dichte Wasser des Zirkumpolarstroms fegt über die Tiefseeebenen des Pazifik, Atlantik und Indischen Ozeans, mischt sich mit dem Wasser aus allen Meeren des Planeten und kühlt es ab.

Ein einzigartiger internationaler Vertrag

Doch die Besonderheit dieses Kontinents beschränkt sich nicht auf solche Rekorde, auch sein Verwaltungssystem – der Antarktisvertrag – ist einzigartig. Der Vertrag wurde 1959 in Washington von zwölf Staaten ratifiziert, die am *Internationalen Geophysikalischen Jahr* 1957/1958 teilgenommen hatten, trat am 23. Juni 1961 in Kraft und regelt die internationalen Beziehungen sowie alle menschlichen Aktivitäten auf dem Festland und den Schelfeisflächen südlich des 60. Breitengrades. Seither wurde er durch Übereinkünfte, Protokolle und Zusätze ergänzt (1972 *Übereinkommen zur Erhaltung der Antarktischen Robben*, 1982 *Übereinkommen zur Erhaltung der lebenden Meeresschätze der Antarktis*), und zwar in einem Maße, dass man von einem *Antarktischen Vertragssystem* spricht: Es stellt gewissermaßen die »Verfassung« der 43 Mitgliedstaaten dar. Jedes Jahr wird eine Konsultativtagung einberufen; 2007 fand sie im April in Neu-Delhi statt.

Ein vergleichbares Verwaltungssystem gibt es nirgendwo sonst auf der Erde. Diese Regelungen machen den vereisten Kontinent zu einem wunderbaren Beispiel für internationale Zusammenarbeit ebenso wie für den vollkommenen Respekt vor der Umwelt. Das war auch das Anliegen des amerikanischen Forschers Richard Evelyn Byrd: »Ich wünsche mir, dass die Antarktis mit ihrer symbolischen weißen Weste immer als ein Kontinent des Friedens erstrahlen möge, wo die Völker der ganzen Erde, die dort zusammenkommen, um wissenschaftliche Projekte durchzuführen, ein Vorbild an internationaler Zusammenarbeit abgeben.«

»Internationale Zusammenarbeit« ist auch einer der Schlüsselbegriffe des *Vierten Internationalen Polarjahres 2007/2008*.

Der Vertrag enthielt auch eine *Konvention zur Regelung der Tätigkeiten im Zusammenhang mit mineralischen Ressourcen der Antarktis (CRAMRA)*. Sie ist jedoch nie in Kraft getreten und wurde durch den Artikel 7 des *Umweltschutzprotokolls zum Antarktisvertrag* ersetzt, das jegliche Art von Bergbau und Ölförderung in den nächsten 50 Jahren verbietet. Und was für Rohstoffe verbergen sich unter dem dicken Eispanzer? Eisen, Kohle, Uran, Nickel, Phosphate, Kupfer ... ja, sogar Gold wurde gefunden! Das *Umweltschutzprotokoll*, 1998 in Kraft getreten, ist das Herzstück des Antarktisvertrages und setzt sich aus 27 Artikeln und sechs Anhängen zusammen, die den Schutz der Umwelt strengstens regeln. Der Müll wird sortiert und zum Teil an Ort und Stelle aufbereitet, doch das meiste wird abtransportiert. Die Forschungsstationen sind mit Wasseraufbereitungsanlagen ausgestattet, und alle Abfälle einer Außenstation, sogar die Abwässer der Toilette, müssen zur Basisstation gebracht werden.

Ein neues Umweltbewusstsein

Natürlich hat es ein paar Jahrzehnte gedauert, bis auch in der Antarktis das heutige Umweltbewusstsein erlangt war – und das leider erst nach mehreren Umwegen, wie zum Beispiel dem Bau einer Flugpiste für die französische Station *Dumont-d'Urville*, für die in den 1990er-Jahren einige kleine Brutinseln für Meeresvögel gesprengt werden mussten, oder der Installation eines Kernreaktors auf der amerikanischen Station *McMurdo* (der 1972 zusammen mit Hunderten von Fässern kontaminierter Erde wieder abtransportiert wurde) oder dem Bau einer amerikanisch-neuseeländischen Station auf Cape Hallett inmitten einer Kolonie von 30000 Pinguinen (die Gebäude wurden 2005 abgebaut, und das Gelände wurde gründlich gesäubert).

Artikel 8 und Anhang 1 des Umweltschutzprotokolls legen fest, mit welchen Verfahren die Auswirkungen der wissenschaftlichen und logistischen Tätigkeiten auf die Umwelt abgeschätzt werden müssen. Seit 1994 sind beispielsweise Schlittenhunde in der Antarktis verboten, damit sie keine Krankheiten auf die Robben übertragen können.

Die Nutzung der Meeresressourcen (zum Beispiel das Fischen von Krill, Schwarzem See-

Einführung

Pyramidenförmige Zelte sind auch heute noch bei Expeditionsteilnehmern äußerst beliebt (oben).

Eine Höhle in der schwimmenden Eiszunge des Campbell-Gletschers, Terra Nova Bay (Seite 3).

Der Schnee auf dem Gipfel des Mount Discovery – ein 2681 m hoher inaktiver Vulkan – wird von Winden aus dem Innern der Antarktis geformt. Scott entdeckte diesen Vulkan während seiner ersten Expedition 1901–1903 und gab ihm den Namen seines Dreimasters DISCOVERY. Hinter dem Vulkan, der sich 65 km südwestlich von Ross Island befindet, sieht man den McMurdo-Sound und oben rechts im Bild den aktiven, 3794 m hohen Vulkan Erebus (Seiten 4/5).

Mitten im südlichen Sommer bahnt sich der Eisbrecher POLAR STAR seinen Weg durch das Trümmereis-Puzzle auf dem McMurdo-Sound (Seiten 8/9).

Eine Gruppe von Adéliepinguinen sucht Zuflucht auf einem gestrandeten Eisberg (Seite 10).

hecht oder des Antarktischen Seehechts) wird vom *Übereinkommen zur Erhaltung der lebenden Meeresschätze der Antarktis CCAMLR* geregelt. Nach dem Erfolg des Antarktisvertrags (und nach seinem Vorbild) wurde 1979 der Mondvertrag ausgearbeitet, eine internationale Konvention, die die Aktivitäten der Staaten auf dem Mond und auf anderen Himmelskörpern des Sonnensystems regelt.

Im Jahre 2007 gab es südlich des 60. Breitengrades 44 Forschungsstationen. Die erste französische Station – *Port Martin* – wurde 1950 in Adélieland von der von Paul-Émile Victor 1946 gegründeten Organisation *Expéditions Polaires Françaises* errichtet. In der Nacht vom 23. auf den 24. Januar 1952 wurde sie durch einen Brand stark beschädigt. Damals gab es bereits eine 46 m² große Hütte im Geologie-Archipel – etwa ungefähr 80 km westlich von *Port Martin* – in der Nähe einer Kaiserpinguin-Kolonie. Sie stellte das erste Gebäude der zweiten französischen Station in der Antarktis dar, der Station *Dumont-d'Urville*.

McMurdo, 1955 von den Amerikanern auf der Ross-Insel gegründet, ist die größte Station auf dem Kontinent (1200 Bewohner im Sommer, 200 im Winter). Die modernste Station ist die der Amerikaner am geografischen Südpol, *Amundsen-Scott*, gefolgt von der französisch-italienischen Station *Concordia*. Großbritannien und Deutschland haben 2007/2008 neue Stationen gebaut (die Nachfolger der alten Stationen *Halley V* und *Georg von Neumayer II*), Belgien ist mit der ersten emissionsfreien Forschungsstation im Dronning-Maud-Land präsent, und China plant die Errichtung einer Station auf dem Dome A, dem höchsten Punkt des antarktischen Eisschildes (4300 m).

Die Bevölkerung der Antarktis setzt sich aus Wissenschaftlern und Technikern zusammen (ungefähr 1000 Personen im Winter und 4000 im Sommer). Eine Ausnahme gibt es allerdings: Die argentinische Station *Esperanza* auf der Antarktischen Halbinsel nimmt auch Familien mit Kindern auf. Dort wurde 1978 sogar ein kleiner Junge geboren – Emilio Palma. Außerdem gibt es noch eine jedes Jahr größer werdende Gruppe, nämlich die der Polartouristen, deren Anzahl inzwischen die der Wissenschaftler und Techniker bei Weitem überschritten hat (2006/2007 waren es ungefähr 30 000).

Neue Abenteurer

Dennoch ist die Antarktis auch heute noch ein Ort für Extremabenteuer: Während der Polarnacht kann niemand ins Herz von *The Ice* vordringen oder es verlassen. Die Teams, die den Winter in der französisch-italienischen Station *Concordia*, der amerikanischen Station *Amundsen-Scott* oder der britischen Station *Halley V* verbringen, sind isolierter als die Astronauten der Internationalen Weltraumstation. Doch auch wenn die Antarktis geografisch isoliert ist, im Hinblick auf das Klima ist sie es nicht: Beweis dafür ist, dass die Freisetzung von Fluorchlorkohlenwasserstoffen (FCKW), wo auch immer auf der Welt geschehen, zur Zerstörung der Ozonschicht in der Stratosphäre über dem Kontinent geführt hat. Im September 2006 war das antarktische Ozonloch 2,2-mal so groß wie die Fläche der Vereinigten Staaten. Seit 1992 ist die Freisetzung von FCKW durch das *Protokoll von Montreal* verboten.

Einführung

In der Nähe der französisch-italienischen Station am Dome C auf dem Polarplateau haben Glaziologen Obelisken aus Schneeblöcken gebaut, um eine Schneise zu markieren, aus der sie Proben entnommen haben.

Betrifft die globale Erwärmung auch den großen Eiskontinent? Zum jetzigen Zeitpunkt kann niemand darauf eine genaue Antwort geben. Wir brauchen mehr Daten, und vor allem leistungsfähigere Klimamodelle. Denn einerseits gibt es besorgniserregende Anzeichen auf der Antarktischen Halbinsel: Die Temperaturen sind in den letzten 50 Jahren um 2,5 °C angestiegen und haben einen Rückgang bei den meisten der 400 Gletscher (bei 75 % von ihnen) und den Zerfall von großen Schelfeisen wie zum Beispiel Larsen B (März 2002) bewirkt. Andere, in der Ostantarktis gesammelte Daten dagegen sind ein Beweis für eine Abkühlung. Dennoch wird der Eisschild der Westantarktis als gefährdet eingestuft, weil sein Untergrund direkt auf dem Meer aufliegt und nicht auf einem Felssockel wie der östliche Eisschild. Die Klimaveränderung in der Antarktis und das Verhalten der großen Eisschilde sind zwei der wichtigsten Forschungsthemen des *Vierten Internationalen Polarjahres 2007/2008*: Konvois (Karawanen mit speziell für die polaren Bedingungen ausgestatteten Caterpillar-Traktoren) durchstreifen weite unberührte und unerforschte Landstriche des Kontinents und entnehmen Eiskerne, während Satelliten (wie der ICESat

Einführung

Der Eisbrecher POLARSTERN auf dem Weddellmeer. Er gehört dem deutschen *Alfred-Wegener-Institut* und ist eines der leistungsfähigsten Polarforschungsschiffe der Welt. Die POLARSTERN ist 118 m lang und kann 1,5 m dickes Packeis mit einer Geschwindigkeit von 5 Knoten durchfahren. Seit ihrer Indienststellung hat sie mehr als 30 Expeditionen in die Arktis und Antarktis unternommen. 320 Tage im Jahr ist sie auf See (oben).

Katabatische Winde, eine Masse dichter, eisiger Luft, die aufgrund der Schwerkraft von den Berggipfeln oder vom Polarplateau zur Küste herabströmen, treiben Schnee vor sich her (rechte Seite).

Im aufgebrochenen Packeis des McMurdo-Sounds in der Nähe von Ross Island steigen Orcas an die Wasseroberfläche um zu atmen und die Umgebung zu erkunden. Am Horizont die Silhouette des Erebus (folgende Doppelseite).

der amerikanischen Luft- und Raumfahrtbehörde *NASA*) den Kontinent überfliegen und regelmäßig die Eisdicke messen.

The Ice ist ein höchst außergewöhnliches wissenschaftliches Labor unter freiem Himmel. Dort werden Untersuchungen in der Physik der oberen Atmosphäre, in Glaziologie, Meereskunde, Geologie und Vulkanologie, in Zoologie, Seismologie und vor allem in Astronomie und Astrophysik durchgeführt, weil die Luft dort sehr kalt und trocken ist. Dome C im Herzen des Kontinents, die Stelle, an der sich die Station *Concordia* befindet, gilt als der beste Ort auf dem Globus für astronomische Beobachtungen und Infrarotastronomie.

In der Nähe der *Amundsen-Scott*-Station am geografischen Südpol entsteht seit 2005 *IceCube*, das größte wissenschaftliche Instrument der Erde (1 km^3): Die 4800 »Augen« dieses Spezialteleskops werden tief in den Eisschild versenkt und sollen die geheimnisvollsten Elementarteilchen des Universums – die Neutrinos – aufspüren, die bei

gewaltigen kosmischen Ereignissen wie Gamma-Ausbrüchen, Schwarzen Löchern oder dem Urknall erzeugt werden. Das höchst ehrgeizige Projekt wird von der amerikanischen *National Science Foundation (NSF)* mit etwa 300 Millionen Dollar unterstützt.

Das antarktische Eis ist außerdem ein wichtiges Datenarchiv für das Klima. Die Auswertung der Eiskerne, die zwischen 1999 und 2004 bei der französisch-italienischen Station am Dome C von dem europäischen Projekt *EPICA (European Project for Ice Coring in Antarctica)* erbohrt wurden, liefert entscheidenden Aufschluss zur Klimaentwicklung der letzten 800 000 Jahre. In diesem Zeitraum hat die Erde im Wechsel von Eiszeiten und wärmeren Zeiten, sogenannten Interglazialen, acht Klimazyklen durchlaufen. Die Analyse der im Eis eingeschlossenen Luftbläschen hat bestätigt, dass der heutige Gehalt an Treibhausgasen in der Atmosphäre der höchste seit 440 000 Jahren ist.

Anfang Februar 2007 bestätigte die *IPCC (Intergovernmental Panel on Climate Change)* in Paris, dass 90 % des Klimawandels, den wir seit einem halben Jahrhundert beobachten, menschengemacht sind. Doch das Eis ist nicht das einzige Klimaarchiv in der Antarktis: Das internationale Bohrprojekt *ANDRILL (Antarctic Geological Drilling)*, bei dem die Vereinigten Staaten, Neuseeland, Deutschland und Italien zusammenarbeiten, erbohrt unter dem Ross-Schelfeis einen Sedimentkern und war im Dezember 2006 bei 1284,87 m Tiefe angelangt. Ziel des *ANDRILL*-Projektes ist es, die Entwicklung des antarktischen Klimas in den letzten 60 Millionen Jahren zu untersuchen, um die künftige Reaktion des Kontinents besser abschätzen zu können.

Einführung

Der Schirm dieser antarktischen Qualle erreicht einen Durchmesser von bis zu einem Meter; die Qualle heißt *Desmonema glaciale*, lebt im freien Wasser, ernährt sich hauptsächlich von Krill und Fischen, frisst aber auch Seesterne. Das hier fotografierte Exemplar hat seine Tentakel (die bis zu 5 m lang werden können) verloren (rechte Seite).

Ungefähr 20 000 Paare pflanzen sich in der Kolonie von Cape Washington fort, einer der beiden größten von 42 erfassten Kaiserpinguin-Kolonien in der Antarktis (Seiten 20/21).

In Adélieland, in der Nähe der französischen Forschungsstation *Dumont-d'Urville,* ruht sich ein Adéliepinguin auf einer Eisscholle aus (Seiten 22/23).

Eine Gruppe Kaiserpinguine schwimmt an der Wasseroberfläche in einer Eisspalte. Diese Meeresvögel sind Meister im Tauchen: Sie kommen bis auf 600 m hinunter und können 20 Minuten unter Wasser bleiben (folgende Doppelseite).

Die Spitze des *West Beacon* in den Trockentälern von McMurdo in der Nähe von Ross Island: Die dunklen Schichten (Ferrar-Provinz genannt) bestehen aus Basalt, die helleren Schichten sind Sedimentgestein. Die Basalte sind vor etwa 183 Millionen Jahren beim beginnenden Zerfall Gondwanas in die Sedimentschichten eingedrungen (Seiten 28/29).

Ein Sturm wirbelt den Schnee auf und treibt ihn zwischen den Kaiserpinguinen und ihren Küken hindurch (Seiten 30/31).

Ein von der Brandung geschliffener Edelstein: Dieser riesige, azur leuchtende Eisberg wurde von den Wellen und Stürmen des Weddellmeeres in der Ostantarktis poliert. Er dient einer Gruppe von Zügelpinguinen als gigantisches Floß. Kapsturmvögel, die es überall im Südpolarmeer gibt, streifen an seinen blauen Wänden entlang. Dieser Eisberg sieht türkisblau aus, weil das kompakte Eis, aus dem er besteht, die Rotkomponente des sichtbaren Lichtes absorbiert und nur Blau durchlässt.

Die Antarktis, ein Eisplanet

Die Antarktis, ein Eisplanet

Gondwana

Auf den Karten des 16. Jahrhunderts war der große südliche Kontinent nicht verzeichnet, denn niemand konnte beweisen, dass es ihn gab, oder sich seine Gestalt, seinen Umriss oder seine Größe vorstellen (siehe Karten Seite 118). Ein unergründliches Mysterium. Auch die ersten Forscher fuhren ins Unbekannte, denn bis 1929, als Richard Byrd mit seiner Ford Trimotor kam, hatte noch nie jemand den Kontinent überflogen. Lediglich mit Fesselballons waren einige Versuche unternommen worden. Heute überfliegen die Satelliten der NASA und der ESA mehrmals am Tag die Antarktis und fangen atemberaubend schöne Bilder ein. Fast alles, was am Ende der Welt vor sich geht, wird mit einer eindrucksvollen Fülle an Details fotografiert: die Entstehung eines gewaltigen Eisbergs (des B-15), die Kollision eines Eisbergs mit einem auf dem Meer schwimmenden Gletscher (dem B-15 A mit der Drygalski-Eiszunge), der Zerfall eines Schelfs (Larsen B) oder ein Vulkanausbruch in einer entlegenen Gegend des Kontinents, dem Marie Byrd Land – nichts entgeht mehr den Augen der Satelliten, ja nicht einmal das, was für das menschliche Auge unsichtbar ist wie die unter dem Eisschild verborgenen 150 Seen der östlichen und westlichen Antarktis. Deren Erforschung war und ist eine der großen Herausforderungen des *vierten Internationalen Polarjahres 2007/2008* und der kommenden Jahre.

Kein Kontinent wie die anderen – das ist das Mindeste, was man sagen kann. Schauen Sie ihn sich doch nur an. Keine grünen Flecken, die auf Wälder hindeuten würden. Keine Städte. Keine Flüsse. Keine Seen (oder so gut wie keine). So weit das Auge reicht nur Schnee und Eis. Man hat den Eindruck, dass dort, in jener fernen, frostigen Gegend, die Zeit in der letzten Eiszeit vor 20 000 Jahren stehen geblieben ist. Eine Fläche von 13,5 Millionen km^2: 37-mal so groß wie Deutschland, 1,3-mal so groß wie Europa, 1,4-mal so groß wie die Vereinigten Staaten. Das insgesamt auf 24,7 bis 26,6 Millionen km^3 geschätzte Eisvolumen (90 % des Eises auf der Erde) entspricht 24,7 bis 26,6 Trillionen Litern Wasser und stellt 80 % der weltweiten Süßwasserreserven dar. Das Gewicht des Eises ist so groß (etwa 26 Billiarden Tonnen), dass der Festlandsockel 800 m unter dem Meeresspiegel liegt. Nein, das ist kein Kontinent wie die anderen. Das ist ein Planet für sich. Ein Eisplanet.

Doch dieser Erdteil war nicht immer so weit von allen anderen Ländern entfernt. Vor 200 Millionen Jahren hingen Afrika, Südamerika, Australien, Indien, Neuseeland, Madagaskar, die Arabische Halbinsel, Sri Lanka und die Antarktis zusammen und bildeten gemeinsam einen großen Erdkrustenblock, den der österreichische Geologe Eduard Suess Gondwana nannte (nach einer Gegend in Indien, wo er Anzeichen für diese Verbindung gefunden hatte). Wenige Jahre bevor der Meteorologe Alfred Wegener seine Theorie von der Kontinentalverschiebung vorstellte (1912), war Suess zu seinen Schlussfolgerungen gelangt; er hatte Ähnlichkeiten festgestellt zwischen der fossilen Fauna und Flora in Gebieten, die heute durch Ozeane getrennt sind. Ein Beispiel dafür ist der fossile Farn *Glossopteris*, den man sowohl in Indien als auch in Südafrika und Südamerika findet. Dieser heute ausgestorbene Farn wurde auch in der Antarktis entdeckt; Scott und seine Gefährten hatten einige Exemplare gesammelt. Ein weiterer Beweis: In der Antarktis wurde ein kleines, katzengroßes, pflanzenfressendes Reptilienfossil entdeckt – der *Lystrosaurus*, der ebenso in Indien, Afrika, Australien und Südamerika gelebt hatte. Paläontologische, geologische und sedimentäre Beweise bestätigen also, dass es Gondwana tatsächlich gegeben und dass die Antarktis sich im Herzen dieses Superkontinents befunden hat, der vor ungefähr 180 Millionen Jahren auseinanderzubrechen begann.

Zuerst, vor 125 Millionen Jahren, haben sich Afrika und Südamerika abgekoppelt. 60 Millionen Jahre später löste sich die Antarktis von Australien und bewegte sich auf die polare Position im äußersten Süden der Erde zu. Damals herrschte dort ein gemäßigtes Klima, und es gab Wälder. Mit der Öffnung der Drakestraße (den 1000 km des Südpolarmeeres, die Südamerika von der Antarktischen Halbinsel trennen) bildete sich dann vor ungefähr 23 Millionen Jahren der Zirkumpolarstrom und schuf die Voraussetzungen für die Isolation, das allmähliche Erkalten des Kontinents und schließlich für die Entstehung der mächtigen Eisschilde, die wir heute kennen.

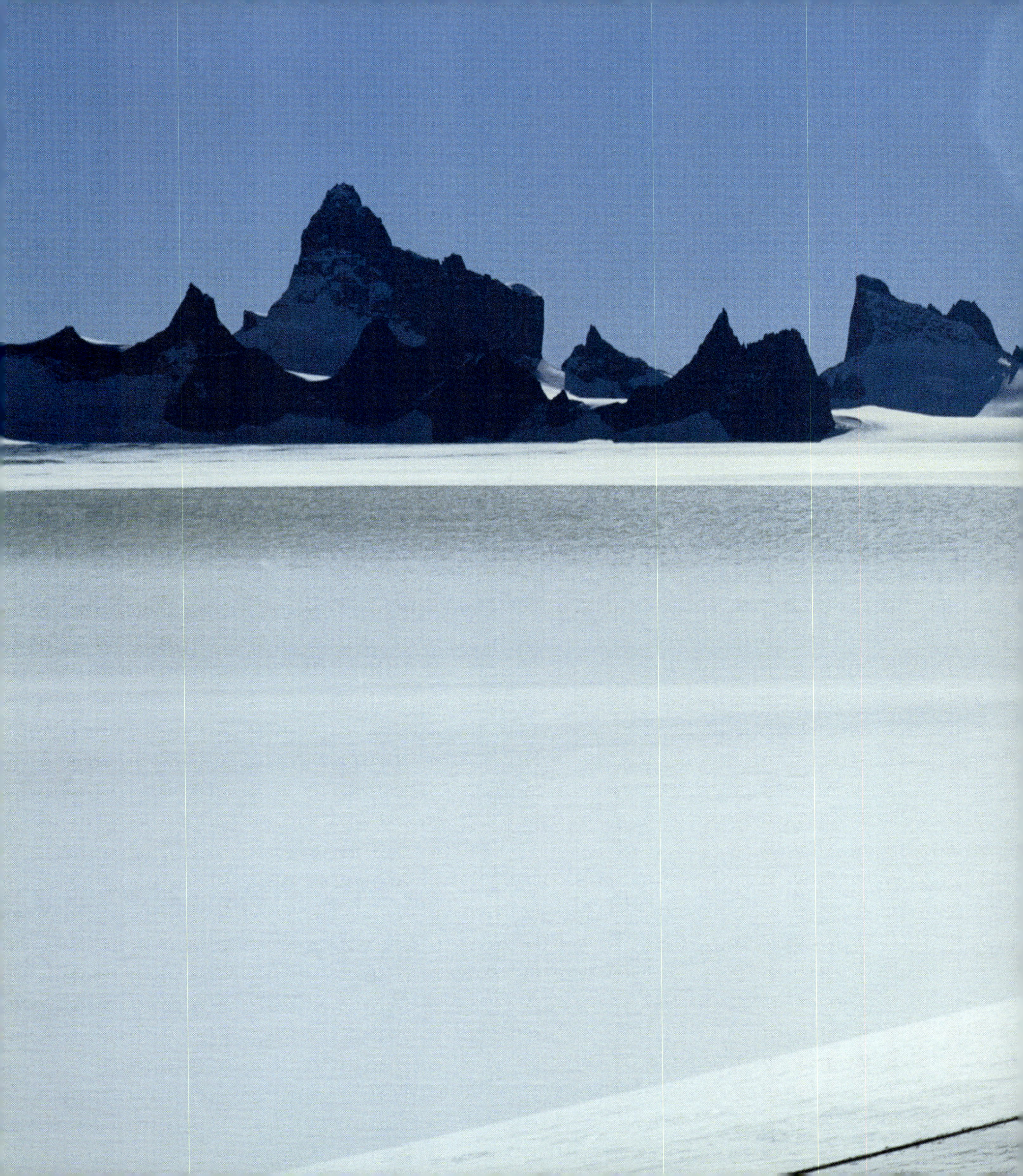

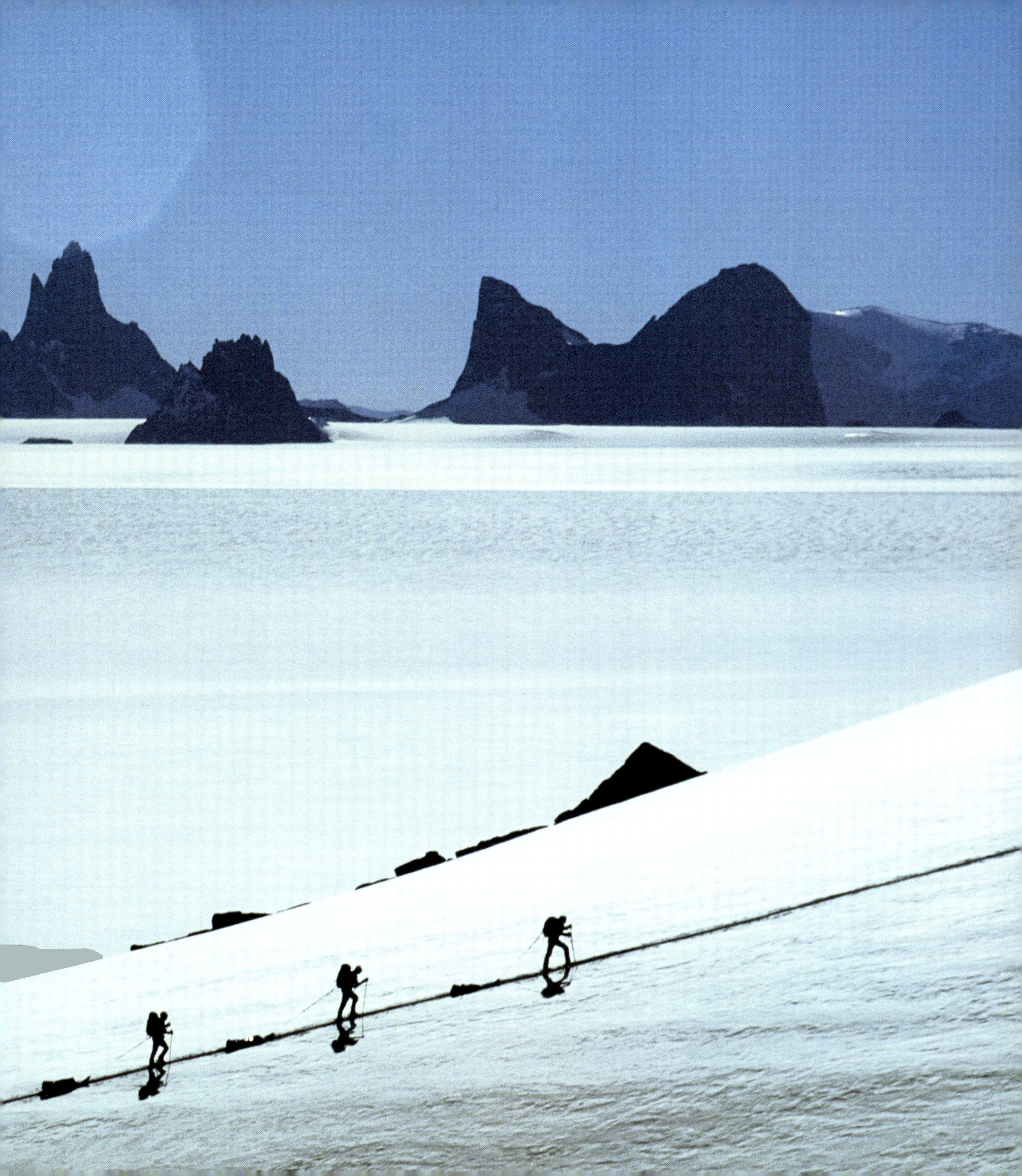

Die Antarktis, ein Eisplanet

Ein seltenes Bild, aufgenommen in der Nähe der Kaiserpinguin-Kolonie von Auster, 53 km von der australischen Station *Mawson* entfernt. Kleine Stücke von einem der im Packeis festsitzenden Eisberge wurden bei einem heftigen Schneesturm über die Eisfläche getrieben und haben diese unglaublichen und kurzlebigen Eiskugeln mit einem Durchmesser von etwa ungefähr 20 cm gebildet – ein paar Tage später waren sie wieder geschmolzen (oben).

Aus dem Eisschild der Ostantarktis ragen die Berge des Dronning Maud Landes hervor; sie sind ein beliebtes Ziel für erfahrene Bergsteiger (vorhergehende Doppelseite).

Diese Felsen heißen Rumdoodle Rocks, und dieses Bild ist etwas Besonderes, weil die Blöcke mittlerweile von ihren Sockeln gefallen und davongetragen worden sind. Das Phänomen ist gar nicht so selten – es handelt sich um sogenannte »Findlinge«, die von den Gletschern wie auf einem Förderband talabwärts transportiert werden.
Die Sonne erwärmt den Felsen, dadurch schmilzt das Eis um ihn herum und bildet eine Art Stütze oder Sockel (rechte Seite).

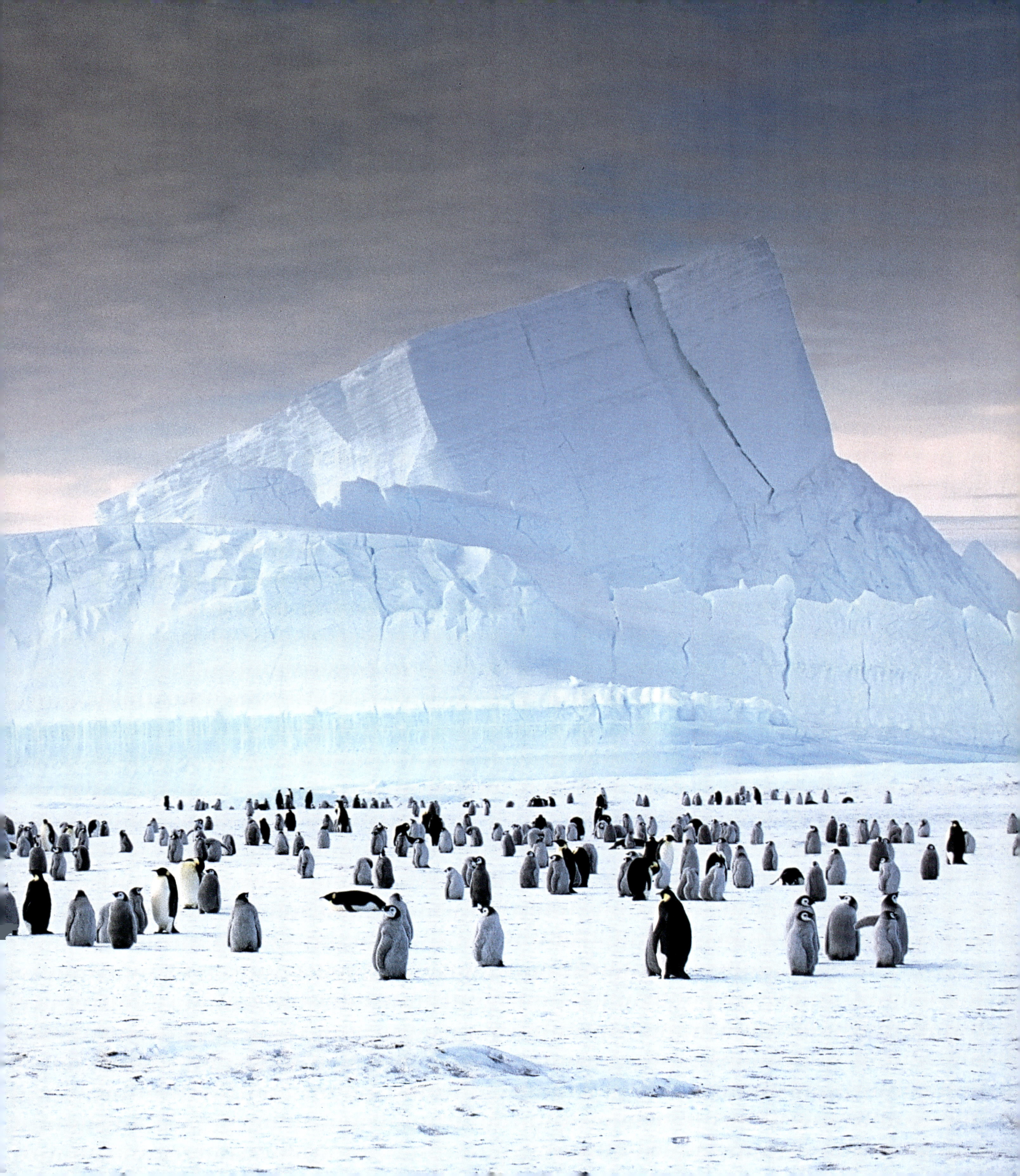

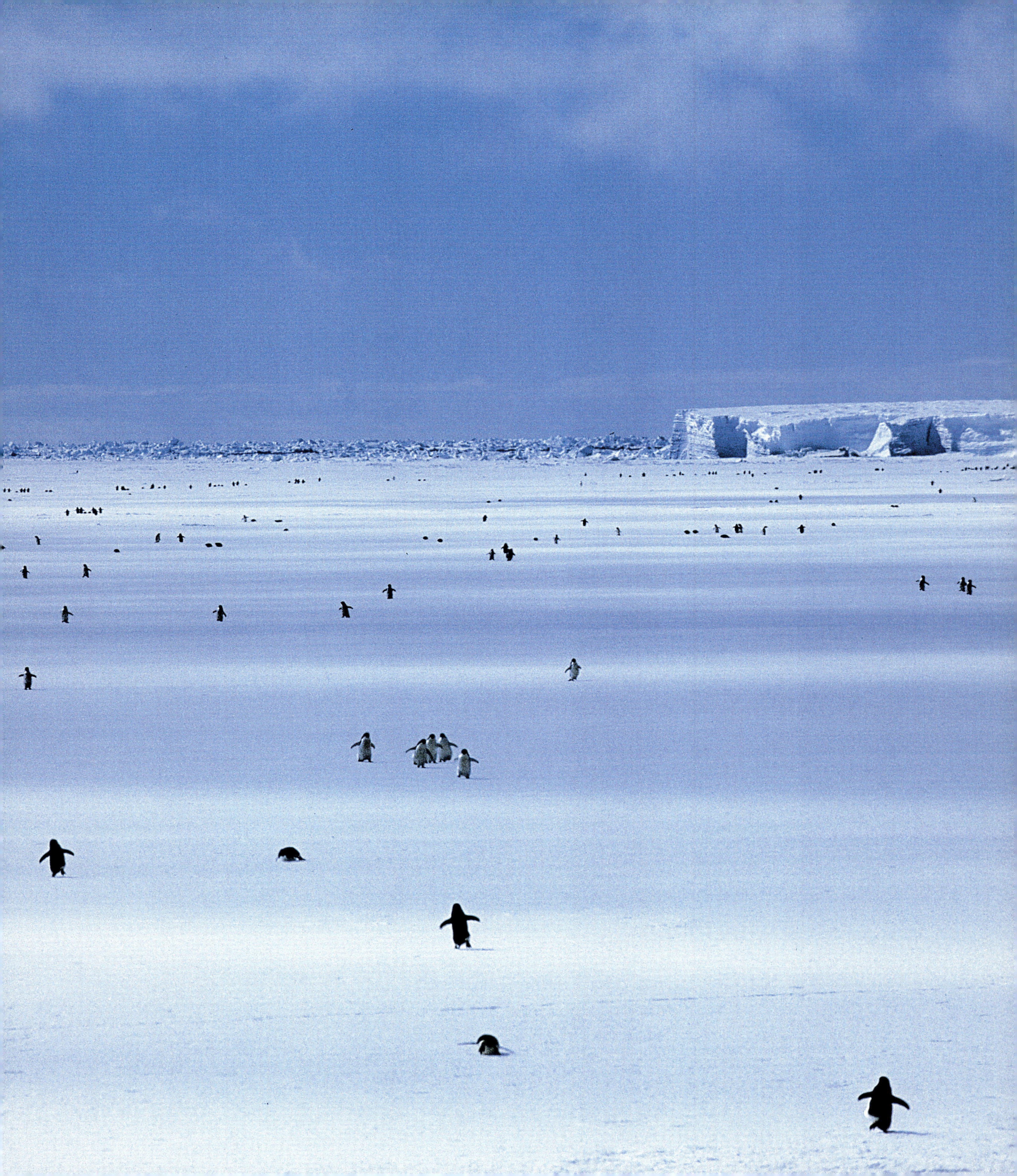

Die Antarktis, ein Eisplanet

Die Antarktis, ein Eisplanet

Gletscher und Eisschelfe

Die Küsten rund um den Kontinent (23 000 km) werden von unzähligen schwimmenden Gletschern und größeren oder kleineren Eisschelfen gesäumt. Am imposantesten – und leicht vom Weltall aus zu erkennen – sind das Ross-Schelfeis (506 000 km^2) und das Ronne-Filchner-Schelfeis (473 000 km^2): Sie schwimmen auf dem Meer und werden von »Eisflüssen« gespeist, die aus dem Innern des Kontinents kommen. Man hat berechnet, dass es mindestens 500 000 Jahre dauert, bis das Eis von der Mitte des Erdteils zum Meer gelangt.

In der Ostantarktis zum Beispiel ergießt sich der Lambert-Gletscher (mit 500 km Länge und 80 km Breite der größte der Erde) ins Meer, wo er das fächerförmige Amery-Schelfeis bildet. Er entwässert ein Fünftel des ostantarktischen Inlandeises. Natürlich ist dieser gefrorene Kontinent die größte »Eisbergfabrik« der Erde. Jedes Jahr lösen sich an seinen Küsten ungefähr 1500 km^2 Eis und treiben mit den Strömungen, meistens gegen den Uhrzeigersinn. Die Wassermassen um den Kontinent herum bilden nämlich nur zwei Strömungen: Die eine – der Zirkumpolarstrom – fließt im Uhrzeigersinn und die andere – in größerer Nähe zu den Küsten – in die entgegengesetzte Richtung.

Der Zirkumpolarstrom, entstanden bei der Öffnung der Drakestraße, liegt wie ein gigantischer flüssiger Ring von 200 bis 1000 km Breite und mehreren Kilometern Tiefe um den Kontinent; er transportiert etwa 120–140 Millionen m^3 Wasser pro Sekunde, ungefähr 130-mal so viel wie alle Flüsse der Erde zusammen. Vor der Drakestraße zweigt ein Arm dieses Stroms zu der Westküste von Südamerika ab (der Humboldtstrom), und ein anderer fließt zwischen Australien und Neuseeland hindurch (Ostaustralstrom). Der Zirkumpolarstrom fließt zwischen der subantarktischen Front und der Polarfront – Übergangsgebiete, in denen sich Temperatur und Salzgehalt deutlich ändern. Zusammen mit dem Meereis, das während des südlichen Winters etwa 15 Millionen km^2 des Ozeans bedeckt, und der Oberfläche der antarktischen Eisschilde hat der Zirkumpolarstrom erheblichen Einfluss auf das Klima unseres Planeten.

In der Sonne des Polarsommers erstrahlt der McMurdo-Sound am Fuße des Mount Erebus in seiner ganzen Schönheit. Zwei Orcas streifen auf der Suche nach Weddellrobben, Seeleoparden oder Pinguinen durch das Wasser. Orcas sind ausgesprochen intelligent und findig – sie wissen, wie man eine Eisscholle, auf der eine einsame Robbe sich ausruht, zum Kentern bringt, sodass ihr Opfer ins Wasser gleitet und sie es fangen können. Im Übrigen fressen sie auch Antarktische Seehechte.

Berge und Vulkane

Der Castle Rock ist vulkanischen Ursprungs und war der Aussichtpunkt für Scott und seine Männer. Im Hintergrund die Vulkane von Ross Island (oben).

Angestrahlt von der Mitternachtssonne breitet der Erebus einen riesigen, 100 km langen Schatten über Ross Island. Weiter hinten der Schatten des Mount Terror, eines erloschenen Vulkans. Der Erebus hat einen permanenten Lavasee auf dem Grund des Kraters (das gibt es nur noch bei zwei anderen Vulkanen auf der Erde). Haroun Tazieff beschreibt ihn so: »Der Erebus, welch unvergleichliche Pracht, ein Vulkan wie kein zweiter, ein Berg unentwegter Feuersglut, beheimatet im Herzen des auf wunderbarste Weise eisigen Kontinentes.« Der Erebus wurde erstmals 1908 von den Mitgliedern einer Shackleton-Expedition bestiegen (rechte Seite).

Die schnee- und eisfreien Berge und Gipfel zeigen, dass in der Antarktis früher eine rege Vulkantätigkeit herrschte. An den Hängen der Transantarktischen Berge sind gewaltige Lavaströme im Sedimentgestein eingelagert; die Geologen sprechen von Basalten der Ferrar-Provinz. Außerdem schlafen unter dem Eis mächtige, von der Erosion kaum in Mitleidenschaft gezogene Vulkane. Das Marie Byrd Land in der Westantarktis, 1929 von dem amerikanischen Forscher Richard Byrd entdeckt, ist eine der vulkanreichsten Gegenden der Erde. Der Vulkanismus dort ist ein Spaltenvulkanismus. Man zählt etwa 18 große Vulkane, von denen der Mount Sidley (4181 m) der höchste Vulkan der Antarktis ist.

Es handelt sich um Schildvulkane (hauptsächliches Vorkommen auf Hawaii, Island und dem Meeresboden; der größte Schildvulkan Europas ist der Vogelsberg in Hessen) und um Schichtvulkane (wie der Berg Fuji und der Vesuv); ihre Krater haben einen Durchmesser von 1 bis zu 10 km, und das Vorkommen von Hyaloklastiten (Lava, die mit Wasser oder Eis in Berührung kommt) ist ein Beweis, dass es bereits zur Zeit der Eruptionen einen Eisschild gegeben haben muss.

Heute ist nur noch ein großer Vulkan in der Antarktis aktiv: Mount Erebus, 3794 m, entdeckt 1841 von James Clark Ross, der ihm den Namen seines Flaggschiffes gab. Der Erebus spie damals gerade Feuer und Rauch. Er ist ein Schichtvulkan, weniger als eine Million Jahre alt und weist eine unter den etwa 1500 Vulkanen auf der Erde extrem seltene Besonderheit auf: einen See mit flüssiger Lava auf dem Grund seines Kraters. Die Temperatur dieser Lava beträgt 900 bis 1130 °C. Der Erebus ist aktiv und tritt fast jeden Tag in Aktion. Seit 1993 wird er von dem Vulkanologen Philip Kyle von der *New Mexiko Tech* in Socorro (USA) und seinem Team beobachtet.

Der Mount Melbourne (2732 m) ist ein weiterer Schichtvulkan etwa 300 km nordöstlich des Mount Erebus. In seiner Schönheit und Makellosigkeit erinnert er an den Berg Fuji. Auf seinem Gipfel, in der Nähe einiger Fumarolen (Öffnungen, aus denen vulkanische Gase an die Oberfläche dringen), wurde ein Gebiet von 6 km² zu einer »streng geschützten Zone« erklärt, nachdem man dort ein seltenes Ökosystem mit Moosen, Algen und Einzellern entdeckt hatte.

Die Antarktis, ein Eisplanet

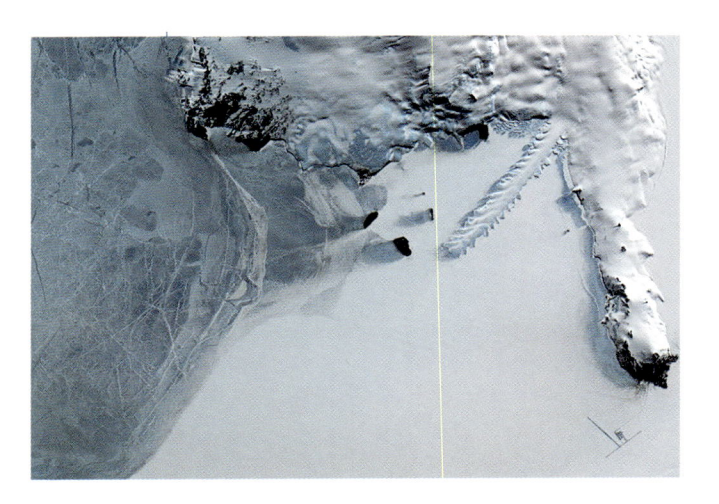

Diese Eisgirlande ist ein auf dem Meer schwimmender Gletscher, genauer: die Eiszunge des Mount Erebus, die Verlängerung eines Gletschers, der an den Hängen des Vulkans herabfließt. Sie ist ungefähr 12 km lang (ihre genauen Maße werden anhand von Satellitenbildern wie dem kleinen Bild oben ermittelt), doch ihre Länge variiert: Während Scotts letzter Expedition (1910–1913) war die Zunge vollkommen auseinandergebrochen. (Scotts Hütte am Kap Evans lag ganz in der Nähe des Gletschers.) Die gezackten Ränder entstehen, wenn das Packeis schmilzt und die Wellen am Eis nagen (rechte Seite und oben).

Dieser Eisturm steht beim Gipfel des Mount Erebus. Es handelt sich um eine Fumarole: Die feuchte Luft, die der Vulkan ausspuckt, gefriert auf der Stelle und bildet solche temporären Skulpturen. Rechts am Horizont erstreckt sich die Transantarktische Bergkette (folgende Doppelseite).

Eine Höhle, die vom Wasserdampf in das Eis am Hang des Mount Erebus geschmolzen wurde (Seiten 54/55).

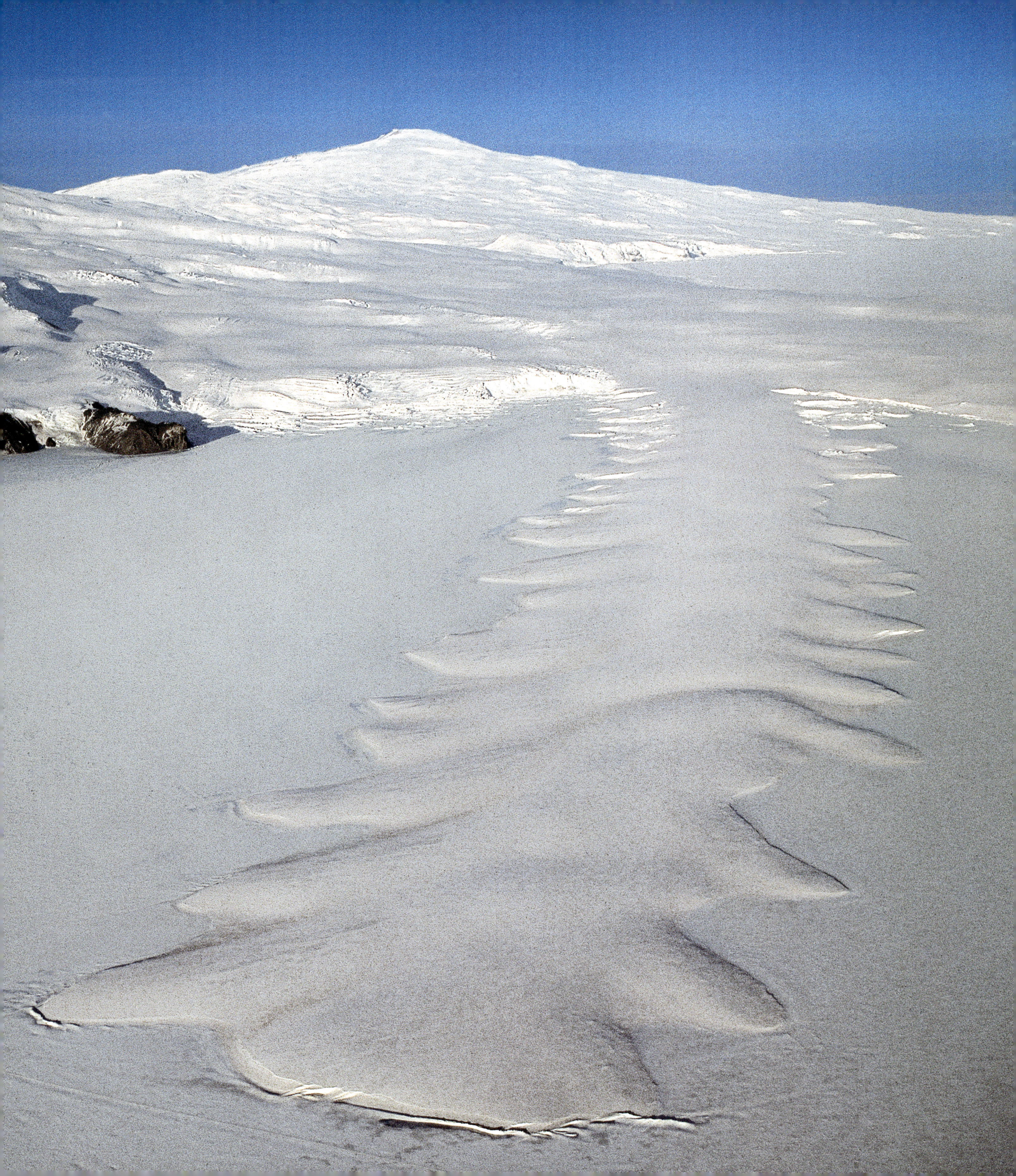

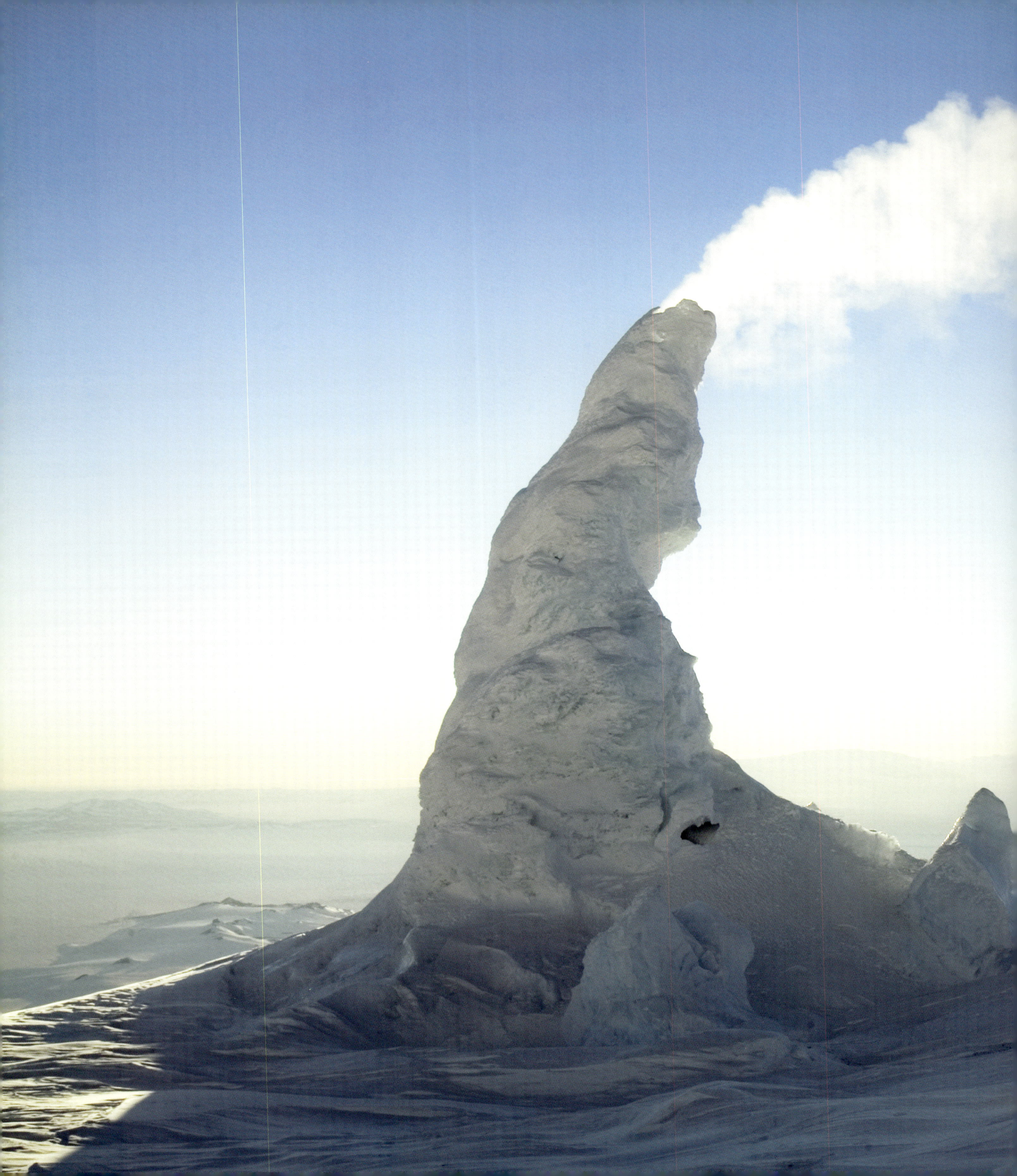

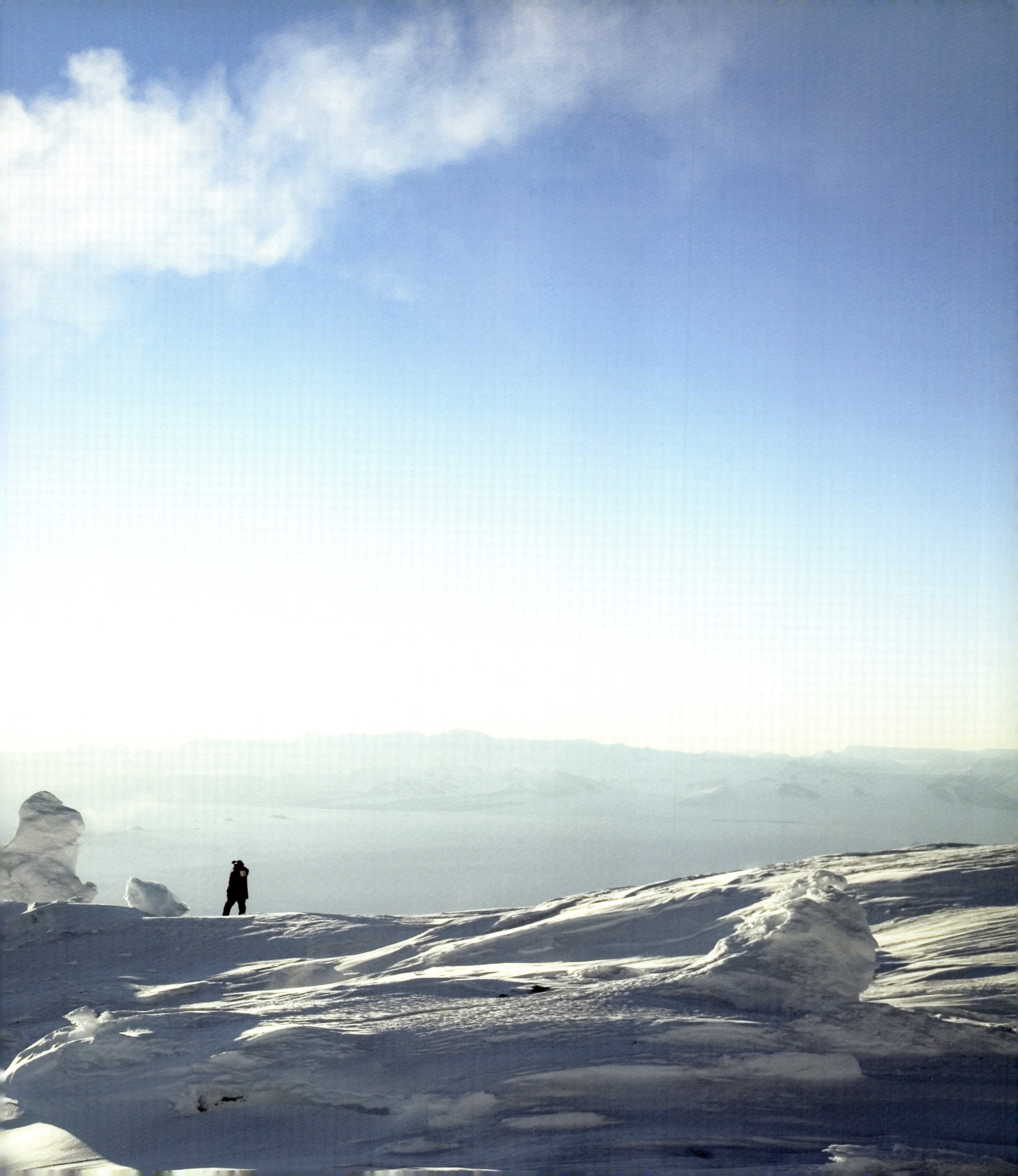

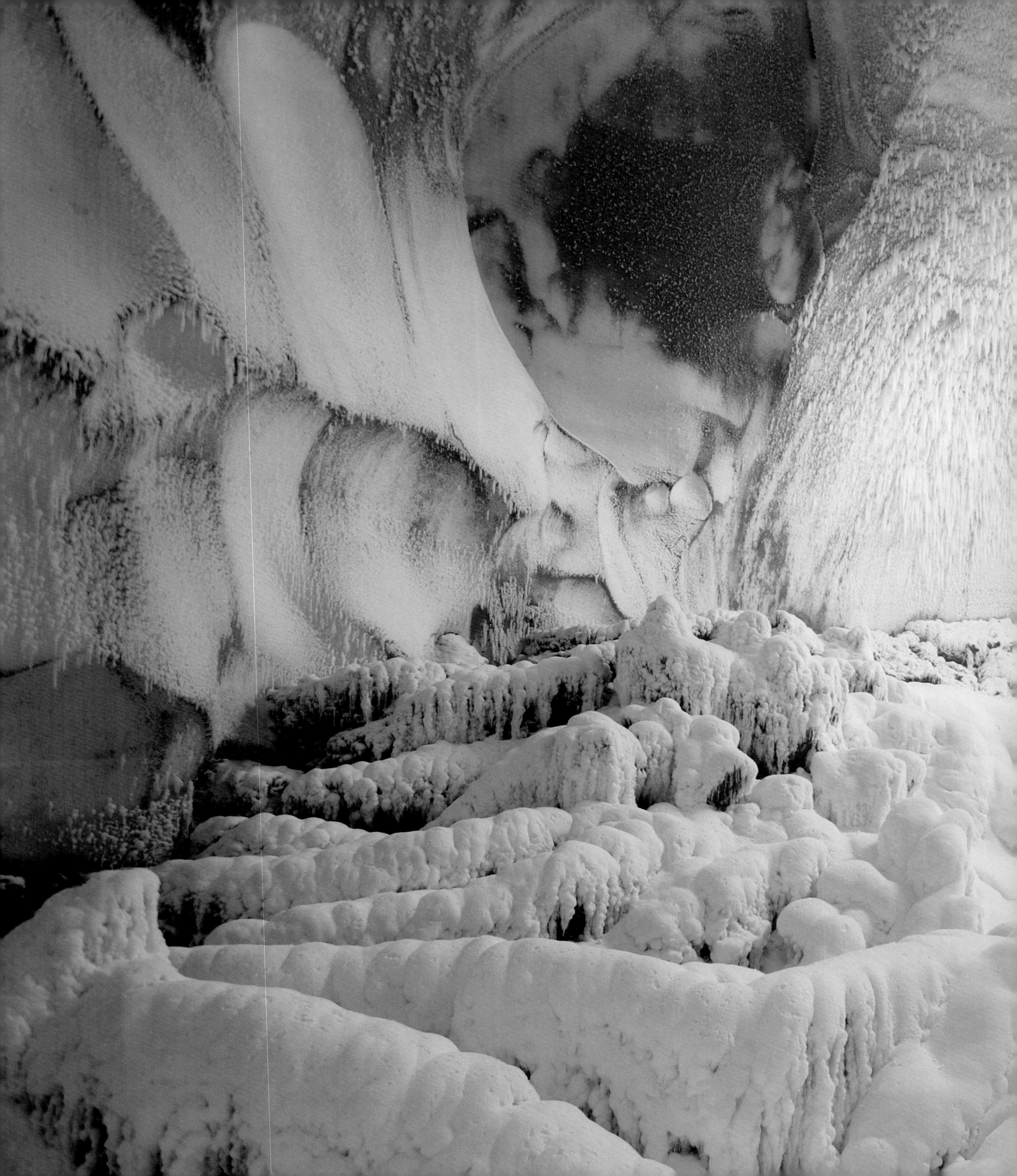

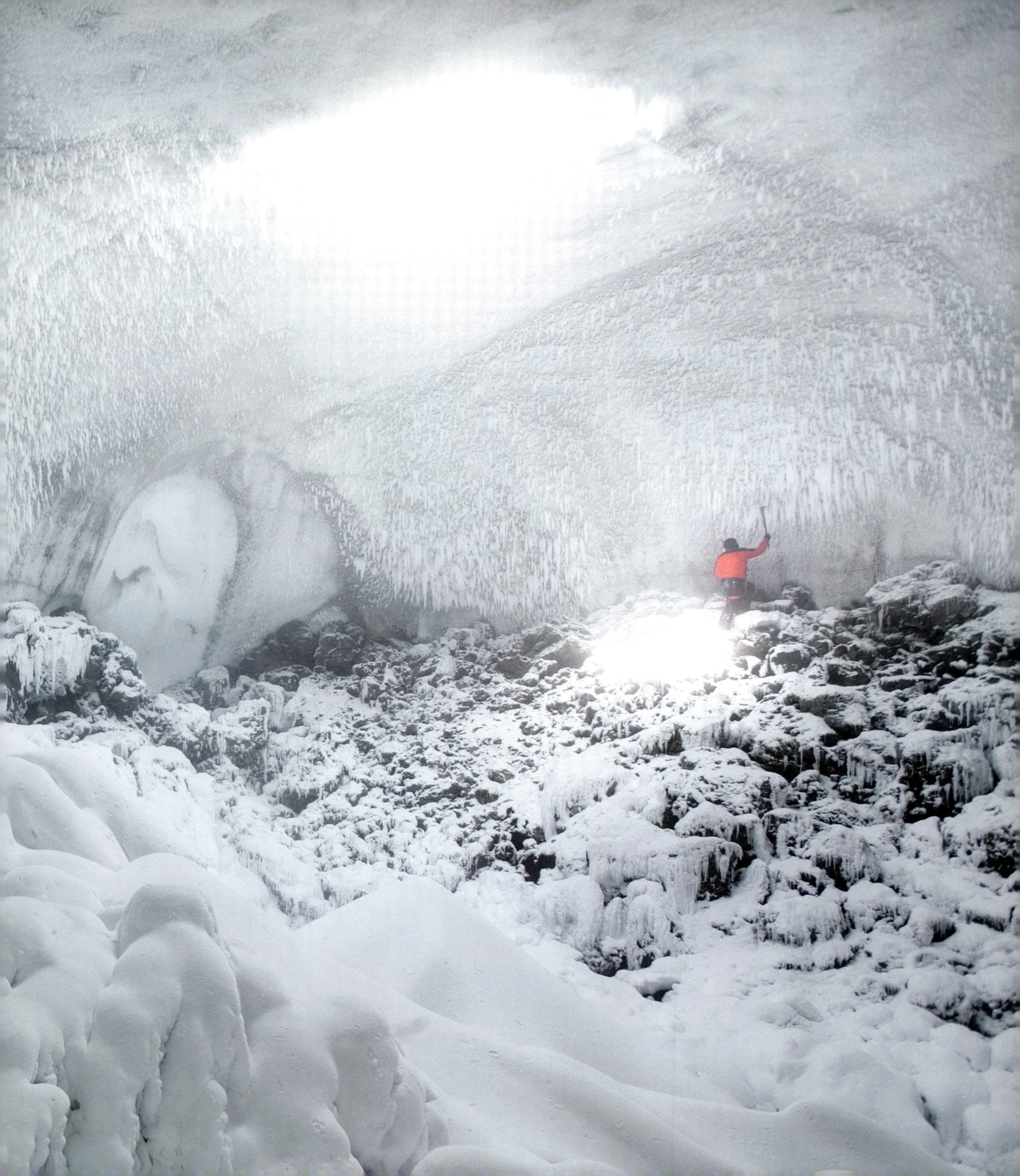

Begegnung

Philip Kyle – im Zeichen des Vulkans

Vulkanologe und Experte für den Mount Erebus, Professor für Geochemie und Petrologie

Philip R. Kyle, geboren in Wellington, Neuseeland, arbeitet seit über 30 Jahren in den USA. Nach seinem Bachelor in Geologie an der *Victoria University of Wellington* promovierte er 1976. Im selben Jahr erhielt er ein Stipendium der *Ohio State University* für eine Arbeit am *Byrd Polar Research Center* in Columbus, Ohio, USA. Dort blieb er, bis er 1981 an das *New Mexico Institute of Mining and Technology* (Socorro, New Mexico) zum *Department of Earth and Environmental Science* ging. 1988 wurde er auf den Lehrstuhl für Geochemie berufen. Philip Kyle hat an 35 Sommerexpeditionen in die Antarktis teilgenommen und 33 Exkursionen auf den Mount Erebus geleitet. Seit 1977 werden seine Forschungen von der amerikanischen *National Science Foundation (NSF)* finanziert. In letzter Zeit widmet sich Kyle Aerosolen und Gasen, die von Vulkanen ausgestoßen werden. 2006/2007 nahm er an dem Bohrprojekt *Antarctic Geological Drilling (ANDRILL)* in der Antarktis teil. Dank der Finanzierung der *NSF* konnte Philip Kyle auf dem Gipfel des Erebus eine ganze Reihe von Instrumenten installieren, die an 365 Tagen im Jahr den Puls des Vulkans messen.

Lucia Simion: Wann haben Sie Ihr Interesse für die Antarktis entdeckt?
Philip Kyle: Ich kann mich nicht genau erinnern, wann mein Interesse für diesen Kontinent geweckt wurde, aber als Neuseeländer bin ich in den Medien oft auf Nachrichten über die Antarktis gestoßen. Und dann, als ich zur Universität kam, habe ich erfahren, dass diese jedes Jahr eine Expedition in die Antarktis organisiert, die *Victoria University of Wellington Antarctic Expedition (VUWAE)*. Da ich Geologie studierte, habe ich mich sofort um einen Platz beworben. Ich glaube, die Teilnehmer der ersten *VUWAE*-Expeditionen haben mich inspiriert, vor allem die Berichte von Professor Harold Wellman, der mir so ausführlich von seinen Feldforschungen erzählt hat, dass ich unbedingt dorthin wollte.

LS: Was hat Sie bei Ihrer ersten Expedition zum Mount Erebus am meisten beeindruckt? Was bedeutet dieser mythische Vulkan für Sie?
PK: Zum ersten Mal war ich 1969/1970 in der Antarktis, als Teilnehmer an der *VUWAE* 14. Ich arbeitete bei Cape Barne auf Ross Island. Jeden Tag betrachtete ich die Rauchwolke, die aus dem Erebus aufstieg, und mir kamen viele Fragen über den Krater in den Sinn. Doch ich musste zwei Jahre warten, bis ich ihn das erste Mal besteigen konnte, bis 1971/1972. Der Helikopter, der von *McMurdo* gestartet war, setzte uns am Fang Ridge ab, wo wir ein Lager errichteten. Von dort aus stiegen wir bis zum Kraterrand hoch und nahmen den Krater in Augenschein. Das war ein unglaubliches Erlebnis. Nachdem ich mittlerweile an 35 Exkursionen in die Antarktis und 33 zum Gipfel des Erebus teilgenommen habe, liegt mir dieser Ort natürlich sehr am Herzen. Ich fühle mich dort zu Hause, so als hätte ich dort einen zweiten Wohnsitz. Ein »Zuhause« weit weg von zu Hause. Ich liebe es sehr.

LS: Was sind die wichtigsten Ergebnisse Ihrer Forschungen?
PK: Wissen Sie, selbst wenn wir jahrzehntelang den Erebus erforscht haben, so haben wir immer noch nicht vollkommen verstanden, wie er funktioniert. Jedes Jahr fahren wir zu zehnt oder elft in die Antarktis, aber wir haben nur 60 Tage für unsere Untersuchungen. Und oft werden wir von Stürmen aufgehalten. In den ersten 25 Jahren haben wir regelrechte Basisarbeit geleistet. Erst in den letzten fünf Jahren haben wir das tun können, was ich »state-of-the-art science« nenne, Wissenschaft auf höchstem Niveau. Ich habe immer davon geträumt, Gasproben direkt über dem Lavasee entnehmen zu können. Heute gibt es die Möglichkeit, sie mit Spectrometern aus der Entfernung zu messen, und wir haben auch viele Dinge in Erfahrung gebracht, aber der einzige Weg, wirklich zu verstehen, was sich im Innern des Vulkans tut, zu begreifen, wie er funktioniert, besteht darin, Gase bei der höchstmöglichen Temperatur zu entnehmen, Gase, die sich noch nicht durch den Kontakt mit der Luft verändert haben. Dazu muss man 230 m ins

> „*Eine weitere Erinnerung ist, dass ich etwas oberhalb des Kratergrundes stand und bei einem Ausbruch umgeblasen wurde. Das war 1974/1975.*"

Die Antarktis, ein Eisplanet

Der Krater des Mount Erebus (links).
Philip Kyle vor einer Eis-Fumarole (unten).

Innere des Kraters hinabsteigen, bis zum Lavasee. In den 1970er-Jahren haben wir das mehrmals versucht, zusammen mit Haroun Tazieff. Aber das Risiko bei den Ausbrüchen war zu hoch; also mussten wir es wieder aufgeben. 1974 hat Werner Giggenbach versucht, sich abzuseilen, aber ein unerwarteter Ausbruch überschüttete ihn mit Lavabomben, und wir mussten ihn schleunigst wieder hochholen. 1993 hat die *NASA* uns *Dante* geliehen, einen zwei Millionen Dollar teuren Roboter: Während der Roboter langsam in den Krater hinuntergelassen wurde, löste sich ein Seil, und wir mussten ihn wieder heraufziehen. Vielleicht können wir in Zukunft ein Instrument in den Lavasee schicken und den Fluss der Lava von der Magmakammer bis an die Oberfläche verfolgen … Heute interessiert uns vor allem die Chemie des Vulkans. Die *National Science Foundation (NSF)* hat uns für weitere vier Jahre Gelder zugesagt.

LS: Und Ihre außergewöhnlichste Erinnerung?
PK: Ich habe viele Erinnerungen, aber am eindrucksvollsten war sicher die Beobachtung des Lavasees aus der Nähe: Wir sind ins Innere des Kraters gestiegen, bis zum Grund, und von dort aus konnten wir den See, der noch 100 m tiefer liegt, studieren. Eine weitere Erinnerung ist, dass ich etwas oberhalb des Kratergrundes stand und bei einem Ausbruch umgeblasen wurde. Das war 1974/1975.

LS: Die flüssigen Lavabomben, die der Erebus spuckt, haben Sie vor denen keine Angst?
PK: Die verleihen unserer täglichen Arbeit nur eine gewisse Würze …

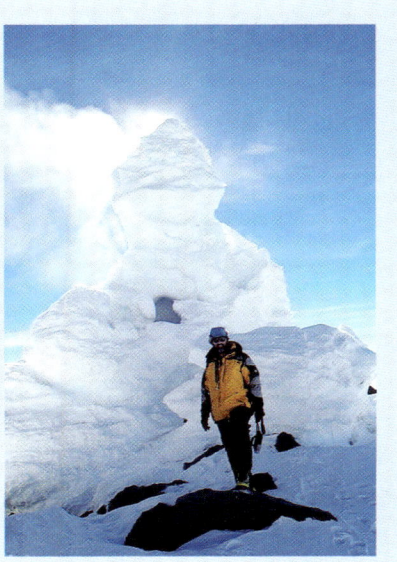

EREBUS: In der griechischen Mythologie ist Erebus, der Sohn des Chaos, die Personifizierung von Finsternis und Schatten. Einigen Legenden zufolge ist er auch das Tor zur Unterwelt, der Ort, den alle Toten durchschreiten müssen, um ins Jenseits zu gelangen.

Diese Felsen, die den Boden der Trockentäler von McMurdo übersäen, werden Windkanter genannt, da sie vom Wind gestaltet wurden. Der Wind, der Eis- und Sandpartikel mit sich führt, wirkt wie eine Schleifmaschine, poliert den Stein, formt ihn und verleiht ihm eine äußerst bizarre Erscheinung.

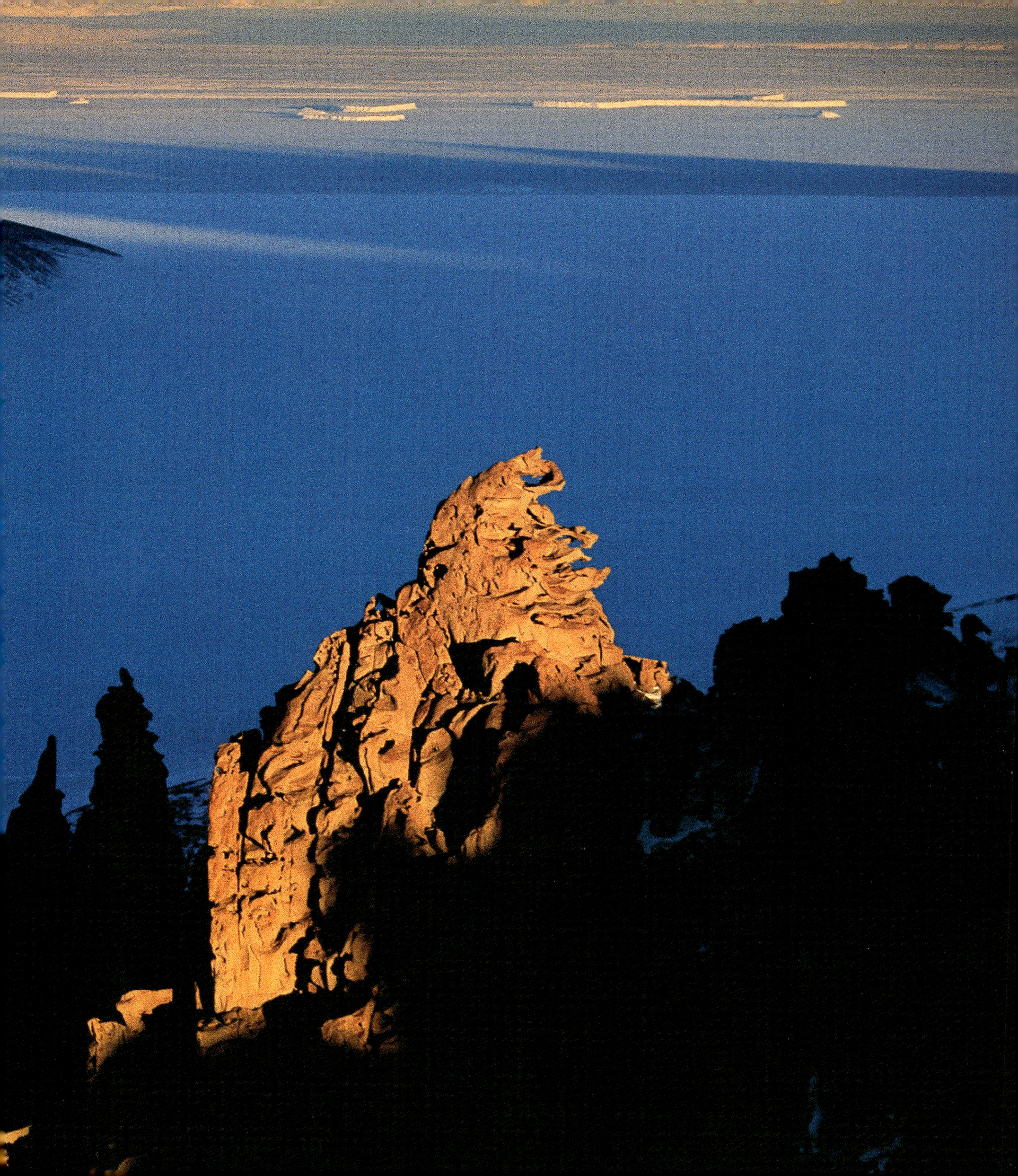

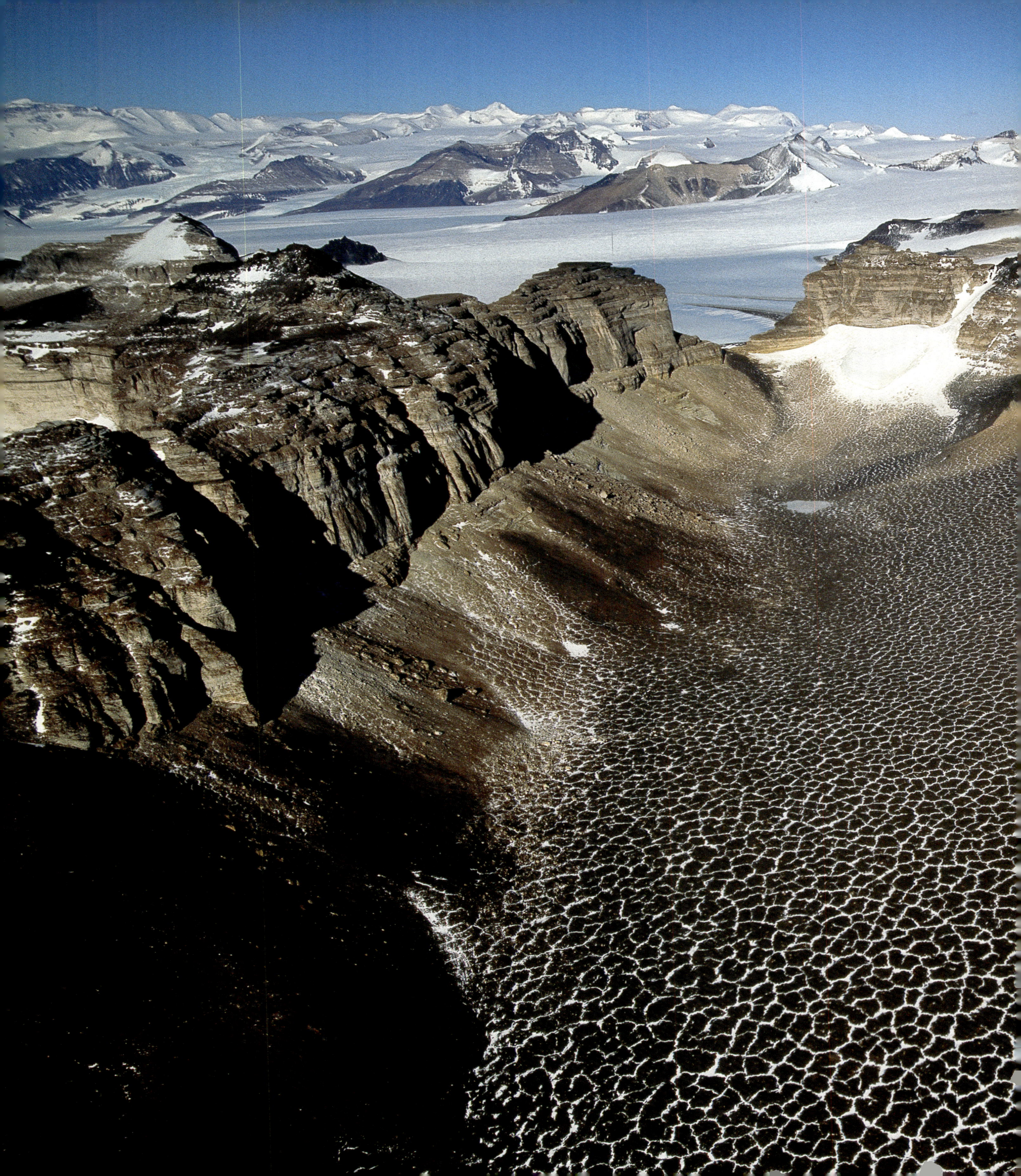

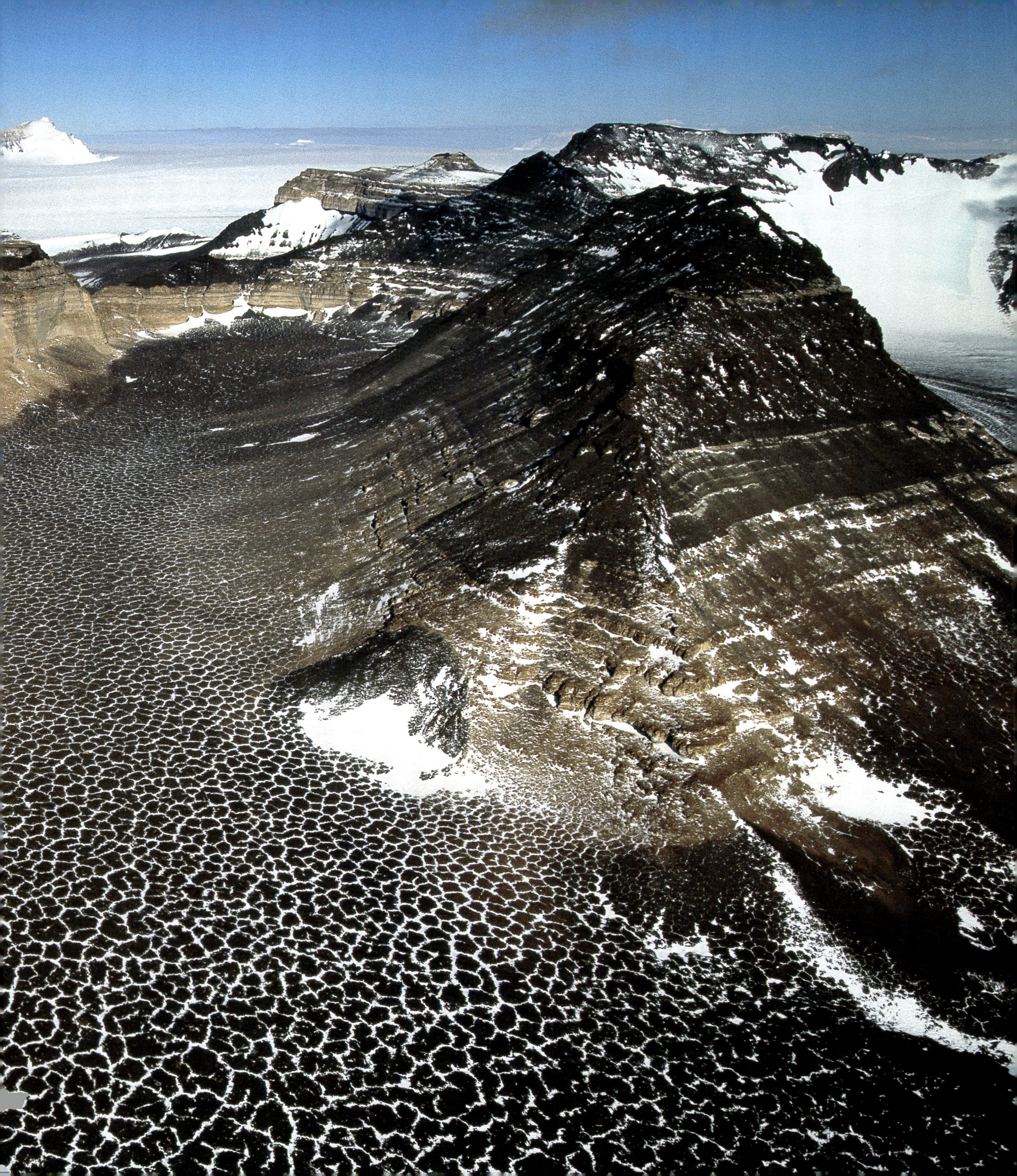

Die Antarktis, ein Eisplanet

Die Antarktis, ein Eisplanet

Trockentäler

Aus dem Weltraum, aufgenommen von einem Landsat-Satelliten, zeigen sich die Trockentäler von McMurdo in ihrer ganzen fremdartigen Schönheit: vereinzelte eisfreie Oasen in einer vollkommen weißen Welt. Von Nahem betrachtet sind sie noch erstaunlicher: wahrhaft polare Wüsten mit endlosen Sandflächen, Gletschern und Seen mit ungewöhnlichen Merkmalen. Man findet dort mumifizierte Robben und Pinguine, die sich in diese Mondlandschaft verirrt hatten. Die Berge am Rand dieser Täler sehen aus, als seien sie in verschiedenen Farben »angestrichen«; das liegt an den dunkelbraunen Doleritschichten (einer bestimmten Art Basaltgestein) zwischen den ockerfarbenen Sedimentschichten (Beacon Supergruppe).

Diese Sand- und Felsentäler, die sich quer über das Transantarktische Gebirge ziehen und 1903 zufällig von Scott und seinen Gefährten entdeckt wurden, erregen seit über einem Jahrhundert das Interesse der Wissenschaftler. Nur 2 % des antarktischen Kontinents sind nämlich frei von Eis und Schnee. Es ist eine extreme Welt (enorme Trockenheit, große Temperaturunterschiede zwischen Sommer und Winter, mehrere Monate völliger Dunkelheit), in der erstaunliche Lebensformen existieren. Die Trockentäler von McMurdo sind, von Süden nach Norden: das Taylor Valley, das Wright Valley und das Victoria Valley sowie verschiedene Seitentäler wie das Beacon Valley, dessen Boden mit Polygonen von 10 bis 30 m Durchmesser übersät ist. Es gibt dort auch Seen, die fast das ganze Jahr zugefroren sind: den Bonney-See und den Frixell-See (im Taylor Valley), den Vanda-See (im Wright Valley) und den Vida-See (im Victoria Valley). Der Vanda-See ist etwa 50 m tief: Sein Wasser ist dreimal salzhaltiger als Meerwasser und am Boden + 25 °C warm. Warum sind die Trockentäler schneefrei? Weil die Transantarktische Bergkette das Eis, das vom Polarplateau zum Meer fließt, aufhält; außerdem verhindern die heftigen Fallwinde aus dem Landesinnern eine Anhäufung von Schnee und Eis. Das führt dazu, dass die Infrarotstrahlung der Sonne das Gelände erwärmt und somit der wenige Schnee, der dort liegt, schmilzt. Eines der erstaunlichsten Täler ist das Wright Valley: Am oberen Ende des Tals fließt das Eis vom Polarplateau herab und bildet eine Art riesigen gefrorenen Wasserfall (die Airdevronsix-Eisfälle), der sich als ausgedehnter Gletscher fortsetzt. Dieser endet in einem vollkommen eisfreien, von Tälern durchzogenen Gebiet: Es wird das *Labyrinth* genannt, ist sechs km lang und wurde geformt von Wasserwegen, die es früher einmal unter dem Eis gab. Die Artenvielfalt in den Ökosystemen der Trockentäler ist begrenzt, aber an Land und im Wasser der Seen haben sich außergewöhnliche Lebensformen entwickelt: Nematoden (Fadenwürmer), Cyanobakterien (Blaualgen), Arthropoden (Gliederfüßer) und Insekten. Seit 2004 sind die Trockentäler ein ausgewiesenes Schutzgebiet (*Antarctic Specially Managed Area*) und werden von den USA, Neuseeland und Italien verwaltet.

Das Labyrinth im Wright Valley wurde von Flüssen geschaffen, die unter dem Eis flossen. Heute gibt es diese Flüsse nicht mehr (ganz oben).

In den Trockentälern wird alles von Wind, Frost und Tauwetter gestaltet (oben).

Die Sohle des Beacon Valley, das in das Taylor Valley mündet, besteht aus polygonen Bodenstücken. Von leichtem Schnee bestäubt, sind die Konturen der Vielecke deutlich zu sehen. Jedes von ihnen hat einen Durchmesser von mehreren Metern und ist im Laufe der Zeit aufgrund der extremen Temperaturschwankungen zwischen Winter und Sommer entstanden. In der Tiefe ist der Boden permanent gefroren (vorhergehende Doppelseite).

Typisch für das Gelände am südlichen Ende des Vanda-Sees im Wright Valley sind die großen Polygone (linke Seite).

Die Füße von zwei Wissenschaftlern – in Spezialstiefeln, die den niedrigen Temperaturen standhalten – auf der gefrorenen und von Rissen durchzogenen Oberfläche des Vanda-Sees im Wright Valley, einem der Trockentäler. Das Eis wirkt als Brennglas und als Isolierschicht; durch die Bündelung der Sonnenstrahlen erwärmt sich das Wasser unter dem Eis auf +25°C. Der See wird von einem Schmelzwasserfluss, dem Onyx, gespeist. Die Seen in den Trockentälern haben nichts mit den subglazialen Seen im Landesinnern zu tun, die unter Tausenden von Metern Eis versiegelt liegen (rechts).

Der Eisberg B-15 J, einer der »Söhne« des Titanen B-15, der im März 2000 vom Ross-Schelfeis abgebrochen war und unermessliche Schäden angerichtet hatte. Links vom Eisberg (hier aufgenommen im Rossmeer) ein 130 m langer Eisbrecher (Seiten 68/69).

Eisberg – Berg aus Eis. Dieser hier wurde vor der Küste von Adélieland fotografiert. Einer Studie amerikanischer Wissenschaftler zufolge sind die Eisberge wahre Oasen des Lebens im Südpolarmeer. Organische Substanzen, die auf dem Festland aufgenommen wurden, gelangen mit dem Abschmelzen des Eisbergs nach und nach ins Meer: Sie begünstigen die Bildung von Phytoplankton, das dann Krill anzieht, und der wiederum ernährt Vögel und Fische. 40 % der biologischen Produktivität des Weddellmeeres sind den Eisbergen zu verdanken. Im Südlichen Ozean hat man 11000 Eisberge gezählt (Seiten 70/71).

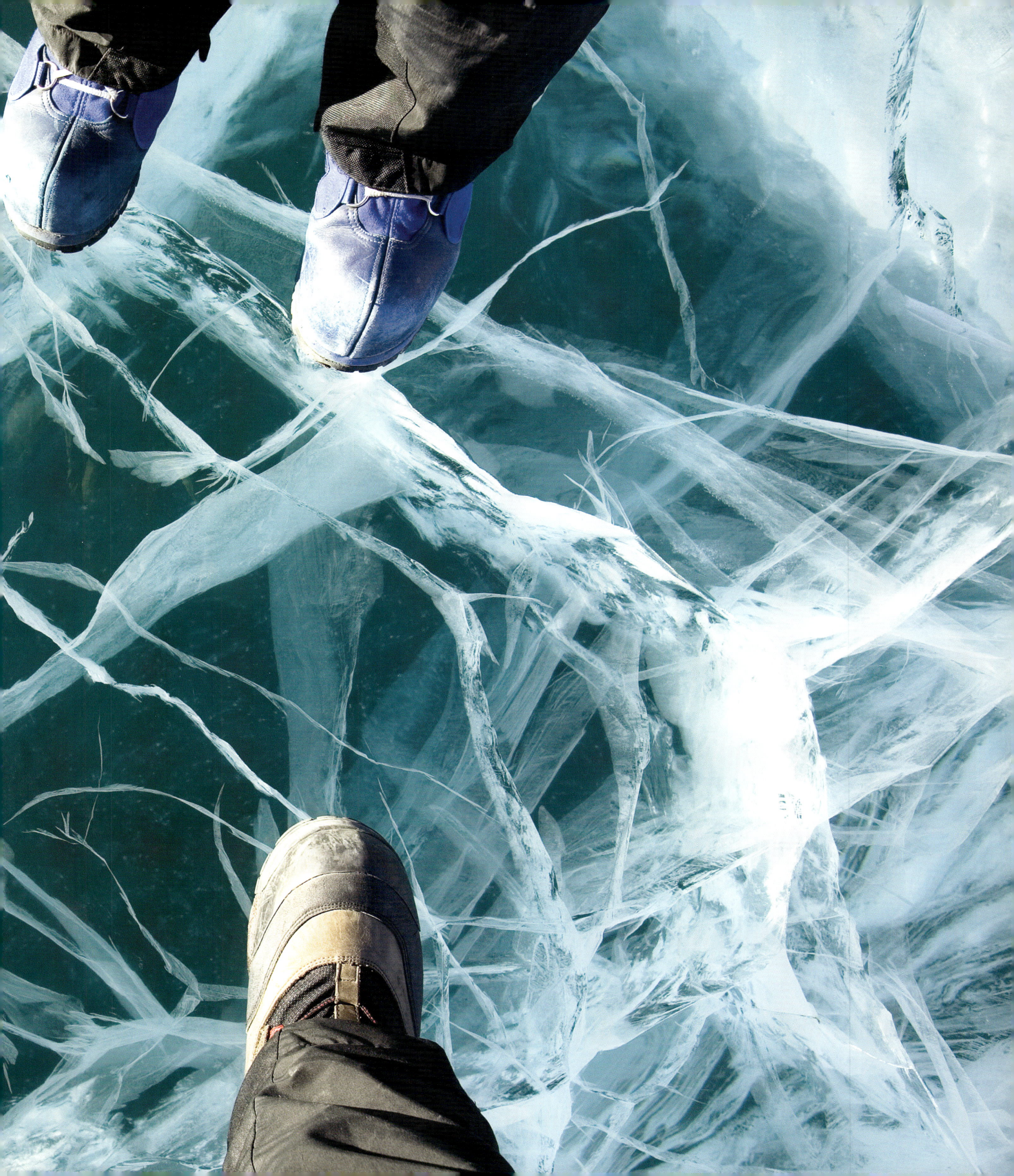

Begegnung

Yann Arthus-Bertrand – Die Antarktis von oben

Fotograf

Sein bekanntestes Werk, *Die Erde von oben*, wurde in 24 Sprachen übersetzt und mehr als zwei Millionen Mal verkauft. Die Fotoausstellung wurde in mehr als hundert Städten gezeigt und zog über 100 Millionen Besucher an. Unter den Bildern des Blauen Planeten, den Yann Arthus-Bertrand so liebt, finden sich auch Ansichten eines gefrorenen und vollkommen weißen Planeten, dem Symbol eines Strebens nach internationaler Zusammenarbeit – der Antarktis, wo der Fotograf zweimal war: 1998 in Adélie Land und 2004 in *McMurdo*. Yann Arthus-Bertrand, geboren am 13. März 1946, begann seine Karriere als Fotograf mit 30 Jahren, als er mit seiner Frau und zwei seiner drei Kinder nach Kenia zog. 2006 widmete er sich vor allem Fernsehsendungen zu den Themen »Artenvielfalt« und »nachhaltige Entwicklung«. Weitere Projekte sind unter anderem: *6 Milliarden andere* (eine Reihe von Filminterviews mit Bewohnern unseres Planeten) und ein großer Film über die Erde (Produzent: Luc Besson).

Lucia Simion: Was für Erinnerungen haben Sie an Ihre erste Reise in die Antarktis?

Yann Arthus-Bertrand: Ich hatte Angst vor der Schiffsreise und davor, seekrank zu werden. Eine Woche lang seekrank zu sein ist fürchterlich, also hatte ich mich mit Medikamenten vollgestopft. Es hat mir die Freude, in die Antarktis zu fahren, etwas verdorben; es ist nämlich ein äußerst zweifelhaftes Vergnügen, wenn einem schlecht ist. Es ist sehr beeindruckend, in einem heftigen Sturm dorthin aufzubrechen, es schaukelte gewaltig, und ich war die Hälfte der Zeit an meine Pritsche gefesselt. Nach unserer Ankunft in *Dumont-d'Urville* war die Stimmung sehr gut, sehr französisch. Ich habe mich ziemlich wohlgefühlt.

LS: Was haben Sie nach Ihrer Ankunft dort empfunden?

YAB: Die Kulisse hat mich nicht überrascht, denn ich hatte ja schon Fotos gesehen und war ein bisschen vorbereitet …, aber ich war schockiert über die Flugpiste, die den Ort zweiteilte und gar nicht genutzt wurde. Gestört haben mich auch die Abfallhaufen in der Station, denn in einer solchen Umgebung, wo alles sauber und weiß ist, fallen die geringsten Spuren des Menschen auf und stören. Während meines Aufenthaltes bin ich sehr viel mit einem Piloten geflogen, der direkt nach meiner Abreise ums Leben gekommen ist. Ich habe ganz viele Erinnerungen an ihn, da wir ja gerade zehn Tage zusammen verbracht hatten; er war ein Kollege, und es war nicht leicht. Ich erinnere mich, dass wir über einen riesigen Eisberg flogen und wie beein-

> *„Aber trotzdem spürt man, dass das eine feindliche Welt ist, dass der Mensch dort nicht hingehört, dass es dort nichts gibt, dass das Leben dort ein künstliches Leben ist."*

druckend es war, in die Spalten hinunterzugleiten. Auch die Größe der Eisberge ist beeindruckend. Ich habe dort sehr gute Bilder aufgenommen – ich weiß nicht, ob ich solche noch einmal machen kann. In der Station herrschte eine freundschaftliche und positive Stimmung, alle Leute redeten miteinander, und jeder packte mit an. Die Leute arbeiteten sehr viel, ununterbrochen. Ich war begeistert, man wird in der Antarktis eingeladen und aufgenommen, als ob man zu »seinen Leuten nach Hause« käme, alle sind sehr gastfreundlich. Aber trotzdem spürt man, dass das eine feindliche Welt ist, dass der Mensch dort nicht hingehört, dass es dort nichts gibt, dass das Leben dort ein künstliches Leben ist.

LS: Und die zweite Reise in die Antarktis?

YAB: Die habe ich mit der *NSF*, der *National Science Foundation*, gemacht. Das war umständlich, weil ich nach Denver fahren, mich dort medizinisch untersuchen lassen und außerdem in Frankreich vier Röntgenaufnahmen von meinen Zähnen machen lassen musste, als ob ich für ein ganzes Jahr in die Antarktis fahren würde. Wir sind von Christchurch in Neuseeland aus gestartet, alle eng aneinandergedrängt, aber die Landepiste in *McMurdo* war nicht in Ordnung, und wir sind nach Christchurch zurückgekehrt. Zwei Tage später ging es wieder los. In *McMurdo* musste ich dann in einem Einführungskurs erst einmal 24 Stunden lang lernen, ein Iglu zu bauen und den Abfall zu sortieren. Und das in Wind und Kälte – das war die schlimmste Erfahrung meines Lebens! Danach bin ich während meines Aufenthaltes 30 Stunden im Helikopter mitgeflogen, und ich muss schon sagen, das war extrem gut organisiert: Die Piloten kannten sich bestens aus, die Landschaften in der Umgebung von *McMurdo* sind spektakulär, abwechslungsreicher als in Adélie Land, denn es gibt die Trockentäler, Vulkane, das Transantarktische Gebirge …

LS: Wie haben Sie die Stimmung empfunden, ich meine, in menschlicher Hinsicht?
YAB: Man kommt zu einer Station, auf der sich 1200 Leute aufhalten, also etwas ganz anderes. Die Organisation ist großartig: Man bekommt ein Büro mit Internet, W-LAN, Heften, Stiften … wie in einer amerikanischen Universität. Es war leicht, ich habe gearbeitet wie ein Verrückter. Ich erinnere mich auch, dass damals gerade die Wahlen Bush–Gore stattfanden: Alle waren gegen Bush.

LS: Und technische Schwierigkeiten?
YAB: Damals haben wir noch mit Filmen gearbeitet. Filme gehen bei einer solchen Kälte kaputt; es herrscht eine sehr, sehr trockene Kälte. Wir sind bei – 30 °C geflogen, aber ich kann mich nicht erinnern, gefroren zu haben; wir waren gut ausgestattet. Als ich in Denver war, ist ein Typ eigens dort hingekommen, um mir die Helikopter zu zeigen, die der *NSF* zur Verfügung standen. Ich erinnere mich, dass sie in den Hubschrauber extra ein Fenster für mich eingebaut hatten, damit ich die besten Voraussetzungen zum Fotografieren hatte. Sehr professionell. Bei *McMurdo* gibt es viele Orientierungspunkte. Den Erebus, die schneefreien Trockentäler … Bei der französischen Station bin ich geflogen, wenn der Hubschrauber frei war, bei der amerikanischen Station dagegen hatte ich einen Helikopter für mich. Ich war eingeladen von Leuten, die so viel wie irgend möglich für mich taten.

LS: Was bedeutet die Antarktis für Sie?
YAB: Ich bin nicht so wie Sie, ich mag keine Kälte. Die Antarktis macht mir Angst. Diese »Menschenleere« – keine Einheimischen, keine Einwohner – verstört mich. Aber ich bin begeistert von dem Kontinent, der allen gehört. Wenn man Luftaufnahmen macht, so wie ich, fliegt man oft über Grenzen, die nicht zu sehen sind, man überfliegt Konfliktgebiete und fragt sich: »Warum ist es nicht leichter zusammenzuleben?« Das ist das Wunderbare in der Antarktis, denn man gewinnt den Eindruck, dass dieser Ort allen offensteht. Wir alle sind gewissermaßen Touristen in der Antarktis. Alle nur Durchreisende. Die Antarktis kann niemals ein Zuhause werden. Ich habe den Eindruck, dass die Menschen, die dort arbeiten, zu einer eigenen Welt gehören, zur Welt der Antarktisleute. Es herrscht eine ganz besondere Atmosphäre: Die Leute leben nicht das ganze Jahr über auf dem Kontinent, sie haben keine Gewohnheiten … Ich habe wirklich das Gefühl, dass der Mensch in der Antarktis ein Fremdkörper ist. Er gehört da nicht hin. Ich weiß nicht einmal, ob es gut ist, dorthin zu gehen, oder ob man diesen Kontinent nicht einfach in Ruhe lassen, ihn gar nicht anrühren sollte.

Die *Antarctic Sun* ist eine von der *National Science Foundation* finanzierte Wochenzeitschrift, die schwerpunktmäßig über die Arbeit des amerikanischen Polarprogramms in der Antarktis berichtet. Die Titelseite der Ausgabe vom 24. Oktober 2004 war Yann Arthus-Bertrand gewidmet, der sich im Rahmen seines Projektes *Die Erde von oben* als Gast des Programms für Künstler und Schriftsteller in *McMurdo* aufhielt.

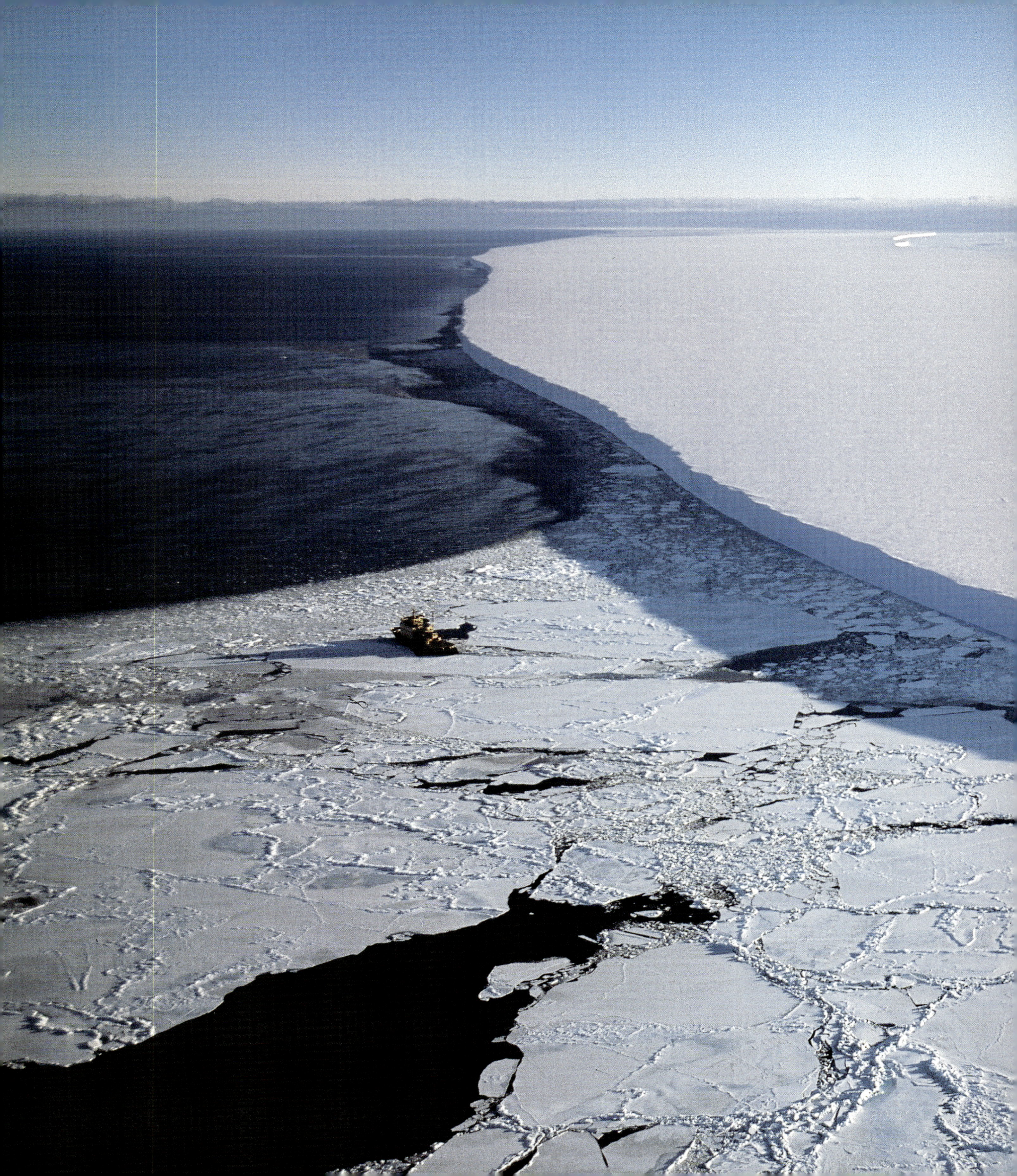

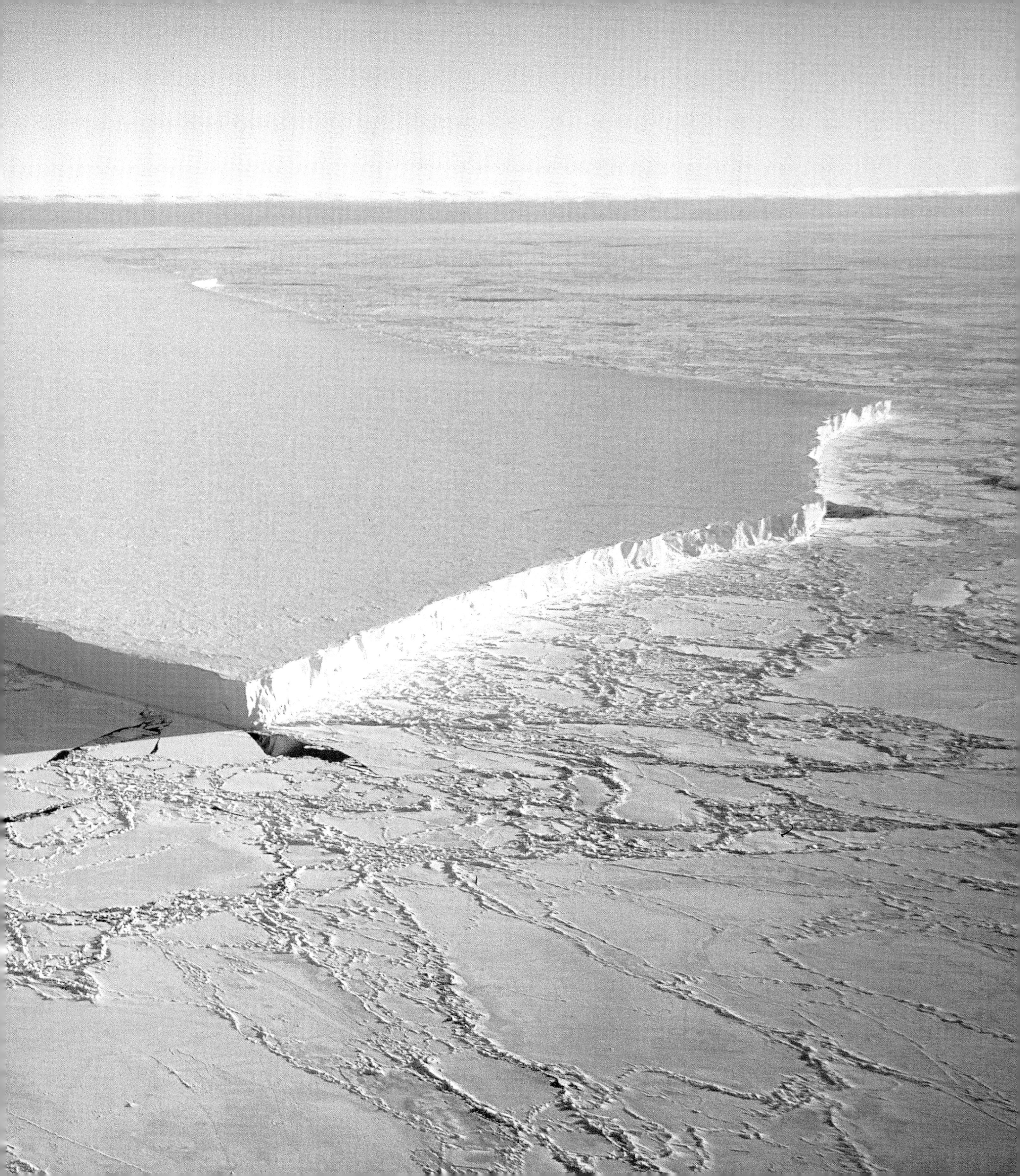

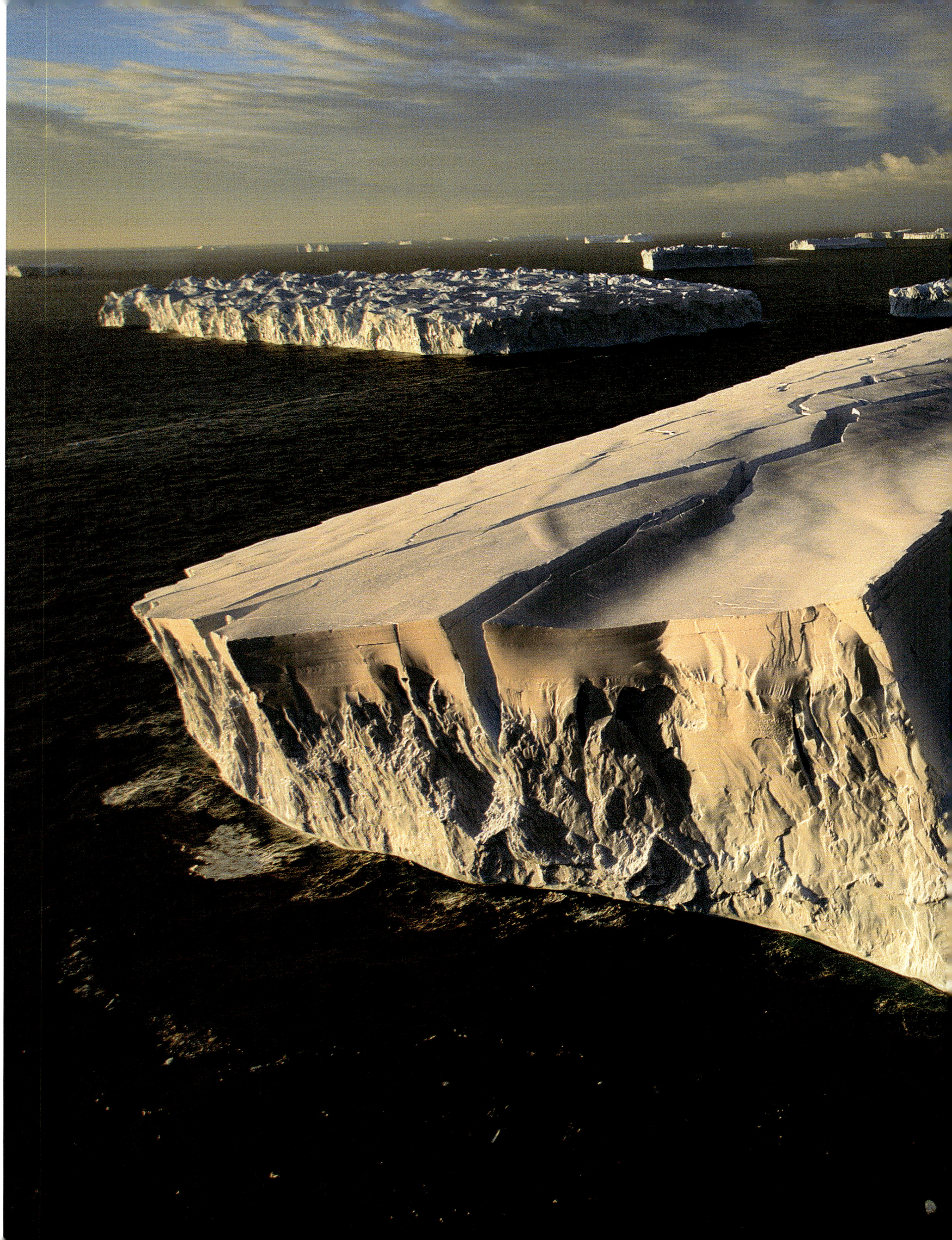

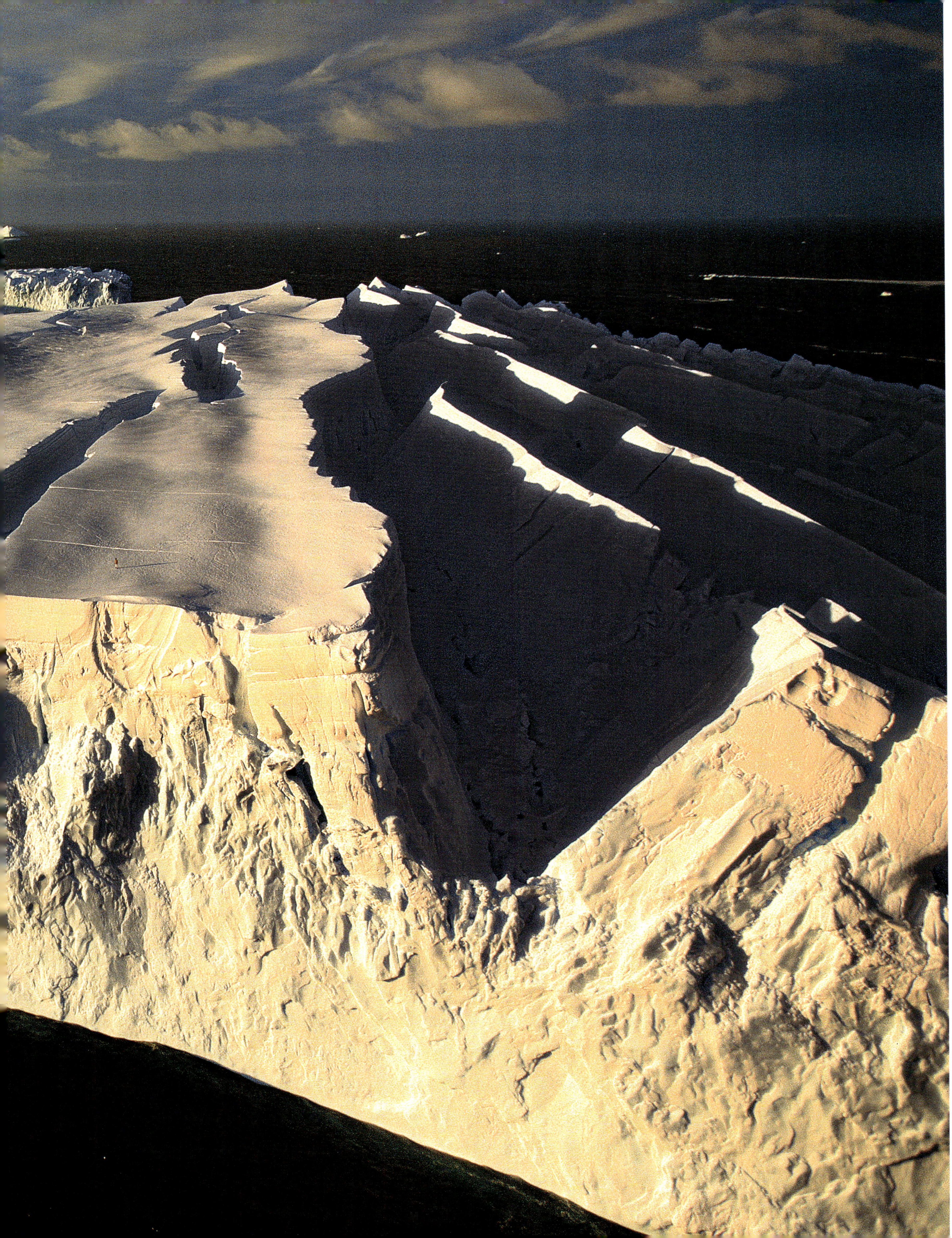

Begegnung

Claude Lorius – sucht im Eis nach der klimatischen Geschichte der Erde

Glaziologe

Claude Lorius wurde 1932 in Besançon geboren. Er erwarb eine Licence (1953), ein Diplom (1954) und einen Doktortitel (1963) in Physik. Mit 24, während des *Internationalen Geophysikalischen Jahres*, verbrachte er zwölf Monate mit zwei Gefährten auf der Station *Charcot* (24 m² in 2400 m Höhe). Seitdem hat er an 22 Sommer- und Winterexpeditionen in die Antarktis und nach Grönland teilgenommen. 1974 und 1977 führte er Eisbohrungsprojekte am Dome C durch, bei denen 900 Meter Eiskerne gewonnen und somit 35000 Jahre Klimageschichte zurückverfolgt werden konnten. 1984, mitten im Kalten Krieg, organisierte er ein Eisbohrungsprojekt bei der sowjetischen Station *Vostok* und brachte Russen, Franzosen und Amerikaner zusammen. Die Ergebnisse wurden 1987 in der Zeitschrift *Nature* publiziert. Claude Lorius war Direktor des *Laboratoire de Glaciologie et de Géophysique de l'Environnement* (*LGGE*) in Grenoble, Präsident des *SCAR* (*Scientific Committee on Antarctic Research*) und von 1993–1995 Präsident des Projektes *EPICA* (*European Project for Ice Coring in Antarctica*). Derzeit ist er emeritierter Forschungsdirektor am CNRS und führt den Vorsitz bei der französischen Sektion des *Internationalen Polarjahres 2007/2008*. Er erhielt zahlreiche namhafte Preise, unter anderem 2001 den Balzan-Preis und 2002 die *Médaille d'Or* des *CNRS*.

Lucia Simion: Woher kommt Ihre Passion für die Antarktis?
Claude Lorius: Am Anfang stand eine Ausschreibung der Universität: »Junge Forscher für Teilnahme an Expeditionen des *Internationalen Geophysikalischen Jahres* gesucht.« Ganz im Sinne von Charcot habe ich mir gedacht »Pourquoi pas – warum nicht?« Im Leben gibt es Gelegenheiten, die man beim Schopfe packen muss. Und Abenteuerlust war auch dabei. Im Laufe der Jahre habe ich dann viel erlebt und viele Erfahrungen gesammelt: 1959 die Forschungskonvois mit den Amerikanern, 1965 die Überwinterung in *Dumont-d'Urville*, die Bohrprojekte … Nach und nach haben die wissenschaftlichen Entdeckungen die Oberhand gewonnen und mich immer mehr fasziniert.

LS: Was ist Ihre ergreifendste Erinnerung an die Überwinterung auf der Station *Charcot*?
CL: Das war bei der ersten Hinfahrt: die Entdeckung der Küstengebiete, der Pinguine, der Eisberge, dieses riesigen, weißen Kontinents. Ich erinnere mich auch, wie schwer es war, überhaupt zu der Station, die 320 km von der Küste entfernt liegt, zu gelangen: Drei Wochen haben wir gebraucht, um die ganze Ausrüstung hinaufzuschaffen; danach hatten wir – wegen einer Panne unseres Windrades – eine ganze Weile keinen Strom. Wir hatten keine Verbindung mehr zu unseren Familien und auch nicht zur Küstenstation. Eine Erinnerung, die sich mir tief eingeprägt hat: Als ich eines Tages aus unserer unter dem Schnee begrabenen Hütte trat (sobald wir die Tür

> *Wir konnten die Klimageschichte der Erde über Hunderttausende von Jahren zurückverfolgen und den Zusammenhang zwischen Klima und Treibhausgasen aufzeigen.*

aufmachten, herrschten –40°C), sah ich einen Schneesturmvogel am Himmel. Das war wie ein Symbol für mich, denn normalerweise kommen die Sturmvögel nicht in diese Gebiete, wo sie keinerlei Nahrung finden. Auch die Einsamkeit und die unermessliche Weite des Kontinents sind prägende Erinnerungen. Ich bin mit einem ganz neuen Blick zurückgekommen. Diese Erlebnisse stehen für mich gewissermaßen außerhalb der Zeit.

LS: Was ist die wichtigste Entdeckung Ihrer Karriere?
CL: Der Zusammenhang zwischen den Treibhausgasen und dem Klima. Wir haben schon früh gezeigt, dass, selbst wenn die Veränderungen natürliche Ursachen hätten, die Treibhausgase eine Rolle spielen, und wir haben Werte gefunden, die nicht sehr von denen der heutigen Modelle abweichen. Was wir vor 20 Jahren in *Nature* geschrieben haben, ist genau das, was heute gesagt wird: Wenn man den CO_2-Ausstoß verändert, verändert man das Klima. Wir haben auch verstanden, dass wir mithilfe von Wasserstoff- und Sauerstoff-Isotopen eine Chronologie der Temperaturen erstellen können (dafür haben wir zehn Jahre gebraucht). Ein anderer großer wissenschaftlicher Erfolg – und eine großartige persönliche Erinnerung – war das Bohrprojekt in *Vostok*, 1984, mitten im Kalten Krieg. Die Entscheidung für *Vostok* wurde von sechs Leuten getroffen, die um einen Tisch saßen: von Russen, Franzosen und Amerikanern, Leuten, die sich kannten und schätzten, und ohne

Die Antarktis, ein Eisplanet

irgendwelche Vertreter der jeweiligen Staaten. Für mich ist es eine großartige Erinnerung, wie wir es geschafft haben, dieses Projekt auf die Beine zu stellen, denn es ist ein Symbol für die Beziehungen zwischen Wissenschaftlern. Entscheidend war die Zusammenarbeit. Im ersten Jahr konnten wir anhand der zyklischen Klimaschwankungen zwischen Eiszeiten und Zwischeneiszeiten die Klimageschichte der Erde 150 000 Jahre zurückverfolgen, später dann 450 000 Jahre.

LS: Was bedeutet die Antarktis für Sie?
CL: Die Antarktis ist schön, ohne Zweifel, aber allmählich wird uns auch bewusst, dass die Polargebiete nicht isoliert sind. Das waren sie für die Entdecker, aber sie sind es nicht für die Wissenschaftler: Die Entdeckung des Ozonlochs ist ein hervorragendes Beispiel dafür. Wir haben nur eine Atmosphäre, nur einen Ozean. Wir finden Spuren von Atomexplosionen im Schnee am Südpol, oder umgekehrt den Beweis, dass in Grönland der Bleigehalt im Schnee abgenommen hat, seitdem es aus den Kraftstoffen verbannt wurde.

Claude Lorius auf der russischen Station *Vostok*. Er betrachtet einen Eiskern aus dem Eisschild, auf dem die Forschungsstation steht. In den 1990er-Jahren wurde in 4200 m Tiefe unter dem Eis ein riesiger subglazialer See entdeckt. Die Tiefenbohrung bei *Vostok* hat einen Zusammenhang zwischen einer Zunahme der CO_2-Konzentration in der Atmosphäre und dem Anstieg der Erdtemperatur zutage gefördert.

Subglaziale Seen

Unter dem antarktischen Eis befinden sich wahrscheinlich weitere geheimnisvolle Vulkane – was die Wissenschaftler aber ganz besonders umtreibt, sind die 150 subglazialen Seen, die meisten von ihnen unter dem Eisschild der Ostantarktis. Sie gehören zu den rätselhaftesten Ökosystemen der Erde. Niemand hat diese Seen je mit eigenen Augen gesehen, denn sie liegen seit Millionen von Jahren völlig isoliert unter 3000 bis 4000 m dickem Eis. Wenn Sie vor dem Eiffelturm stehen (der 330 m hoch ist) und sich 10 oder 13 Eiffeltürme einen auf dem anderen vorstellen, dann wird Ihnen die enorme Mächtigkeit des Eises klar, unter dem diese Süßwasserseen begraben sind. Sie wurden in den 1970er- bis 1990er-Jahren dank der weltraumgestützten Radaraltimetrie entdeckt. Der größte von ihnen – der Vostok-See – misst 250 mal 60 km und ist 400 m tief; in der vollkommenen Dunkelheit des Wassers herrscht ein Druck von mindestens 400 bar. Der zweitgrößte See liegt in der Nähe der französisch-italienischen Station *Concordia* und trägt auch deren Namen. Er misst 50 mal 25 km.

Das Wasser dieser Seen ist nicht gefroren, sondern flüssig, denn der geothermale Wärmestrom aus dem Erdinneren bringt den Boden des Eisschildes zum Schmelzen. Außerdem ist der Eisschild ein Isolator, und auch der enorme Luftdruck trägt dazu bei, das Wasser im flüssigen Zustand zu halten. Ähnliche subglaziale Gewässer wie die in der Antarktis verbergen sich auch unter den Eisschilden, die Europa, einen der vier Jupitermonde, bedecken. Aus diesem Grund interessiert sich die *NASA* besonders für die Seen des Eiskontinents ... und sucht nach Mitteln und Wegen, zu ihnen zu gelangen. Die Erforschung dieser rätselhaften Seen ist einer der Hauptpunkte des *Vierten Internationalen Polarjahres*.

Auf dem Grund des gefrorenen Ozeans

Rund um den Kontinent liegt die Wassertemperatur permanent unter dem Gefrierpunkt des Meerwassers (– 1,87 °C): Sie bleibt das ganze Jahr über stabil, und es besteht so gut wie kein Unterschied zwischen der Wasseroberfläche und dem Meeresgrund. Die antarktische Kontinentalplatte liegt tiefer (500 statt 200 m) als andere Kontinentalplatten, weil der Eisschild mit einem solch enormen Gewicht auf ihr lastet. Das Wasser ist sehr sauerstoffreich: Es enthält 1,6-mal mehr Sauerstoff als Wasser bei einer Temperatur von 20 °C. Es ist auch sehr dicht und zähflüssig (bei 0 °C ist es doppelt so zähflüssig wie bei 25 °C), was den Fischen die Fortbewegung erschwert. Und es gibt noch einen weiteren, wesentlichen Faktor: Es gibt Eis im Wasser, Eis in Form von Grundeis, von schwimmenden Eisplatten, von Packeis und schließlich von winzigen Eiskristallen, die durch das Wasser wirbeln wie Schneeflocken durch die Luft.

Die Kante des Ross-Schelfeises unter Wasser (rechte Seite oben).

Die Kaiserpinguine scheinen durch dieses kristallklare und eiskalte Wasser (mit einer Temperatur von – 1,8 °C) zu fliegen (rechte Seite Mitte).

Eis überall: Es verdeckt die Wasseroberfläche, es bedeckt den Boden, es schwimmt in Form von winzigen Kristallen im Wasser. Wenn die Meerestiere der Antarktis nicht über Frostschutzsubstanzen in ihrem Organismus verfügten, würden sie unweigerlich bei der Berührung mit dem Eis gefrieren (rechte Seite unten).

Unter dem Packeis herrscht trotz des schwachen, vom Eis gedämpften Lichtes reiches Leben. Tausende von Seesternen der Art *Odontaster validus* sammeln sich in der Nähe der Löcher, die die Weddellrobben ins Packeis machen. Die Seesterne ernähren sich unter anderem von den Fäkalien der Robben (folgende Doppelseite).

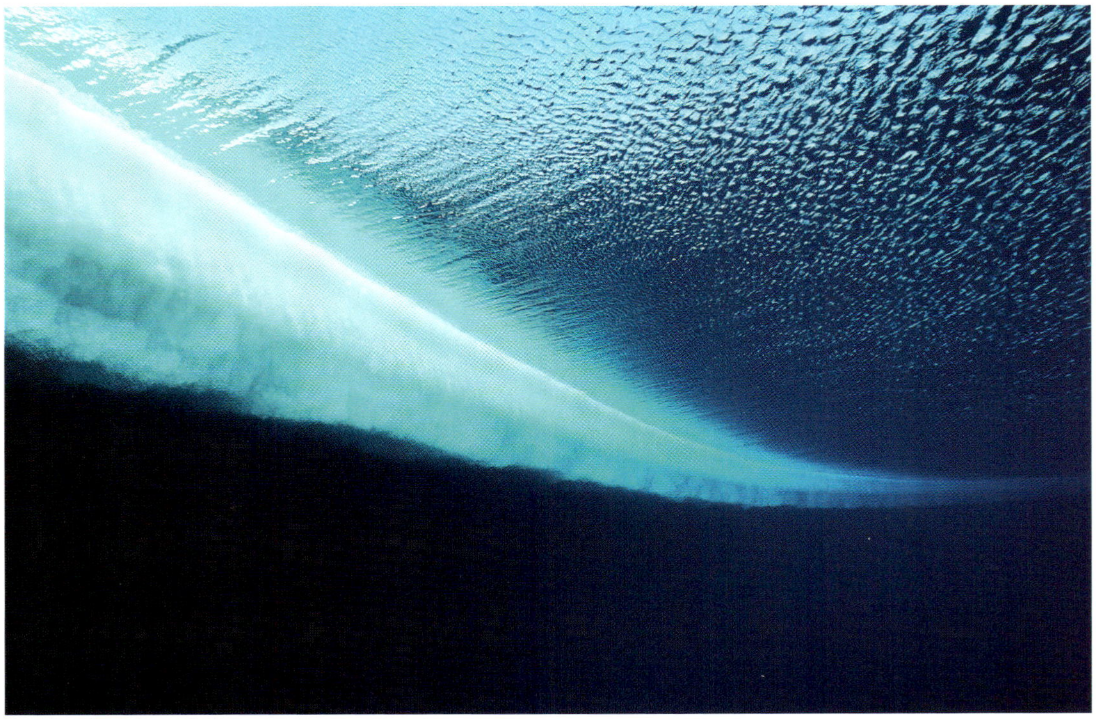
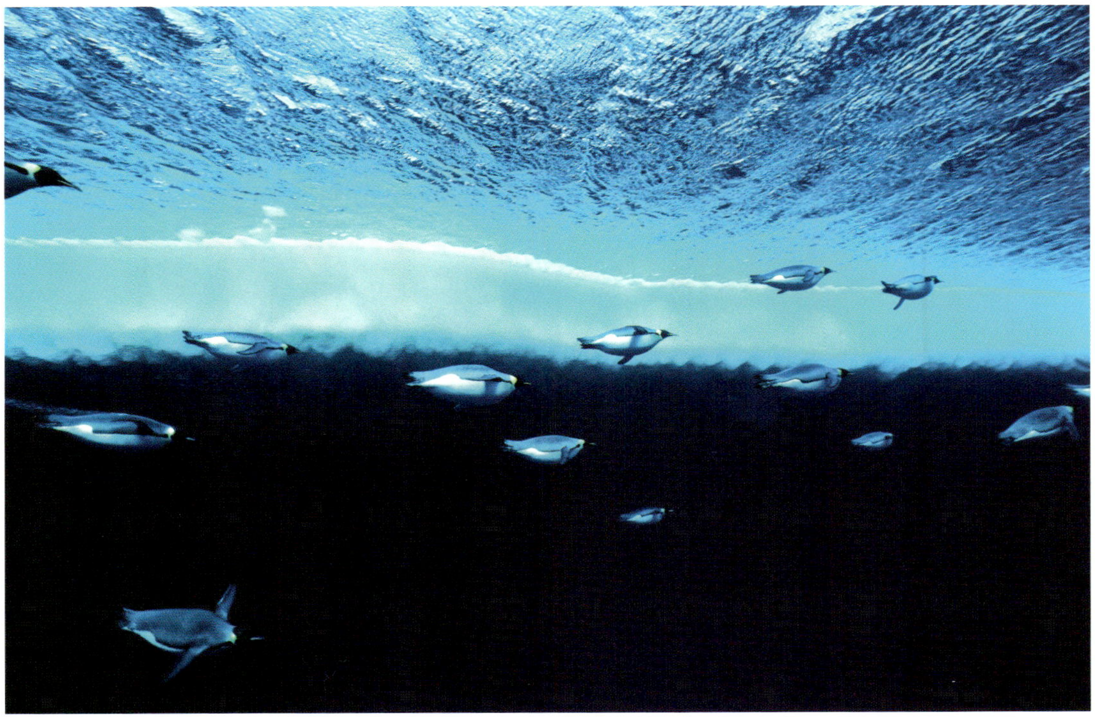
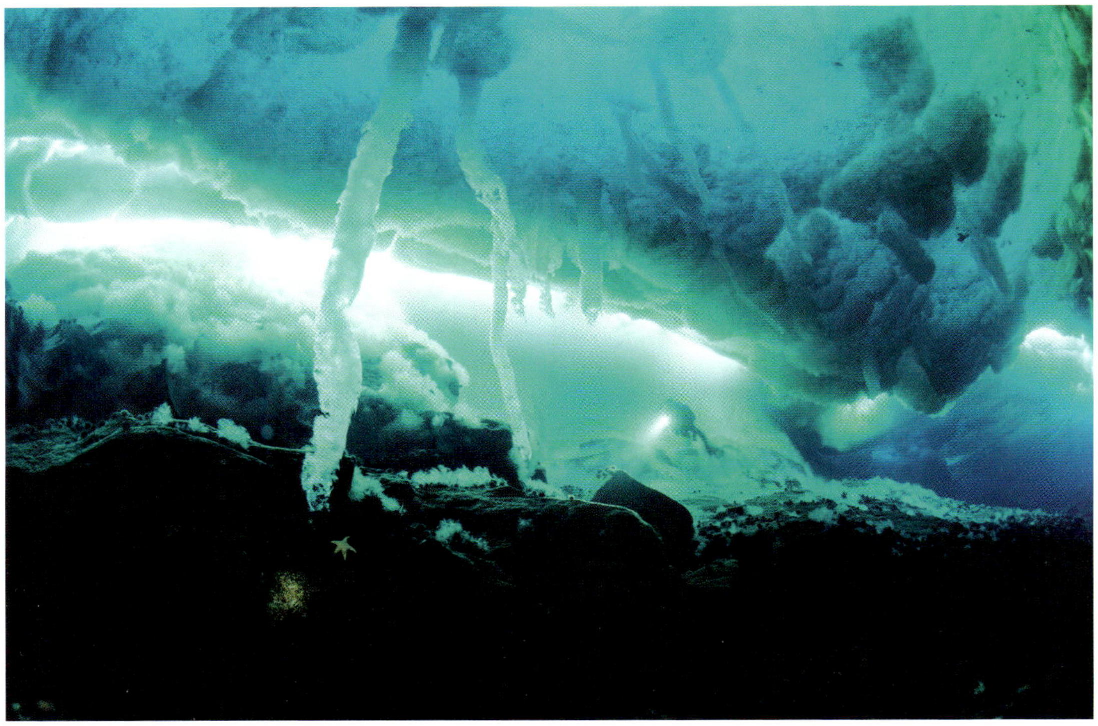

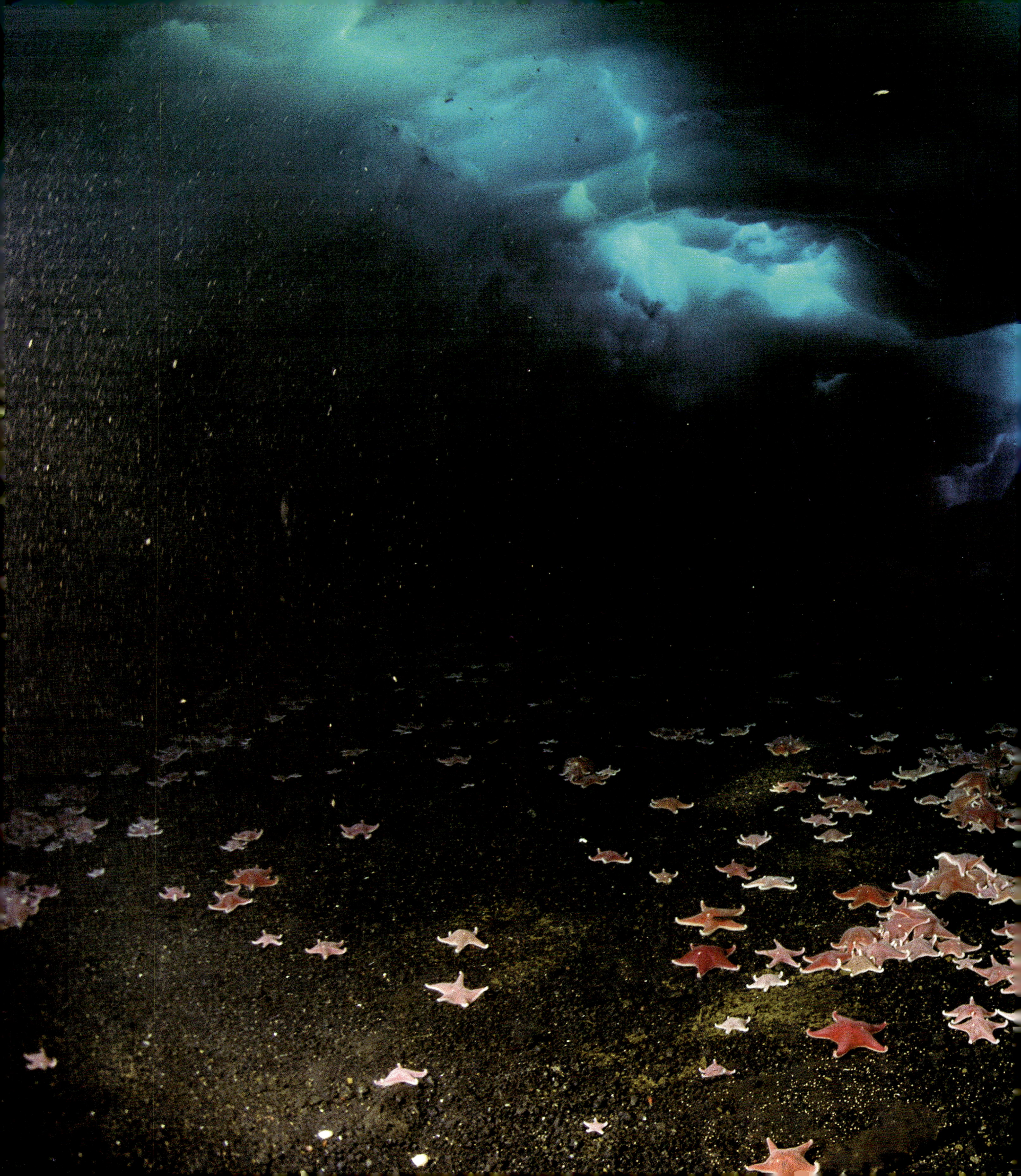

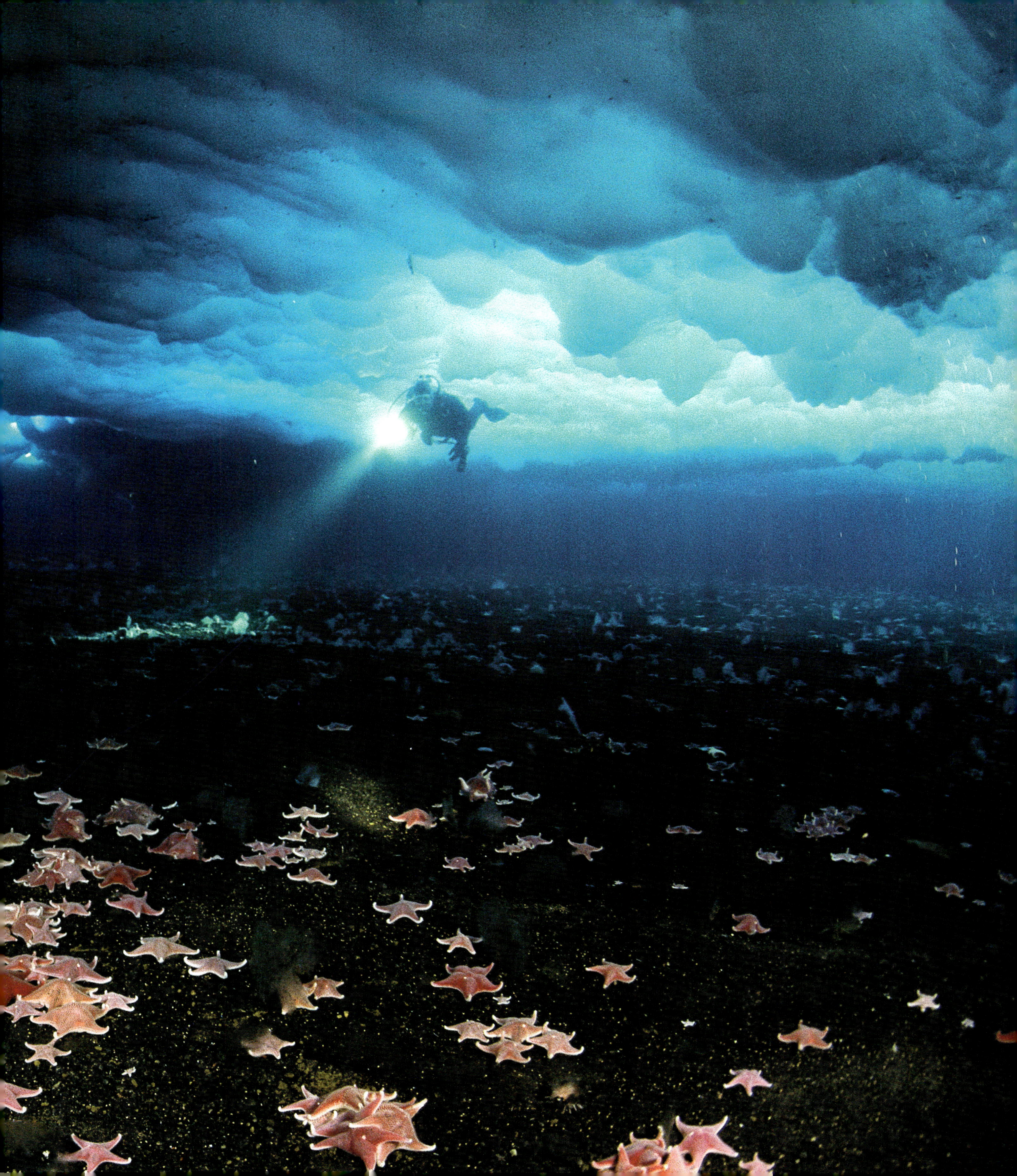

In der Nähe des Ekström-Schelfeises im Weddellmeer stehen im fahlen Licht zwei Kaiserpinguine auf dem Packeis. Sie glänzen so sauber, dass man meinen könnte, sie seien gerade aus dem Wasser gekommen.

Das Leben auf dem Kontinent der Extreme

Das Leben auf dem Kontinent der Extreme

Mitten in der antarktischen Wüste

Vor einigen Jahren saß ich im Dezember auf einem Kiesstrand der Hallett-Halbinsel und blickte auf das Rossmeer hinaus. Es war antarktischer Hochsommer, aber das Packeis war nicht aufgebrochen und erstreckte sich noch über mehrere Kilometer bis zum Horizont. In der Ferne einige imposante, festgefrorene Eisberge. Während ich dort saß, beobachtete ich Hunderte und Aberhunderte von Adéliepinguinen, die über das Packeis liefen: Mit ungefähr 50 000 Tieren gehört Cape Hallett zu den großen Adéliepinguin-Kolonien der Antarktis. Alle diese Vögel waren damit beschäftigt, ihre Jungen aufzuziehen. Manche verließen die Kolonie, andere kamen zurück, nachdem sie Stunden um Stunden über das Eis gelaufen waren, um ihren Gefährten abzulösen, der am Nest mit zwei dicken, hungrigen Küken auf sie wartete. So weit das Auge reichte, Pinguine, überall, bis zum Horizont. Ich war tief bewegt und sagte mir: Das Leben macht vor nichts halt. Es ist entschlossener und mächtiger als jede andere Naturkraft, selbst in einer so extremen, furchteinflößenden und grimmigen Umgebung wie der Antarktis. Das Leben ist da. Es hält stand. Es passt sich an. Es behauptet sich. Es gibt niemals auf. Der Anblick dieser Pinguine, die mit einer Geschwindigkeit von zwei Stundenkilometern über das Eis watschelten, um Nahrung für ihre Küken heranzuschaffen, war sehr bewegend. In einer sich bestimmt nicht immer zum Guten verändernden Welt war es auch ein positives Bild, das mir Vertrauen in das Leben gab, in sein Fortbestehen, seine Widerstandskraft.

Wenn Leben in so extremen Gegenden vorkommt – und das Wort »extrem« passt sehr gut zur Antarktis, denn es bedeutet »die äußerste Grenze, das Ende bildend, das Äußerste, Letzte, Höchste«, hier also die geografischen und biologischen Grenzen –, dann hat es immer etwas Kostbares und Heiliges an sich, etwas, das einem höchsten Respekt einflößt. Leben gibt es in der Antarktis entlang der Küsten oder in den wenigen eisfreien Gebieten, auf den Inseln – und natürlich im Meer. Das Leben im Meer ist leichter als das an Land.

Und doch gibt es auch Lebensformen mitten im Landesinnern, der fürchterlichsten und kahlsten Wüste überhaupt. Geheimnisvolle Bakterien wurden in den Eiskernen entdeckt, die über dem Vostok-See erbohrt wurden – dem größten der rund 150 subglazialen Seen der Antarktis, der unter 4000 m Eis liegt. Der unterste Teil dieser Kerne besteht aus Anfrierzonen, das heißt Eis, das aus gefrorenem Seewasser besteht: In diesem Eis hat man DNS-Spuren der thermophilen Bakterien *Hydrogenphilus thermoluteolus* gefunden, die verborgen in den tiefen Spalten des Felsuntergrundes leben und die Wärme aus dem Erdinneren als Energiequelle nutzen. Seit Millionen von Jahren sind sie von der übrigen Biosphäre abgeschlossen.

Leben gedeiht auch in den Trockentälern von McMurdo, einer anderen polaren Wüste. In den Böden, in den Seen, in den Schmelzwasserflüssen und selbst im Innern der Felsen, wo es sogenannte endolithische Flechten gibt: Überall dort gibt es Leben. *Scottnema lindsayae*, ein Fadenwurm, lebt im Boden der Trockentäler, kann völlig austrocknen und in eine Art Kälteschlaf verfallen, bis die Umweltbedingungen wieder günstiger sind. Die Überlebensstrategien der antarktischen Tiere

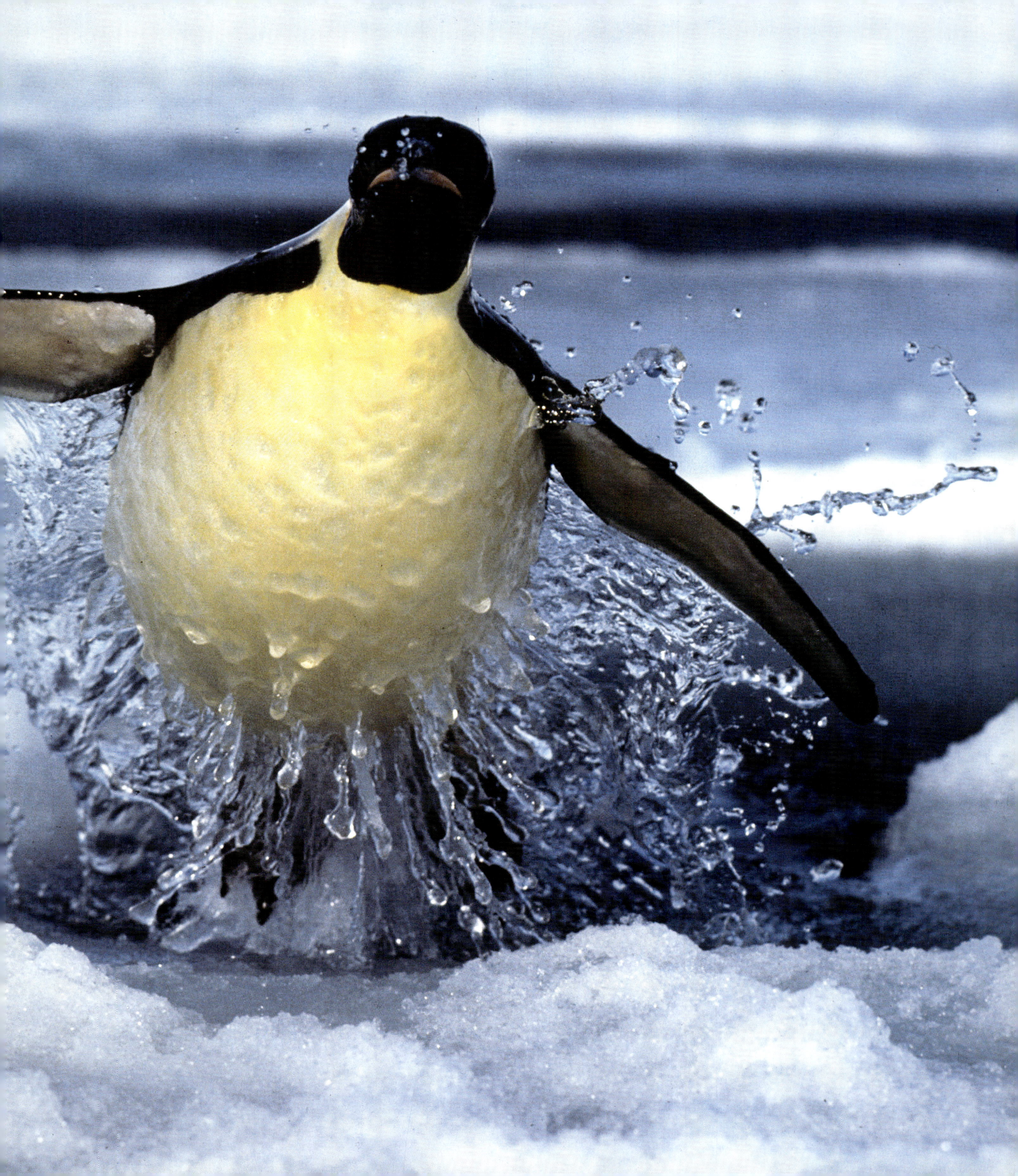

Ein Gruppe junger Kaiserpinguine, die von ihren Eltern verlassen wurden und zum Teil noch ihren Kükenflaum hat, verlässt die Kolonie und stürzt sich ins Meer. Da die Tiere auf einer hohen Klippe stehen, müssen sie springen. Erst im Alter von vier Jahren werden sie zur Kolonie zurückkehren. Dieses Bild wurde von Gerry Kooyman, einem amerikanischen Wissenschaftler, der seit rund 40 Jahren die Kaiserpinguine erforscht, am Cape Washington aufgenommen (rechts).

Kaiserpinguine schießen wie Torpedos aus dem Wasser und kommen meist gleich im Stehen auf dem Packeis auf. Diese Technik schützt sie davor, von einem in der Nähe lauernden Seeleoparden geschnappt zu werden. Manchmal ist die Temperatur so niedrig, dass sogar das Spritzwasser um den pfeilschnellen Pinguin sofort gefriert (vorhergehende Seite).

Eine Eisscholle, von einer Gruppe Adéliepinguinen als Floß benutzt, treibt mit der Strömung auf dem Ross-Meer in der Nähe der Possession Islands (folgende Doppelseite).

An einem ruhigen, heiteren Himmel geht der Mond über einer riesigen Kaiserpinguin-Kolonie in der Nähe der australischen Station *Mawson* auf. Die Vögel, alles Männchen, bilden mehrere *Gedränge*, damit so wenig Wärme wie möglich verloren geht. Während des Brütens hungern sie 62 bis 67 Tage lang (Seiten 86/87).

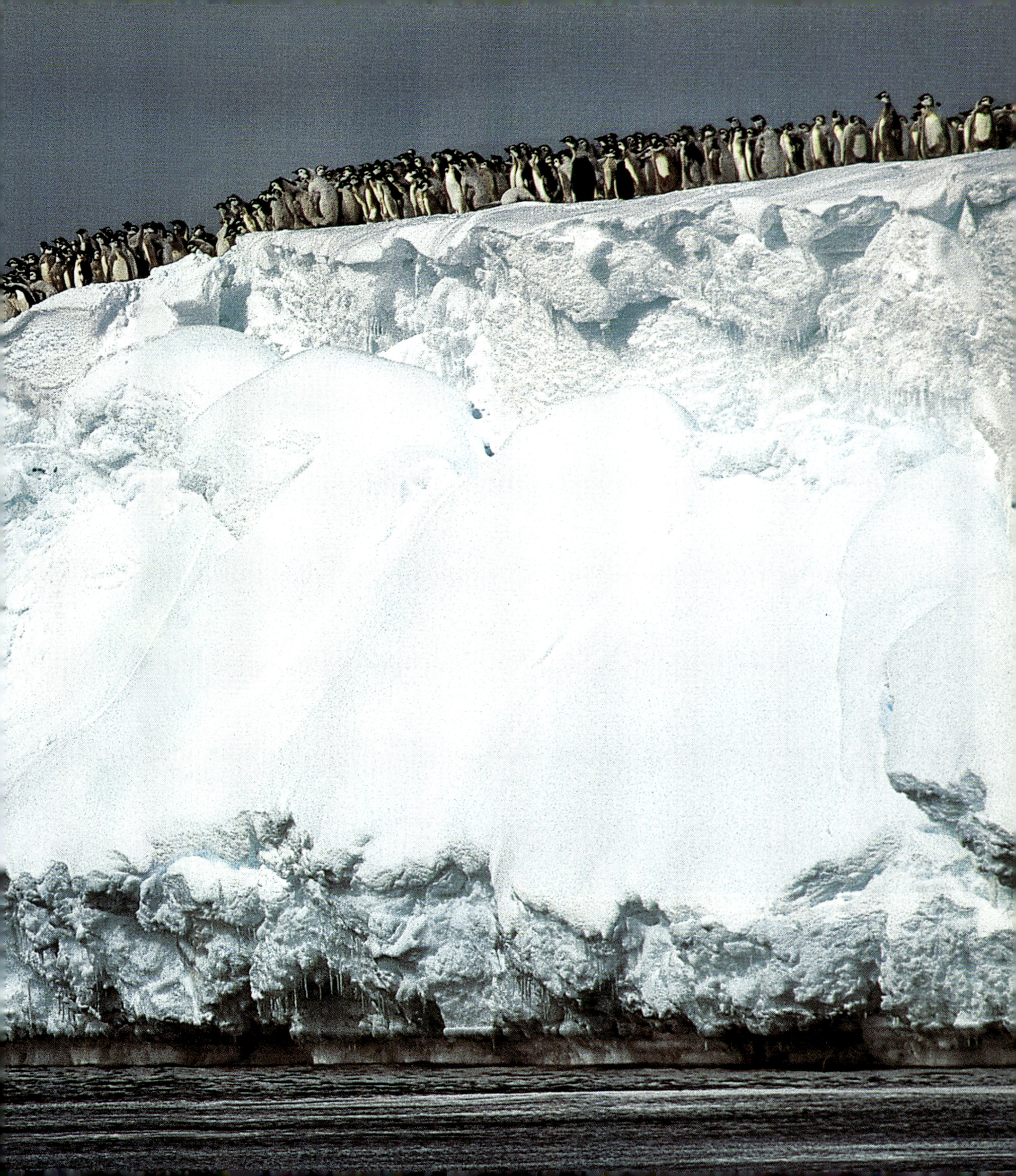

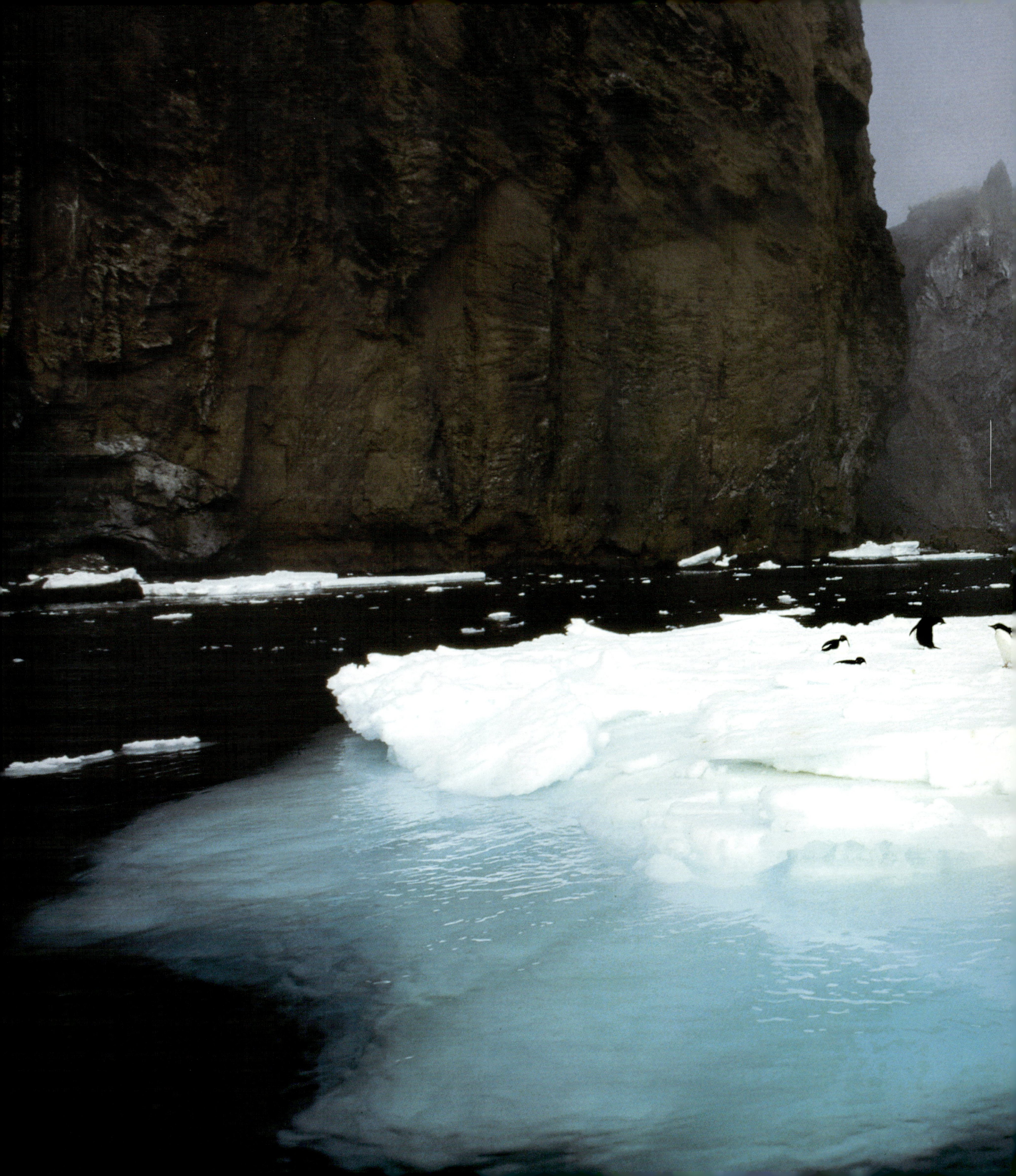

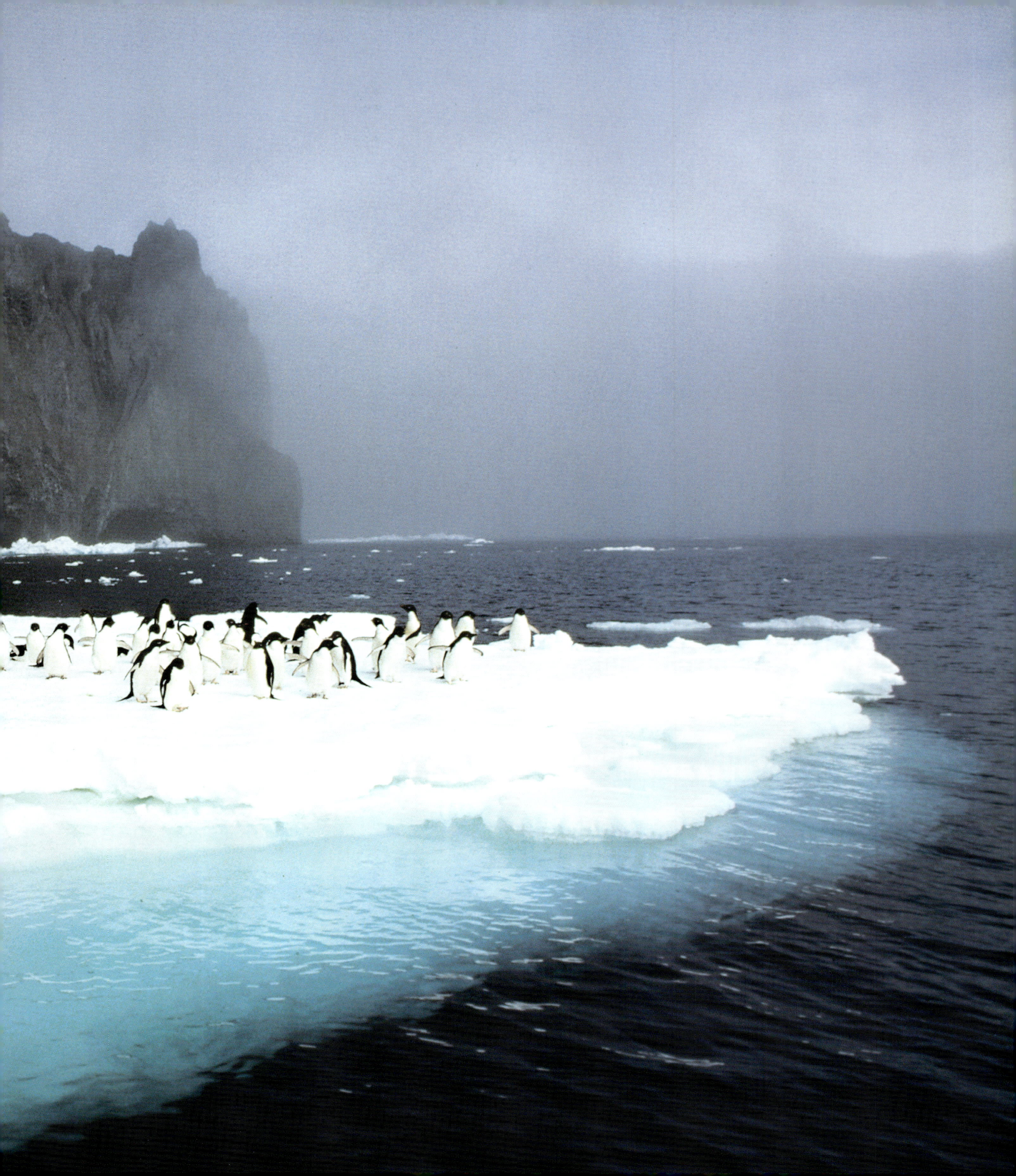

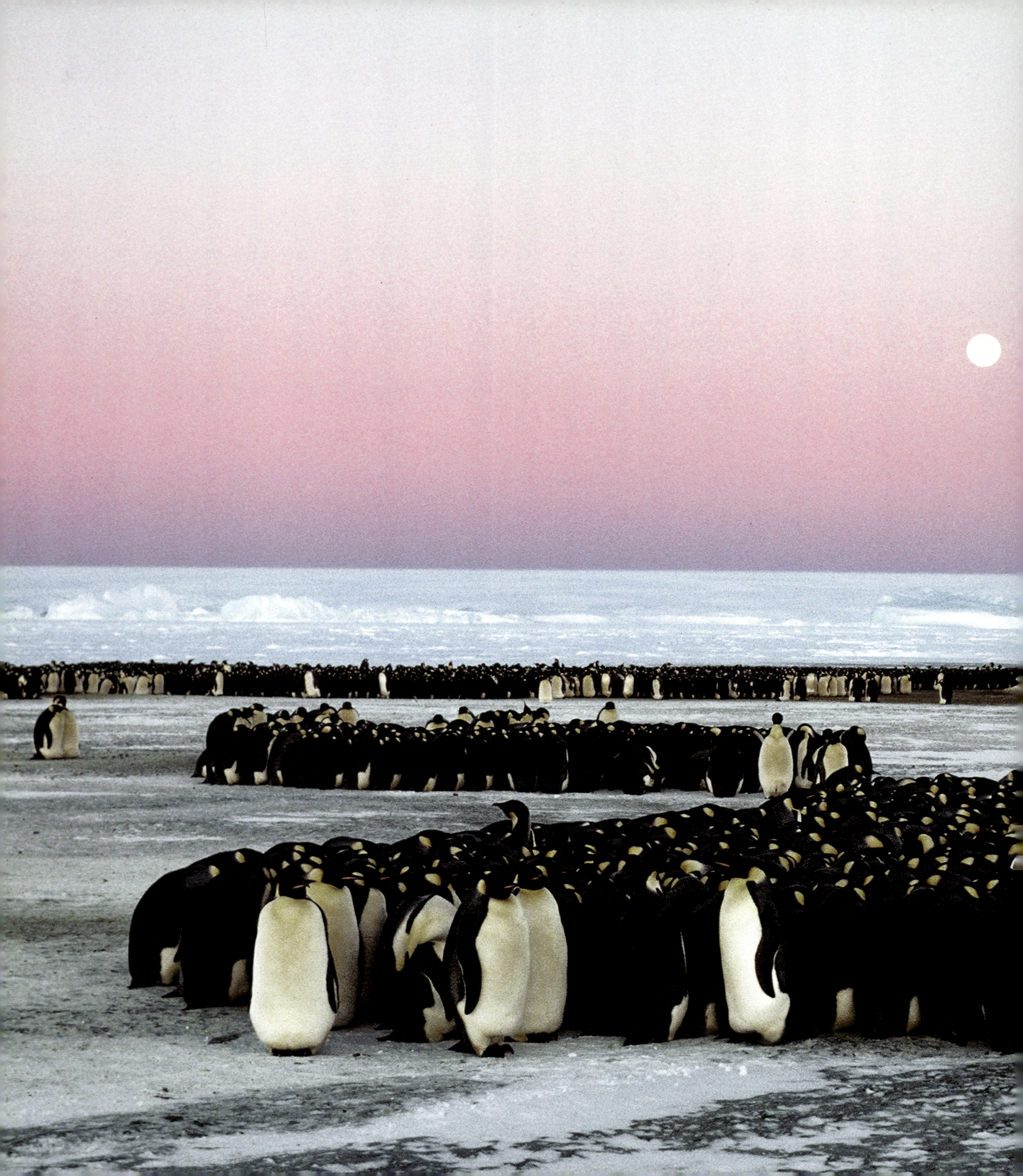

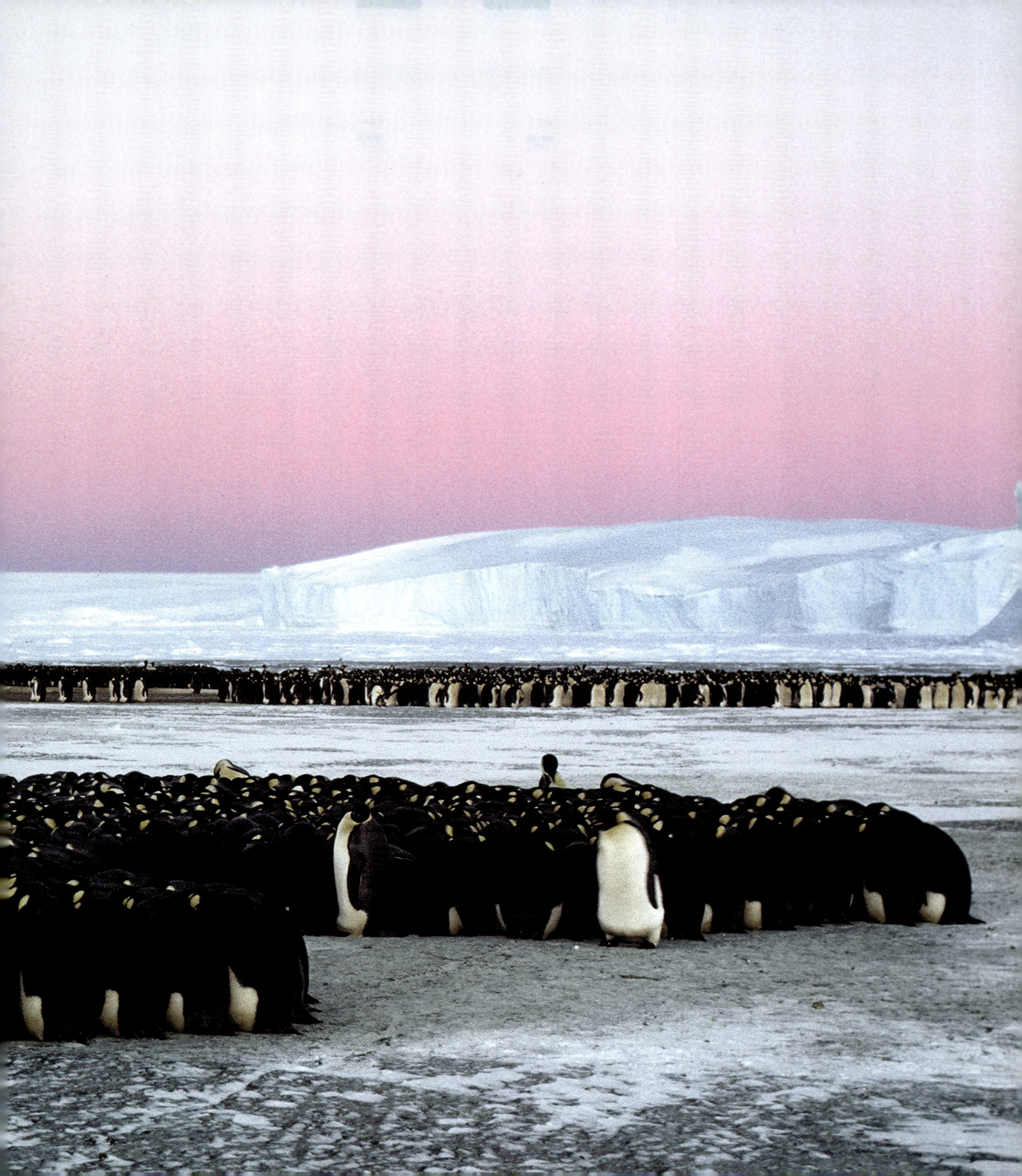

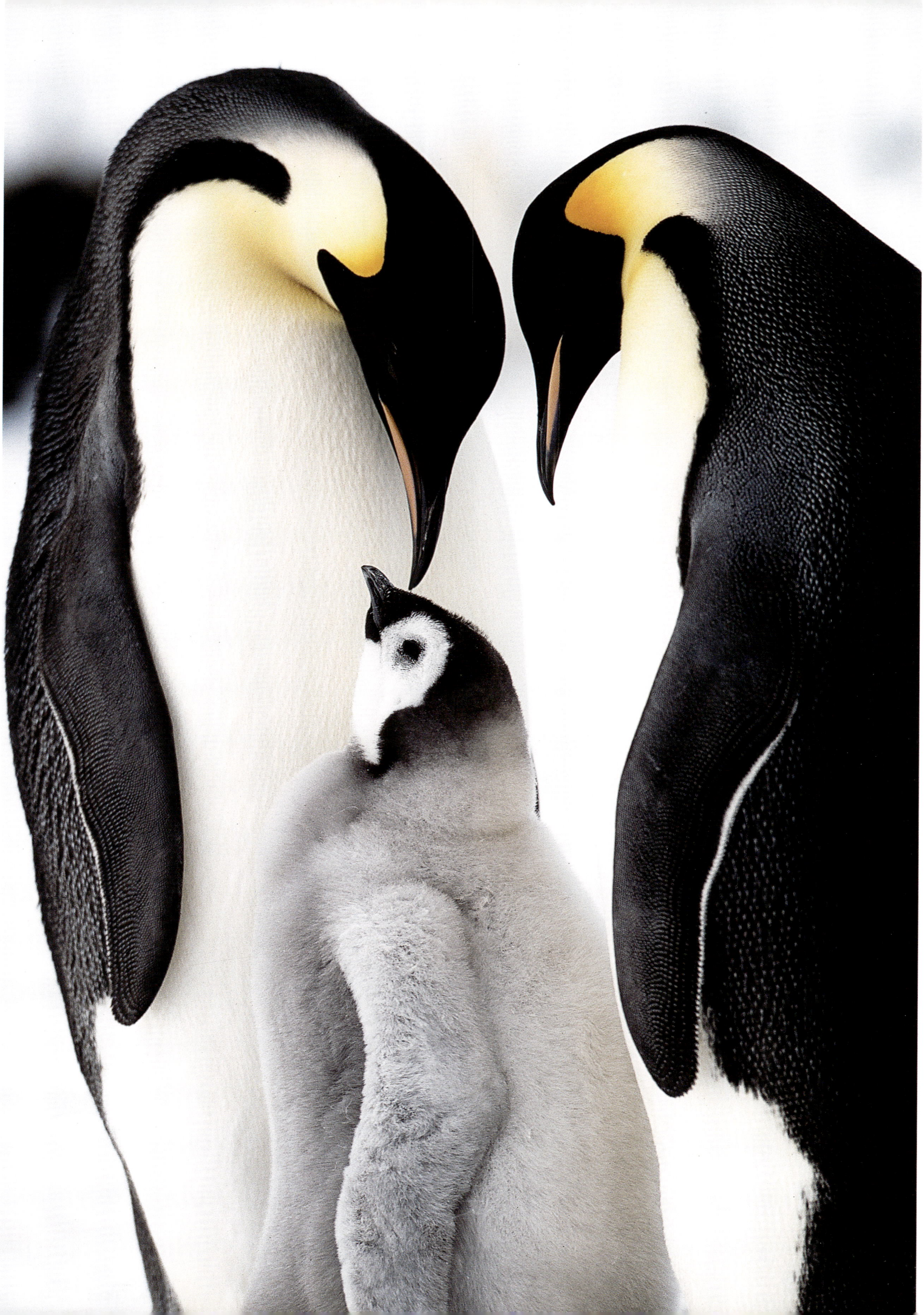

und Pflanzen gleichen denen, die man in anderen extremen Gebieten auf der Erde findet.

Die Pinguine

Die Pinguine, die es hunderttausendfach auf dem gefrorenen Kontinent gibt, sind das eigentliche Sinnbild der Antarktis. Von den 9600 Vogelarten, die heute auf der Erde leben, sind die Pinguine am besten an das Leben im Meer angepasst, und zwar aufgrund bestimmter Besonderheiten ihrer Anatomie, ihres Körperbaus und ihres Verhaltens. Die 18 bekannten Arten (eine Zahl, die sich bei einer eventuellen Entdeckung neuer Arten ändern könnte) sind in einer einzigen Ordnung, den Sphenisciformes, und in einer einzigen Familie, den Spheniscidae, zusammengefasst. Fünf dieser Arten pflanzen sich auf dem antarktischen Festland oder auf den benachbarten Inseln fort, aber nur zwei Arten sind wirklich zu 100 % polare Pinguine: die Kaiserpinguine und die Adéliepinguine. Esels- und Goldschopfpinguine leben auch auf den subantarktischen Inseln, während der Zügelpinguin sich hauptsächlich auf der Antarktischen Halbinsel sowie auf den Süd-Shetland-, -Orkney- und -Sandwichinseln vermehrt.

In ferner Vergangenheit, vor 60 bis 40 Millionen Jahren, lebten im Südlichen Eismeer etwa 32 verschiedene Pinguinarten, von denen die meisten deutlich größer waren als die heutigen Pinguine. Der in Neuseeland entdeckte *Palaeeudyptes antarcticus* wurde 1,20 bis 1,40 m groß; der *Pachydyptes ponderosus* (ebenfalls in Neuseeland entdeckt) maß zwischen 1,40 und 1,60 m und wog zwischen 80 und 100 kg; der auf Seymour Island vor der Antarktischen Halbinsel gefundene *Anthropomis nordenskjoeldi* war so groß wie ein ausgewachsener Mann (180 cm) und wog 135 kg. Er ist der größte bekannte Pinguin. Kein Pinguin-Fossil ist je auf der Nordhalbkugel entdeckt worden. Der Ursprung der Pinguine läge also zweifelsfrei im Bereich des Superkontinents Gondwana. Und in der Tat gibt es diese Vögel heute in fast allen Erdteilen und Gebieten, die beim Auseinanderbrechen Gondwanas entstanden

Gut gewärmt vom Federkleid eines seiner beiden Eltern, hat das Küken einen erstrangigen Platz, um die Welt um sich herum zu beobachten. Es sitzt auf den Füßen seiner Erzeuger (oben).

Ein prächtiges Kaiserpinguin-Paar mit seinem Küken; Kolonie von Cape Washington, Rossmeer (linke Seite).

sind: in Südamerika, in Afrika, in Australien und Tasmanien, in Neuseeland und natürlich in der Antarktis. Die engsten verwandten Vorfahren der heutigen Pinguine waren fliegende Seevögel aus der Ordnung der Procellariiformes, zu denen beispielsweise Albatrosse, Sturmvögel oder Sturmtaucher gehören. Man nimmt an, dass ihre Diversifikation vor 47 Millionen Jahren begonnen hat. Die Zwergpinguine *(Eudyptula minor)* werden als die ältesten betrachtet, da sie den Sturmvögeln am nächsten stehen. Als die jüngsten gelten dagegen die Kaiserpinguine. Trotz gewisser Ähnlichkeiten sind die Pinguine nicht verwandt mit Vögeln der Nordhalbkugel wie dem Riesenalk *(Pinguinus impennis),* der seit 1844 ausgestorben ist und von dem sie angeblich den Namen Pinguin geerbt haben.

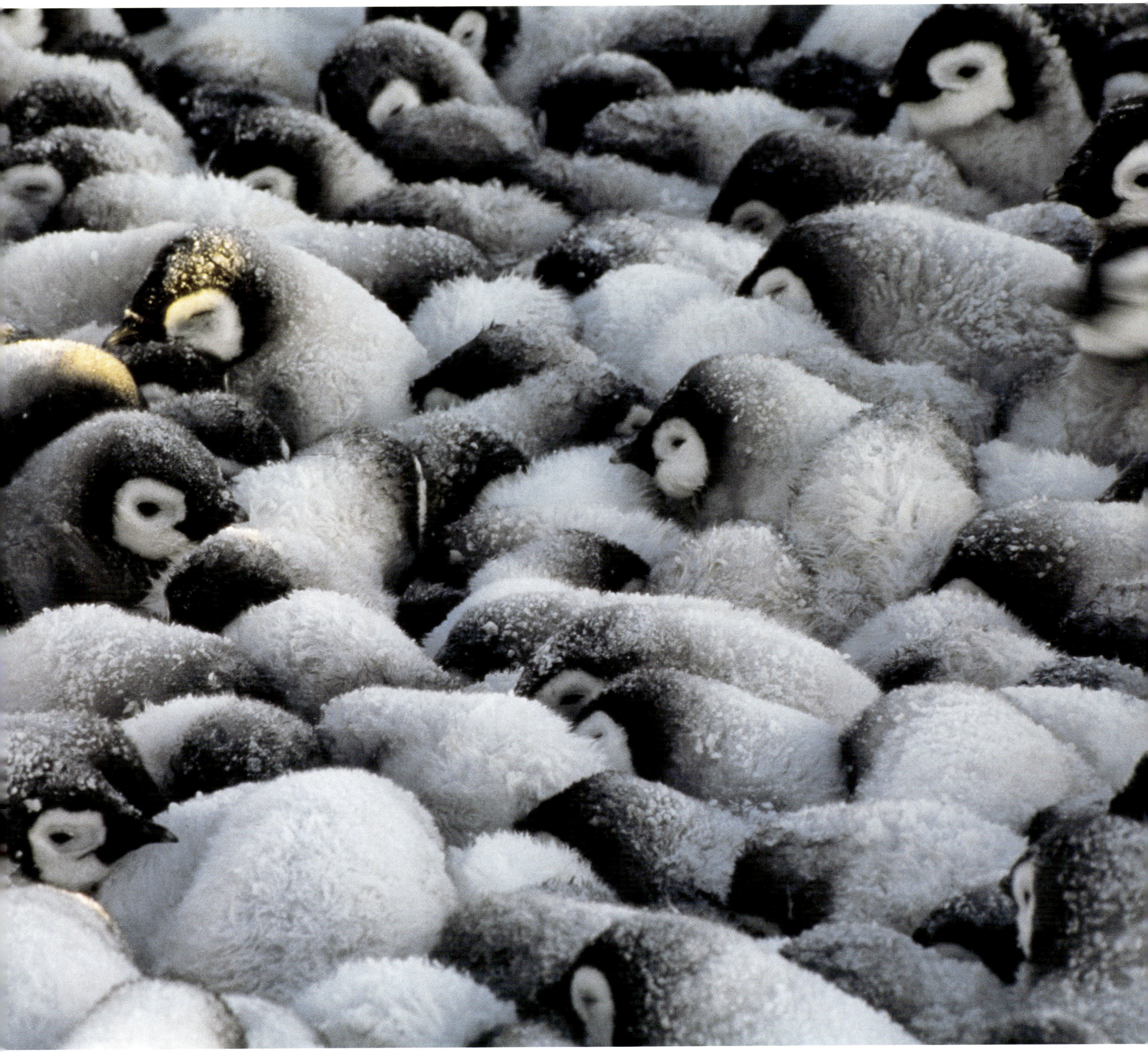

Sobald die Kaiserpinguin-Küken drei Wochen alt sind, beginnen sie *Krippen* zu bilden. Genau wie die Erwachsenen drängen sie sich zusammen, um sich vor der Kälte zu schützen (vorhergehende Seite).

Adéliepinguine haben einen eigenen Charakter und teilen schnell einen ordentlichen Schnabelhieb aus, wenn sie sich bedroht fühlen. Diese Aufnahme entstand in der Kolonie von Cape Bird auf der Ross-Insel. Der Bestand an Adéliepinguinen wird weltweit auf 2,4 Millionen Paare geschätzt.

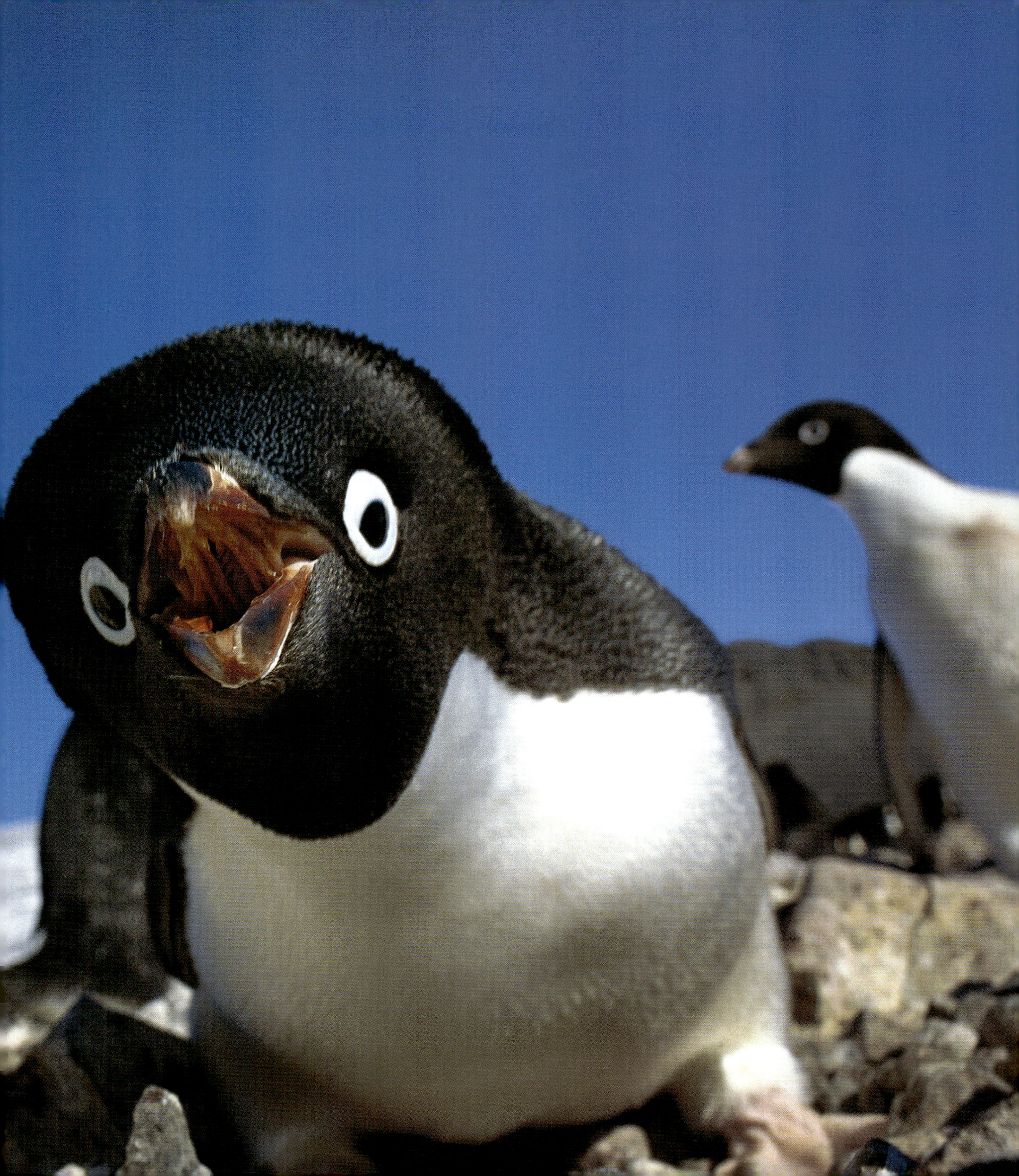

Begegnung

David G. Ainley – erforscht die Ökologie der Meeresvögel

Biologe

David G. Ainley ist ein amerikanischer Biologe und weltweit bekannt für seine Studien zur Ökologie und Trophodynamik von Vögel- und Meeressäuger-Populationen. 1971 promovierte er an der *Johns Hopkins University* in Baltimore mit einer Doktorarbeit über die Kommunikation und den Fortpflanzungszyklus der Adéliepinguine. Seit 1995 arbeitet er bei der Umweltberatungsfirma *HT Harvey & Associates* in San José, Kalifornien. Er hat mehr als 160 wissenschaftliche Publikationen verfasst, dazu sechs Bücher und neun Monografien. Der Titel seines letzten Buches: *The Adélie Penguin – Bellwether of Climate Change*, Columbia University Press, 2002.

> „Das Ross-Meer ist das letzte Ozeansystem auf der Erde, das noch nicht von der Umweltverschmutzung und vom Fischfang zerstört worden ist."

Lucia Simion: Wann und wie hat sich Ihre Leidenschaft für die Antarktis entwickelt?
David G. Ainley: Ich habe immer schon offene Landschaften geliebt, einen weiten weißen Horizont, einen hohen blauen Himmel, mit einer strahlenden Sonne am Tag und unzähligen Sternen in der Nacht. Also war ich schon in jungen Jahren auf den Gipfeln der Berge oder auf hoher See. Mit zwölf oder 14 Jahren habe ich eine Biografie von Roald Amundsen gelesen, dort war vor allem von seiner Jugend die Rede. Die Erforschung des Unbekannten weckte meine Neugierde, und ich habe das Buch mehrere Male gelesen. An der Universität habe ich dann immer mehr an die Antarktis gedacht. Ich habe mir vorgestellt, wie fantastisch es wäre, ans Ende der Welt zu fahren und die ganze Zivilisation hinter mir zu lassen! Was mich in die Antarktis gezogen hat, war die Möglichkeit, etwas Neues zu entdecken, und die Herausforderung, in einer extremen Umgebung zu überleben. Während meiner ersten Universitätsjahre konnte ich dank eines Forschungsstipendiums von der *National Science Foundation (NSF)* an einem Projekt auf Kent Island vor der kanadischen Ostküste mitarbeiten. Dieses Projekt – unter der Schirmherrschaft von Charles Huntington – beschäftigte sich mit Seevögeln. Ich habe mich sofort für das Meer und das Leben der Meeresvögel begeistert. Ich beobachtete, wie diese Warmblüter im Nebel verschwanden, von Natur aus in der Lage, dem Ozean, über den ich gar nichts wusste, zu trotzen. Dann erzählte mir Charles Huntington von einem Forschungsprojekt über Pinguine in der Antarktis und riet mir, daran mitzuarbeiten. Dr. William Sladen von der *Johns Hopkins University* nahm mich in sein Team auf und verschaffte mir ein Forschungsstipendium: Sladen hat eine Monografie über die Adéliepinguine geschrieben und mehrmals den Winter auf den Falklandinseln verbracht. Ich verdanke ihm sehr viel.

LS: Welche Erinnerung haben Sie an Ihre erste Expedition in die Antarktis?
DA: Meinen ersten Auftrag hatte ich dort 1968, direkt nach meinem Universitätsabschluss. Es war eine sehr lange Reise. Als ich in der Nähe von *McMurdo* aus dem Flugzeug stieg, dachte ich: »Wow, unter mir sind 100 Meter Eis und dann Wasser, unglaublich!« Dann ging es zum Kap Crozier am nördlichen Ende von Ross Island, wo sich eine der größten Adéliepinguin-Kolonien des Kontinents befindet: 500000 Tiere. Pinguine überall. Richard Penny, einer der Pioniere der Verhaltensforschung bei Tieren, war bei mir. Ich hatte alle seine wissenschaftlichen Veröffentlichungen gelesen, aber mit ihm dort draußen zu sein und ihm direkt zuzuhören war etwas ganz Besonderes.

Wirklich hingerissen hat mich während meines ersten Aufenthaltes in der Antarktis die »Kraft« dieses Ortes. Wie oft saß ich tagelang in einer kleinen Hütte fest, an der der Sturm mit Böen von 140 Knoten rüttelte! Ich hatte das Gefühl, ein Zug würde über mich hinwegrasen. Der Wind hatte eine solche Wucht, dass sich kleine Steinchen in die Holzplanken unserer Hütte bohrten. Da habe ich mich sehr klein gefühlt und einen großen Respekt vor den Kräften der Natur entwickelt.

LS: Was sind die wichtigsten Entdeckungen, die Sie gemacht haben?
DA: Mein erster Erfolg war, eine einjährige Studie auf den Farallon Islands vor San Francisco auf die Beine zu stellen. Damals bezogen sich fast alle Studien über Seevögel auf die einzelnen Arten, ohne ihren Lebensraum in Betracht zu ziehen, das war kein ökologischer Ansatz. Ich bin dieses Thema also anders angegangen und habe das Verhalten aller zwölf Seevogelarten auf den Farallon Islands gleichzeitig und in ihrem Lebensraum untersucht. Diese Art der Forschung habe ich 20 Jahre lang betrieben – auf den Inseln und dann später auch auf Schiffen. Wir haben herausgefunden, dass die Meeresvögel hervorragende »Scanner« für den Ozean abgeben. Dazwischen bin ich weiter zu Forschungsaufenthalten zum Cape Crozier gefahren, und von der NSF habe ich Gelder bekommen, um die in zwölf Forschungsjahren gesammelten Daten über die Populationen zusammenzufassen. Daraus sind mehrere Veröffentlichungen und ein Buch entstanden. In den 1980er- und 1990er-Jahren habe ich (gemeinsam mit anderen Wissenschaftlern) im Südpolarmeer und im östlichen tropischen Pazifik Projekte zur Untersuchung der Ökologie der Meeresvögel initiiert. Im Laufe von 25 Forschungsfahrten haben wir herausgefunden, dass: 1. sich die Seevögel des Südlichen Eismeeres sehr gut an eine Umwelt angepasst haben, die sich mit den Jahreszeiten einschneidend verändert, aber reiche Nahrungsquellen bietet; 2. die vergleichbaren tropischen Vogelarten in einem Milieu leben, das sich nur geringfügig verändert, aber auch nur wenige Nahrungsquellen bietet. Vor Kurzem bin ich wieder in die Antarktis gefahren, um herauszufinden, warum die Anzahl der Adéliepinguine im Rossmeer (und in der Antarktis überhaupt) steigt und warum die kleinen Kolonien schneller wachsen als die großen. Wir haben festgestellt, dass sich die Ökologie eines Seevogels mit der Größe seiner Kolonie deutlich verändert. Das hängt mit den Nahrungsquellen zusammen: Die großen Kolonien schöpfen diese schneller aus; hinzu kommt noch die Konkurrenz von weiteren Tieren wie beispielsweise den Walen. Und nicht zu vergessen: mit dem Einfluss des Klimawandels.

LS: Was bedeutet die Antarktis für Sie?
DA: Wir haben eine Kampagne für die Erforschung des Rossmeeres geführt: Es ist das letzte Ozeansystem auf der Erde, das noch nicht von der Umweltverschmutzung und vom Fischfang zerstört worden ist. Wir hoffen, dass es auch intakt bleibt, denn dann können wir – durch Beobachtung dieses unberührten Ökosystems – die Entwicklung an allen anderen Orten der Erde verstehen.

In der Adéliepinguin-Kolonie von Cape Royds, ganz in der Nähe der Hütte, die einst Ernest Shackleton und seine Männer während der Expedition von 1908/1909 beherbergte, prüft David Ainley die Einrichtung, mit der die Pinguine gewogen werden sollen, wenn sie die Kolonie verlassen und wenn sie wieder zurückkommen. Es handelt sich um eine kleine »Brücke«, über die sie geleitet werden – darum auch die Einzäunung.

Fast alle Pinguinarten – außer zweien – können das, was auf Englisch *porpoising* heißt, also wie Delfine schwimmen und springen. Dadurch können sie eine hohe Geschwindigkeit beibehalten und gleichzeitig atmen (oben).

Wenn Adéliepinguine das Wasser verlassen wollen, werden sie immer schneller und werfen sich dann auf das Eis, an dem sie sich dank ihrer kräftigen Zehennägel festkrallen können (Mitte).

Anstatt zu laufen, können Kaiserpinguine (ebenso wie Adéliepinguine) auch auf dem Bauch rutschen und sich mit den Füßen abstoßen. Die Bauchfedern sind besonders darauf ausgerichtet, der Reibung mit der vereisten Oberfläche standzuhalten (unten).

Dieser Adéliepinguin wurde während eines Schneesturms fast unter dem Schnee begraben; dennoch hat er sein Nest, das sich jetzt auf dem Boden des Loches befindet, nicht verlassen (rechte Seite oben).

Ein anderer Adéliepinguin mitten im Schneesturm. Auch er rührt sich nicht von seinem Nest (rechte Seite unten).

Extreme Bedingungen

Im Wasser schwimmen die Pinguine mit der gleichen Anmut, Geschicklichkeit und Schnelligkeit wie Robben und Delfine, sie tauchen in Tiefen hinab, die sich mit denen der Wale messen können (Kaiserpinguine zum Beispiel dank der Sauerstoffreserven in ihren myoglobinreichen Muskeln bis zu 565 m bei einem Tauchgang), und sie machen sich die Meeresressourcen bestens zunutze. Aber sie können auch gut auf dem Eis oder an Land laufen. Ihr Sehvermögen ist an das Doppelleben im Wasser und an Land angepasst: Ihre Netzhaut enthält Fotorezeptoren, die auf die Wellenlänge des sichtbaren Lichtes ansprechen (400–700 nm), und bei manchen Arten weist sie außerdem Fotorezeptoren auf, die auf UV-Licht reagieren. Eingemummelt in ihr äußerst dichtes Federkleid und – zumindest die antarktischen und subantarktischen Arten – darüber hinaus geschützt von einer dicken Fettschicht, die ihnen auch als »Speisekammer« dient, sind die Adulten und ihre Küken bestens für extreme Bedingungen gerüstet. Die Kaiserpinguine, die sich mitten im antarktischen Winter fortpflanzen (bei Temperaturen bis zu –60 °C), haben noch eine weitere Strategie, um einen gefährlichen Wärmeverlust zu verhindern: Sie stellen sich dicht nebeneinander und bilden ein sogenanntes *Gedränge*. Wissenschaftler haben die Temperatur im Zentrum solcher Ansammlungen brütender Adulten messen können: Sie beträgt 37 °C!

Wie sieht eine solche Kaiserpinguin-Kolonie aus? In einem Jahr habe ich die Kolonie auf Coulman Island im Rossmeer besuchen können: Sie ist eine der beiden größten Kolonien in der Antarktis und setzt sich aus ungefähr 20000 Vögeln zusammen. Die Insel, die an

Das Leben auf dem Kontinent der Extreme

Ein Südpolarskua-Paar; sehr intelligente Raubvögel, die zur Familie der Möwen gehören.

Ein Schneesturmvogel, das wahre Symbol der Antarktis – dem Kontinent des Friedens und der Wissenschaft (rechte Seite).

ihrem höchsten Punkt fast 2000 m hoch und von eindrucksvollen Gletschern überzogen ist, ist der Überrest eines mächtigen, 7,2 Millionen Jahre alten Vulkans. Die Kaiserpinguin-Kolonie befindet sich auf dem Meereis, das sich zwischen der Insel und dem Kontinent bildet. Wir waren Anfang November dort, als das Packeis sehr kompakt war und es noch sehr viele Vögel gab. Sie bildeten nicht eine einzige Kolonie, sondern waren vielmehr auf eine Reihe kleinerer, beinahe runder Kolonien verteilt. Ich musste unwillkürlich an über den Himmel verstreute Galaxien denken. Galaxien von Pinguinen ... In der Ferne erhoben sich die Transantarktischen Berge wie die Schutzmauern einer uneinnehmbaren Festung. Ein grandioser Anblick. Je näher wir kamen, desto besser konnten wir die Stimmen der Vögel unterscheiden. Zehntausende von Stimmen. Das Hintergrundgeräusch war ein durchdringendes und unaufhörliches Pfeifen: Das waren die Stimmen der Küken, die ununterbrochen um Nahrung bettelten. Und dazwischen äußerten sich die Erwachsenen – gewissermaßen wie Ausrufezeichen – mit einer kräftigen und modulierten Stimme, die an den Klang einer Trompete erinnerte. Jede Stimme hat eine eigene, deutlich erkennbare »Signatur«, die es Eltern und Küken ermöglicht, sich in dieser Masse von Tieren wiederzufinden. Während ich zu Fuß auf die Kolonie zuging, hatte ich den Eindruck, in eine Stadt zu kommen: Überall herrschte Leben, Lärm und Geschäftigkeit. Die Pinguine kamen und gingen, dicht gefolgt von den Küken. Eine Kolonne von erwachsenen Tieren bewegte sich auf uns zu: Einige rutschten auf dem Bauch, andere marschierten ruhig vor sich hin. Sie waren auf dem Weg zum Meer. Das Vertrauen, das sie uns Menschen gegenüber an den Tag legten, berührte mich zutiefst. Sie gingen ganz nah an uns vorbei, ohne Angst, so als wären auch wir Pinguine. Nur ein bisschen größer ...

Die Pinguine mögen zwar die beliebtesten – und zahlreichsten – Vögel der in der Antarktis sein, aber es gibt auch noch andere Arten, die sich auf dem Eiskontinent fortpflanzen. Allerdings nicht viele, etwa sechs oder sieben. Es sind Vögel, die ihre Flugfähigkeit beibehalten haben und die sogar sehr weite Strecken zurücklegen wie die Antarktische Raubmöwe *(Catharacta maccormicki)*, die bis nach Westafrika, Alaska oder sogar bis nach Grönland fliegt. Raubmöwen wurden selbst am Dome C gesichtet, 1200 km von den Küsten entfernt. Der Schneesturmvogel ist symbolisch sozusagen die Taube der Antarktis. Er nistet in den unzugänglichsten Steilwänden und auf den Nunataks (vereinzelten Felsen) im Landesinnern. Die Buntfuß-Sturmschwalbe, die klein ist, zerbrechlich wirkt und wie ein Schmetterling flattert, der Antarktiksturmvogel, der Kapsturmvogel, der Riesensturmvogel, der Silbersturmvogel – sie alle nisten auf dem Kontinent. Darüber hinaus sind auf der Antarktischen Halbinsel noch zwei Kormoranarten beheimatet: die Antarktische Krähenscharbe *(Phalacrocorax bransfieldensis)* und die Blauaugenscharbe *(Phalacrocorax atriceps)*.

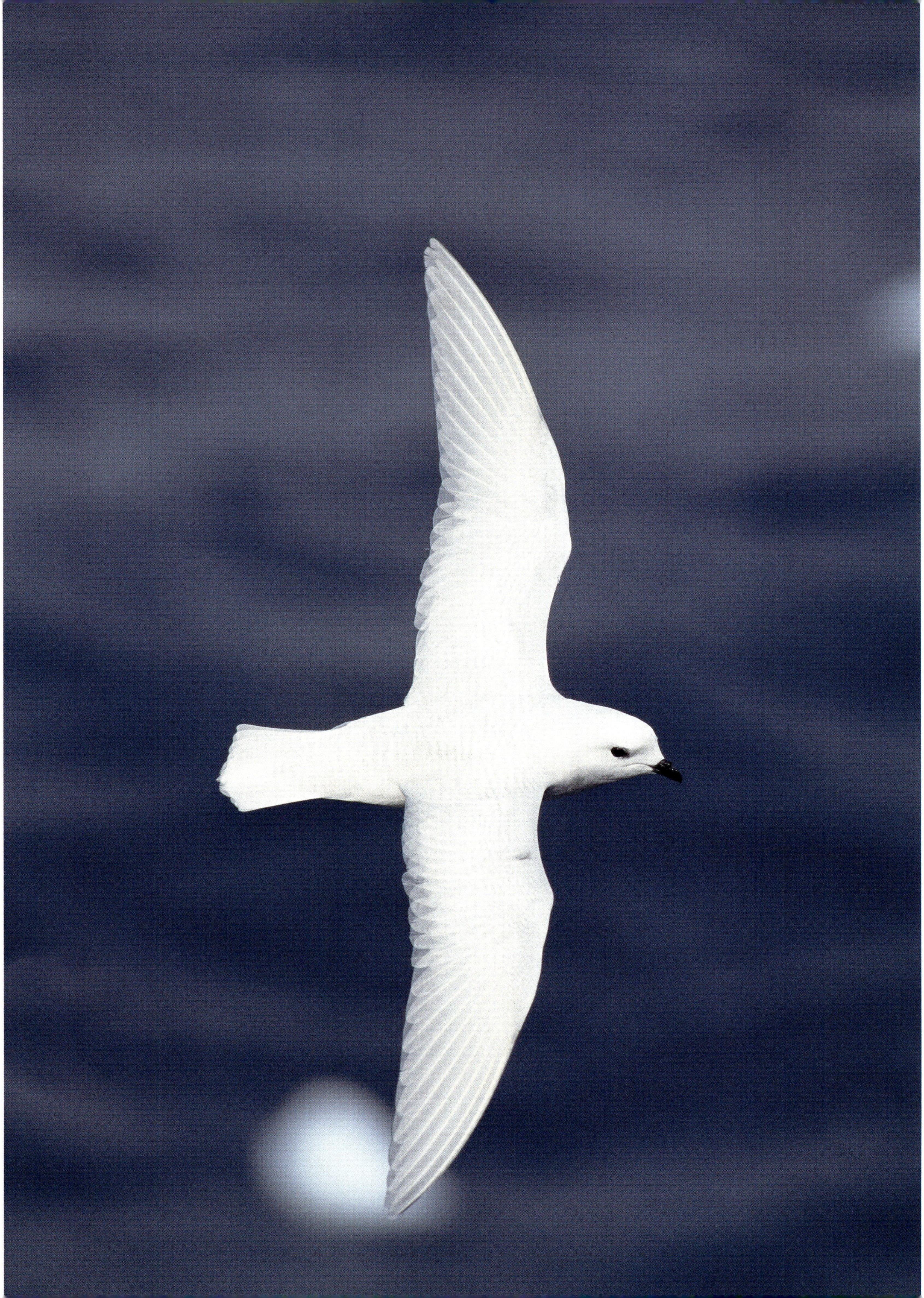

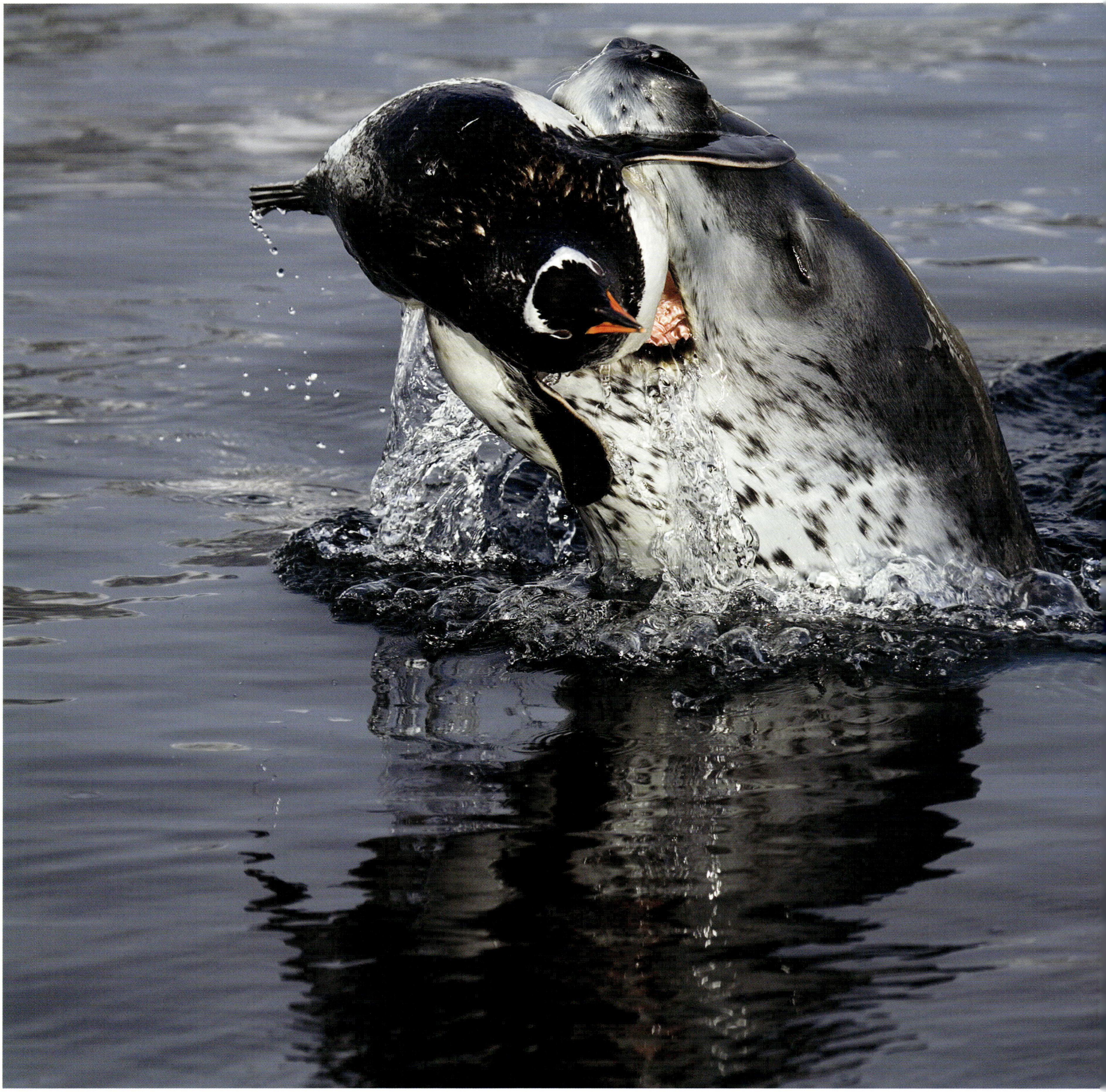

Das Leben auf dem Kontinent der Extreme

Die Meeressäuger

Sechs Robbenarten leben und pflanzen sich in der Antarktis fort: See-Elefanten und Pelzrobben vor allem auf der Antarktischen Halbinsel und den angrenzenden Inseln, Krabbenfresser-Robben, Seeleoparden, die seltenen Rossrobben und Weddellrobben südlich des Polarkreises.

Am zahlreichsten sind die Krabbenfresser-Robben: Ihre Population beträgt etwa 10 bis 15 Millionen Tiere, aber man sieht sie nur selten, weil sie auf dem Packeis leben – weit von den Küsten entfernt. Sie fressen keine Krabben (wie ihr Name nahelegt), sondern Krill, die Hauptnahrungsquelle für die Tiere der Antarktis, für dessen Verzehr sie ein spezielles Gebiss besitzen. Die einzigen Meeressäuger, die das ganze Jahr über in der Antarktis bleiben, ohne je »umzuziehen«, sind die Weddellrobben: Als Zugang zum Wasser dient ihnen ein Loch, das die Männchen mit ihren Zähnen im Packeis anbringen und das sie erbittert verteidigen. Weddellrobben und See-Elefanten sind Meister im Tauchen mit der eigenen Atemluft: Der Rekord der Weddellrobben liegt bei 750 Meter (und bis zu 73 Minuten ohne Atem zu holen) und bei 1444 Meter für die (männlichen) See-Elefanten, bei denen ein Tauchgang bis zu zwei Stunden dauern kann.

Solche Leistungen haben französische, englische und australische Wissenschaftler auf eine Idee gebracht: nämlich die See-Elefanten von den Kerguelen-Inseln, von South Georgia und der Macquarie-Insel zur Erforschung des Südpolarmeeres einzusetzen. Das Südpolarmeer ist extrem wichtig für die Regulierung des Klimas auf der Erde, und dennoch weiß man nur sehr wenig darüber, weil es so schwer zugänglich ist. Versehen

75 cm gegen 4 m; 4,5 kg gegen eine halbe Tonne. Kein Zweifel: Für den Seeleoparden ist der arme Eselspinguin nur ein kleiner Happen. Seeleoparden sind prächtige und gefürchtete Raubtiere an den Küsten der Antarktis. Sie können auch dem Menschen gefährlich werden: 2004 wurde eine englische Biologin von einem Seeleoparden getötet (links).

Eine Weddellrobbe bedroht den Fotografen. Als Zugang zum Wasser raspeln diese Robben mit ihren Zähnen ein Loch ins Packeis und verteidigen es hartnäckig (Seite 102).

Eine andere Weddellrobbe räkelt sich genüsslich in der Sonne, als ob das Packeis eine große Matratze wäre (Seite 103).

Das Leben auf dem Kontinent der Extreme

mit einem Argos-Transmitter, der – unter anderem – den Salzgehalt und die Temperatur des Wassers misst, sind die See-Elefanten mittlerweile ausgezeichnete »Ozeanografen« geworden! Das Programm heißt *SEaOS (Southern Elephant Seals as Oceanographic Samplers)* und wurde vor Kurzem auf die Weddellrobben ausgeweitet.

Eine Besonderheit, die die Weddellrobben mit anderen Meeressäugern wie den Buckelwalen oder den Belugas oder auch mit anderen Robben teilen, ist die Fülle an Lauten, über die sie verfügen. Die Weddellrobben zum Beispiel haben ein ganzes Repertoire an unterschiedlichen Gesängen; Wissenschaftler haben zwölf verschiedene Arten von Lauten identifizieren können: Piepsen, Knurren, Trillern, Pfeifen, Husten … Manchmal hört man die Robben unter dem Packeis singen.

Früher wurden See-Elefanten und Pelzrobben gnadenlos und massenweise umgebracht; Weddellrobben wurden regelmäßig an Schlittenhunde verfüttert. Seit 1978 sind alle sechs Arten vollkommen von dem zum Antarktisvertrag gehörenden *Übereinkommen zur Erhaltung der Antarktischen Robben* geschützt.

Die großen Wale – Blauwal, Buckelwal, Finnwal, Seiwal, Minkwal und Südlicher Glattwal – kommen nur zu bestimmten Zeiten des Jahres in die Antarktis; sie versorgen sich hier während des südlichen Sommers mit Nahrung. Am häufigsten sieht man Mink- und Buckelwale, denn die prächtigen Blauwale sind von den Walfängern stark dezimiert worden. 1982 erließ die *Internationale Walfangkommission (IWC)* ein Moratorium, und

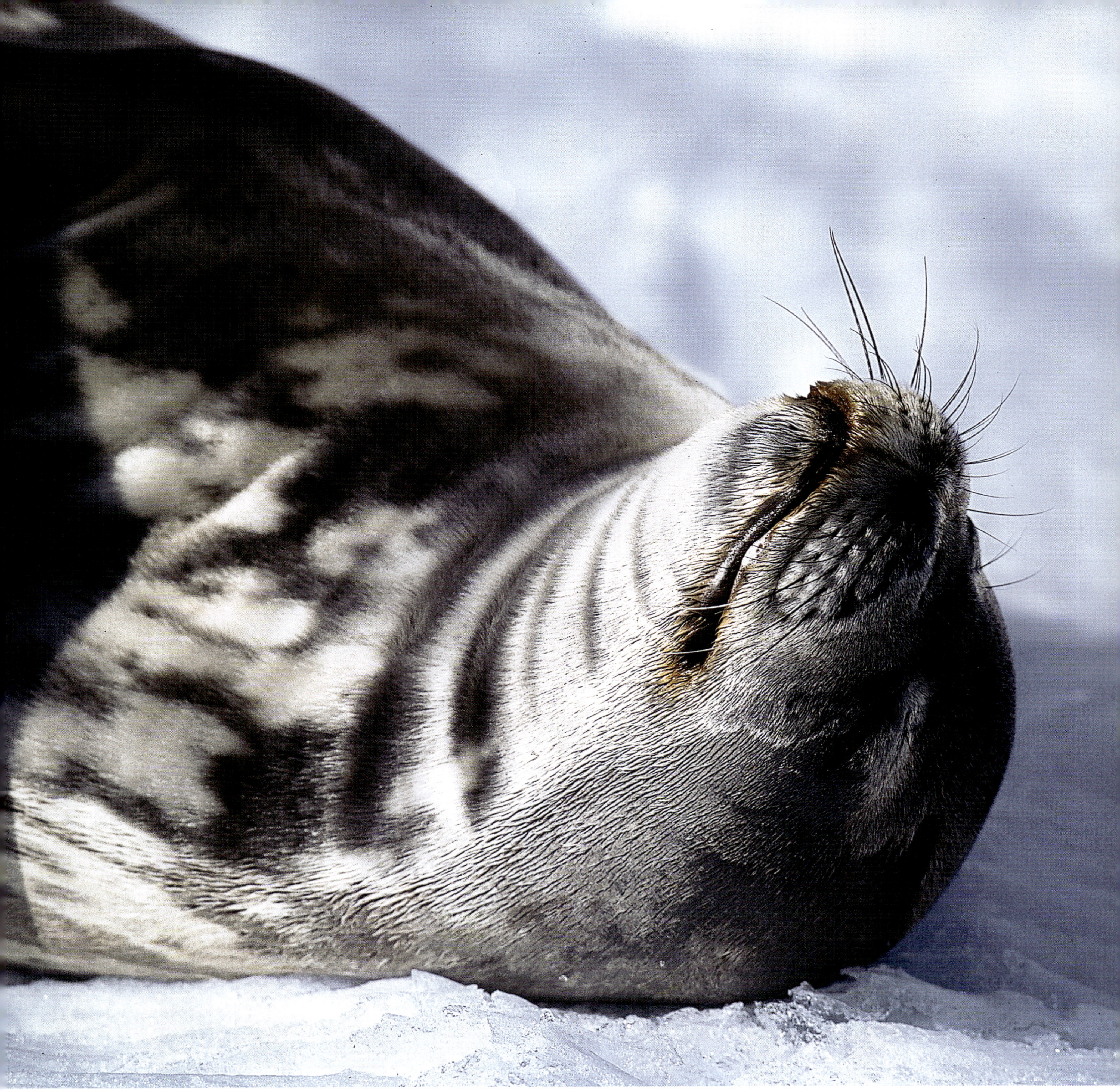

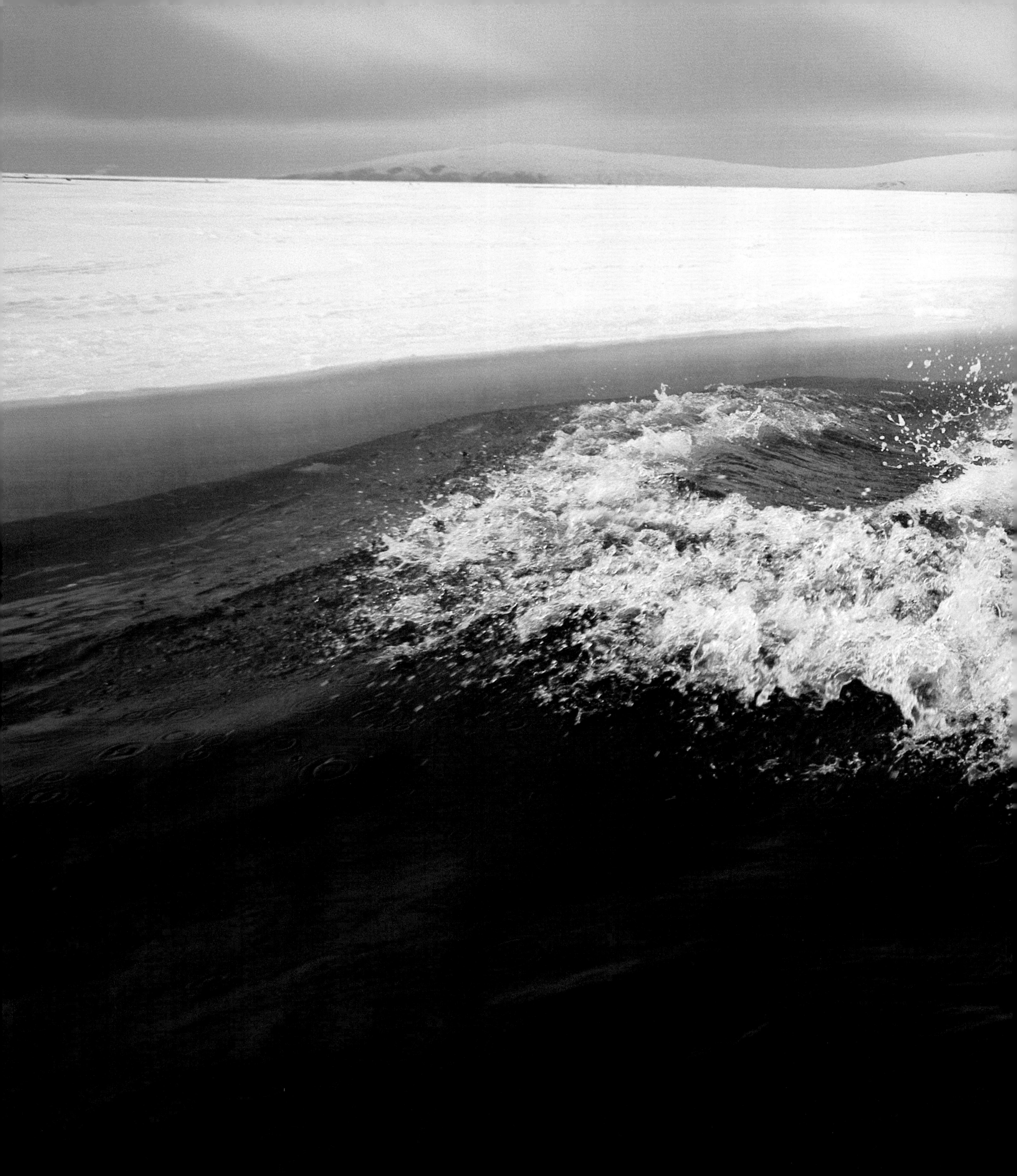

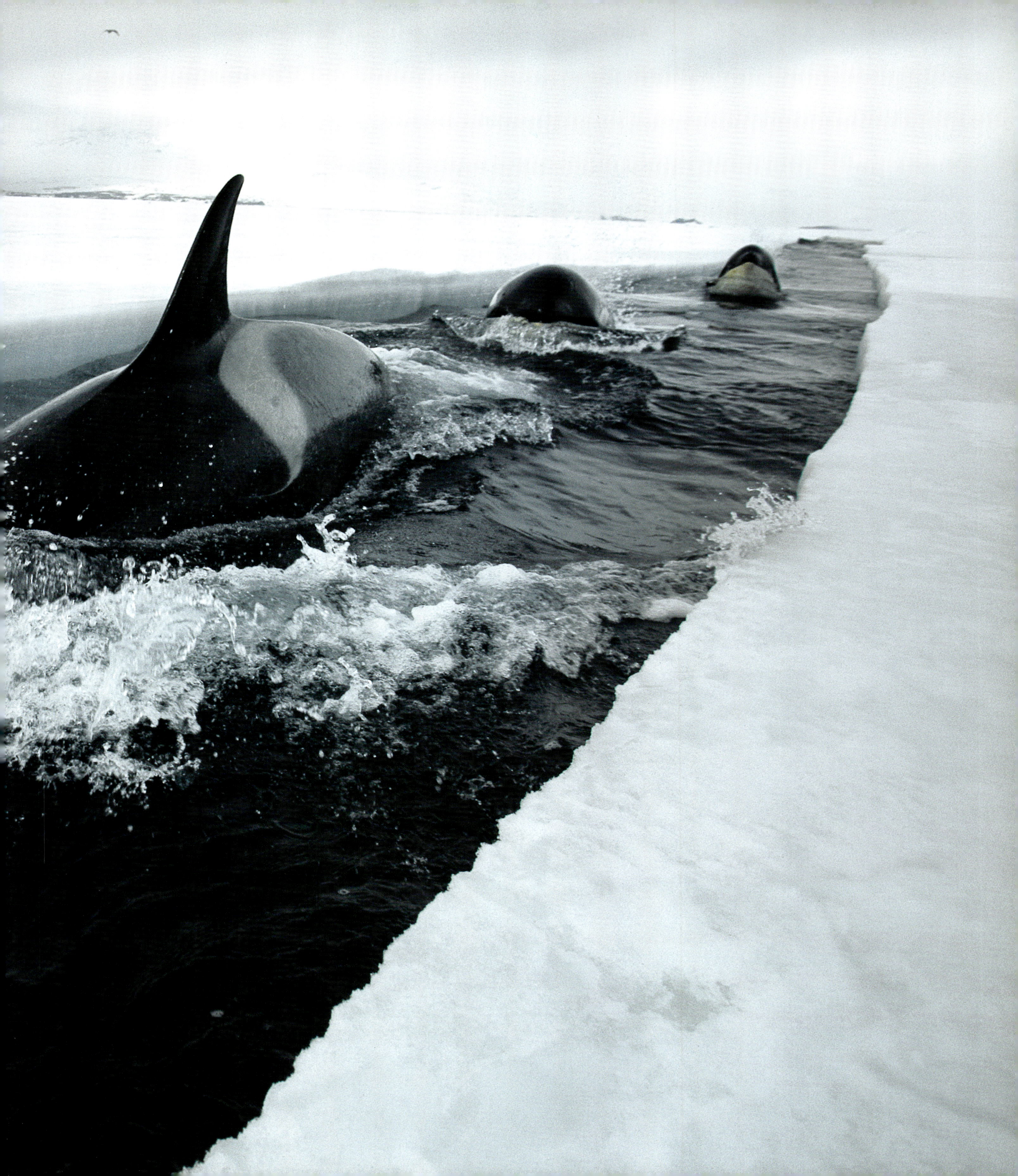

Das Leben auf dem Kontinent der Extreme

Das Leben auf dem Kontinent der Extreme

1994 wurde das gesamte Südpolarmeer von der *IWC* zum Schutzgebiet erklärt. Dennoch werden jedes Jahr immer noch Hunderte von Zwergwalen gefangen, sogar innerhalb der Schutzgebiete, offiziell aus »wissenschaftlichen Gründen«.

In den letzten 30 Jahren haben Wissenschaftler – für die Antarktis – mindestens zwei Arten von Orcas unterschieden (manche sprechen sogar von drei), und zwar aufgrund ihres Körperbaus, ihres Fressverhaltens und ihrer Gesänge: Der eine ist der Schwertwal *(Orcinus orca),* der in allen Meeren der Erde vorkommt; der andere ist ein kleinerer Orca, eine eigene »polare« Art. Russische Wissenschaftler haben ihn *Orcinus glacialis* genannt. Dieser Orca lebt in den Packeiszonen und ernährt sich hauptsächlich von Antarktischem Seehecht, während der überall vorkommende Schwertwal Zwergwale, Robben und Pinguine jagt. Derzeit ist die neue Art noch nicht als solche anerkannt: Die DNS-Analyse wird die Frage klären und entscheiden, ob diese kleineren Orcas wirklich eine eigene Art des südlichen Eisreiches sind.

Mit der Fluke auf die Wasseroberfläche zu schlagen (engl. *tail slapping*), ist ein typisches Verhalten der Buckelwale (links).

Die Orcas, die den antarktischen Sommer in der Nähe von Ross Island verbringen, haben gelernt, durch die von den Eisbrechern ins Packeis gebrochenen Fahrrinnen zu den Küsten zu schwimmen und dort Robben und Pinguinen aufzulauern (vorhergehende Doppelseite).

Begegnung

So Kawaguchi und die Ökologie des Antarktischen Krills

Fachmann für Biologie, Physiologie und Ökologie des Antarktischen Krills

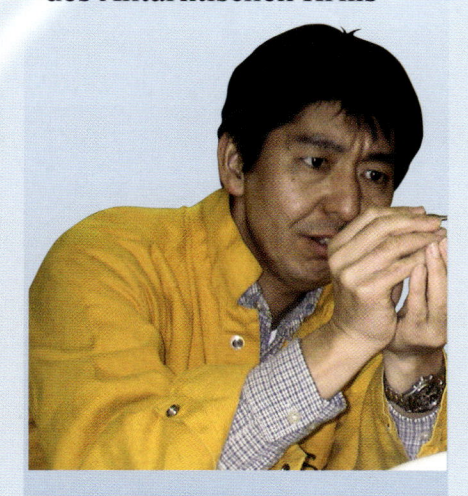

So Kawaguchi wurde 1963 in Tokio geboren. Mit 27 Jahren, nach einem Studium der Meeres- und Fischereibiologie an der Universität Hokkaido, promovierte er in Fischereiwissenschaft. Von 1990 bis 1994 arbeitete er als junger Wissenschaftler am *Central Research Institute* der Firma *Nippon Suisan Kaisha*. Von 1994 bis 2002 arbeitete er am *National Research Institute of Far Seas Fisheries*, das zur japanischen Fischereiagentur gehört. Seit 2002 ist er *Senior Research Scientist* am Hauptsitz der *Australian Antarctic Division* in Kingston, Tasmanien. Dort ist er verantwortlich für das Programm zur Biologie des Krills.

Seine Forschungsarbeit konzentriert sich auf die Biologie und Ökologie des Antarktischen Krills (*Euphausia superba*), insbesondere auf die Entwicklung und Fortpflanzung dieses kleinen Krustentieres. Im Laufe seiner Studien hat er ein System entwickelt, den Krill in Gefangenschaft zu halten, und darüber hinaus ein Quotensystem für eine nachhaltige Krillfischerei. Seit 2002 ist er Vizepräsident des Wissenschaftsausschusses der *CCAMLR* (*Übereinkommen über die Erhaltung der lebenden Meeresschätze der Antarktis*) mit Sitz in Hobart, Tasmanien.

Lucia Simion: Woher kommt Ihre Leidenschaft für die Antarktis? Sind Sie von einem Buch, von einem Entdecker oder von einem Universitätsprofessor inspiriert worden?

So Kawaguchi: Da kamen mehrere Dinge zusammen. Während meines Studiums war ich ein sehr aktives Mitglied des örtlichen Skiclubs. Eines Tages las ich ein Lehrbuch über die Dynamik des Skis; im ersten Kapitel ging es um die Geschichte des Skis, und als »Vater des Skilaufens« wurde Fridjof Nansen, der Polarforscher, erwähnt – der Erste, der Grönland auf Skiern durchquerte. Da ich Ozeanografie studierte, kam mir der Name Nansen irgendwie bekannt vor, und es war in der Tat genau der, der die »Nansenflasche« erfunden hatte, jenes Instrument, mit dem man Meerwasserproben entnimmt. Nansen hatte auch Amundsen, dem Eroberer des Südpols, viel geholfen. Der phänomenale Kampf dieser beiden Forscher mit Eis und Schnee hat mich so tief beeindruckt, dass ich mich den Polarwissenschaften zugewandt habe.

LS: Was ist die schönste Erinnerung an ihre erste Expedition in die Antarktis?

SK: Während meiner ersten Reise in den Südlichen Ozean arbeitete ich als Wissenschaftler an Bord eines Fischereischiffes. Ich erinnere mich noch genau an die riesige Menge Krill, die aus dem Wasser geholt und auf Deck ausgebreitet wurde, bevor sie in den Frachtraum kam. Ich war einfach überwältigt. Der Auftrag, dessentwegen ich auf dem

> „Der Krill, die wichtigste Nahrungsquelle im südlichen Ozean, hat mein Interesse ebenso wie meinen Werdegang in eine völlig andere Richtung gelenkt."

Schiff war, lautete, Bakterien zu erforschen, die bioaktive Substanzen produzieren. Doch der Anblick des Antarktischen Krills lenkte mein Interesse ebenso wie meinen Werdegang in eine völlig andere Richtung.

LS: Was ist Ihre bisher wichtigste Entdeckung?

SK: Einer unserer größten Erfolge ist gegenwärtig ein Krillschwarm in Gefangenschaft, im Aquarium unseres Forschungszentrums in Australien – ein Krillschwarm also, der sich so verhält wie ein Krillschwarm in Freiheit. Der Krill ist ein extrem soziales Tier, und in Freiheit bildet er immer Schwärme, ähnlich wie die Sardinen. Das gleiche Verhalten in Gefangenschaft zu erzielen, ist sehr schwer. In den 1980er-Jahren war das einmal für eine kurze Zeit in der amerikanischen Station *Palmer* auf der Antarktischen Halbinsel gelungen. Bei uns konnte dieses Verhalten also zum ersten Mal in einem Aquarium und außerhalb der Antarktis beobachtet werden: Unser Erfolg wird einer ganzen Reihe von Forschungsprojekten über das natürliche Verhalten und die Physiologie des Krill in Gefangenschaft die Tür öffnen. Vor Kurzem ist uns auch die Fortpflanzung von Krill im Aquarium gelungen, was uns in die Lage versetzt, den vollständigen Lebenszyklus des Krills in Gefangenschaft, also ohne die Unwägbarkeiten der Feldforschung, zu studieren.

LS: Welche Erinnerung an Ihre Antarktisexpeditionen hat Sie am stärksten geprägt?

SK: Ein Zwischenstopp in South Georgia während der Kampagne *CCAMLR-2000* zur Bestimmung der Gesamtbiomasse des Krills im südwestlichen Atlantik. Damals arbeitete ich noch in Japan und wir führten diese Erhebung mit drei anderen Nationen durch: mit Russland, den Vereinigten Staaten und Großbritannien. Am Anfang haben wir einen Zwischenstopp in South Georgia eingelegt, um die Instrumente zu kalibrieren; ich hatte die Gelegenheit, an Land zu gehen, und war höchst erstaunt über das reiche Leben auf dieser Insel, zum Beispiel Pinguine und Robben. Die Vielzahl von Königspinguinen in der Stromness Bay war atemberaubend. Ich bin ein glühender Bewunderer von Sir Ernest Shackleton, und die Insel zu besuchen, auf der er am Ende seines mythischen ENDURANCE-Abenteuers landete, war einer meiner größten Träume. Ich betrachtete die schneebedeckten Berge, über die Shackleton gekommen sein musste. Ein wenig hatte ich den Eindruck, sein Abenteuer selbst noch einmal zu erleben, und das hat meine Faszination für die Polargebiete noch verstärkt.

LS: Was bedeutet die Antarktis für Sie?
SK: Emotional komme ich mir im Vergleich mit den Naturkräften in der Antarktis ganz klein vor. Philosophisch betrachte ich die Antarktis als Lackmuspapier, als einen Verweis auf unsere Zukunft. Nirgendwo anders auf der Erde gibt es noch ein Gebiet, das man wirklich als »unverseuchte Natur« bezeichnen könnte, und ich muss zugeben, dass nicht einmal die Antarktis wirklich eine Ausnahme ist. Obwohl sie so unberührt wirkt, lässt sich ihre Geschichte als die Geschichte einer unerbittlichen Ausbeutung der Naturschätze beschreiben, um nur die Robbenjagd, den Walfang oder die Fischerei zu nennen; dennoch sind die Fischgründe besser intakt als anderswo. Wir sollten aus der Vergangenheit eine Lehre ziehen und nicht dieselben Fehler noch einmal machen. Die Erhaltung der Antarktis ist eines der besten Geschenke, das wir den kommenden Generationen machen können.

LS: Wie sehen Sie die Antarktis in 20 Jahren?
SK: Schwer zu beantworten, diese Frage ... Auch wenn die Antarktis immer noch das Symbol für eine der letzten naturbelassenen Gegenden der Erde ist, so führt die schnelle Klimaerwärmung doch zum Schmelzen des Eises an bestimmten Stellen des Kontinents, und das wird eine Veränderung der Fauna und Flora mit sich bringen. Es wird sicherlich mehr »Grün« geben. Die Störungen durch den Menschen werden ebenfalls zunehmen – Fischfang, Tourismus, ja sogar die Wissenschaftler: Das zukünftige Gesicht der Antarktis wird also ausschließlich von uns, den Menschen, abhängen. Das ist eine echte Herausforderung. Es geht darum, ob wir uns anpassen können, ob wir eine Möglichkeit finden, auf diesem Planeten wie wahre Mitglieder des Ökosystems in Symbiose zu leben.

In der *Krill Facility* (dem Krill-Aquarium) am Sitz der *Australian Antarctic Division* in Kingston, Tasmanien, beobachtet So Kawaguchi riesige Reagenzgläser, in denen die Nahrung des Krill gezüchtet wird: einzellige Kieselalgen (Diatomeen). Die unterschiedlichen Farben hängen davon ab, welche Pigmente in den winzigen Algen enthalten sind.

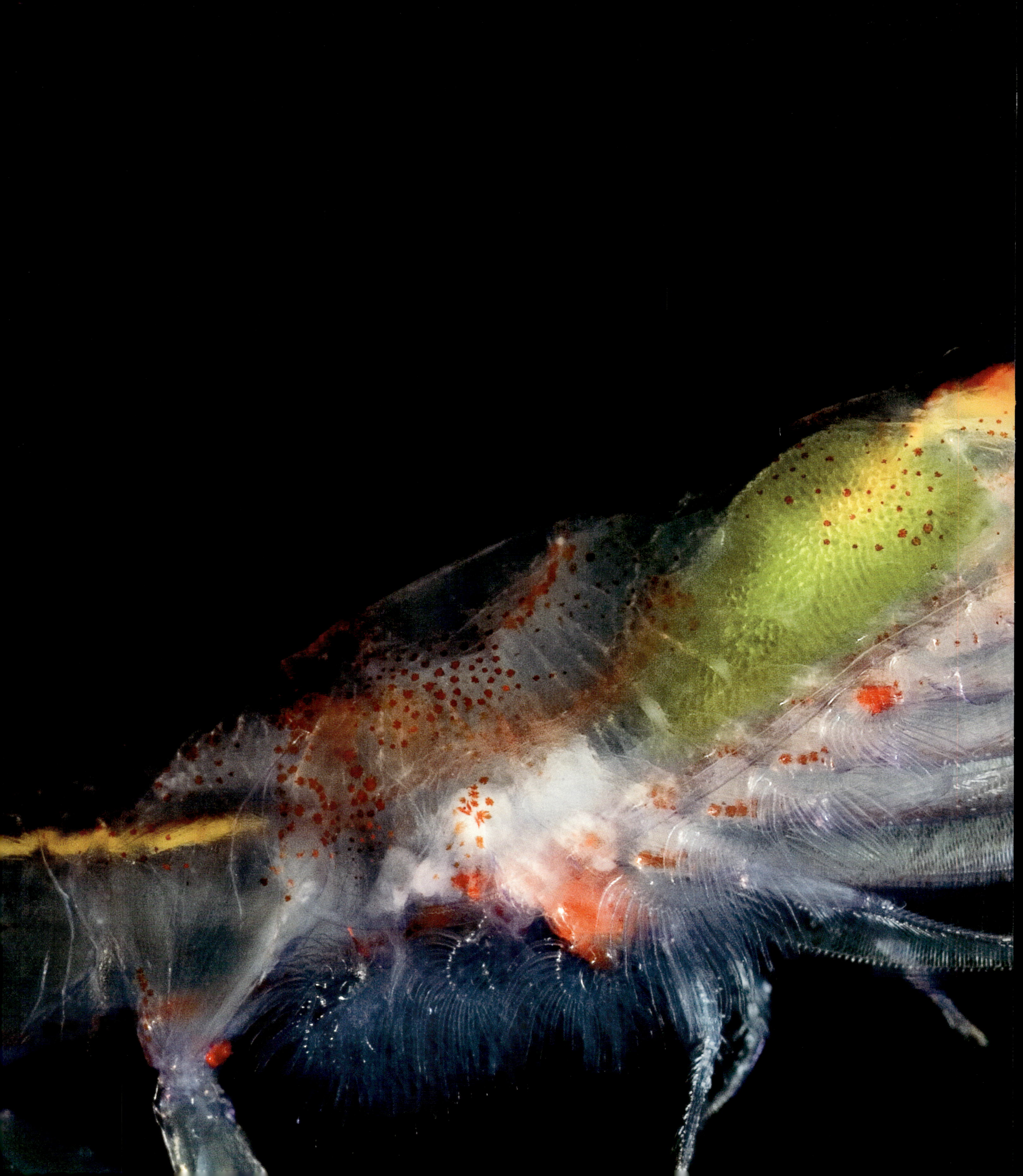

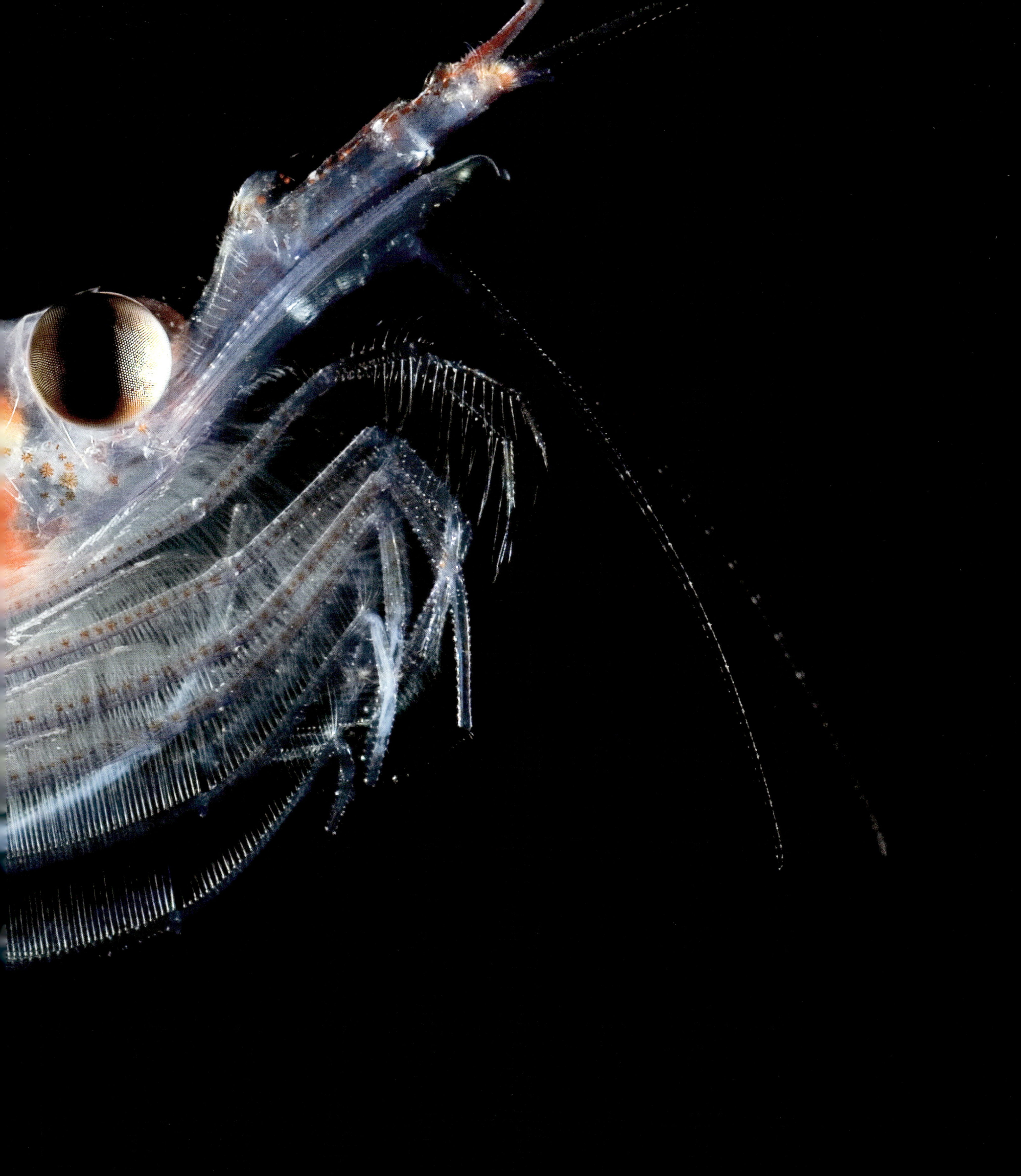

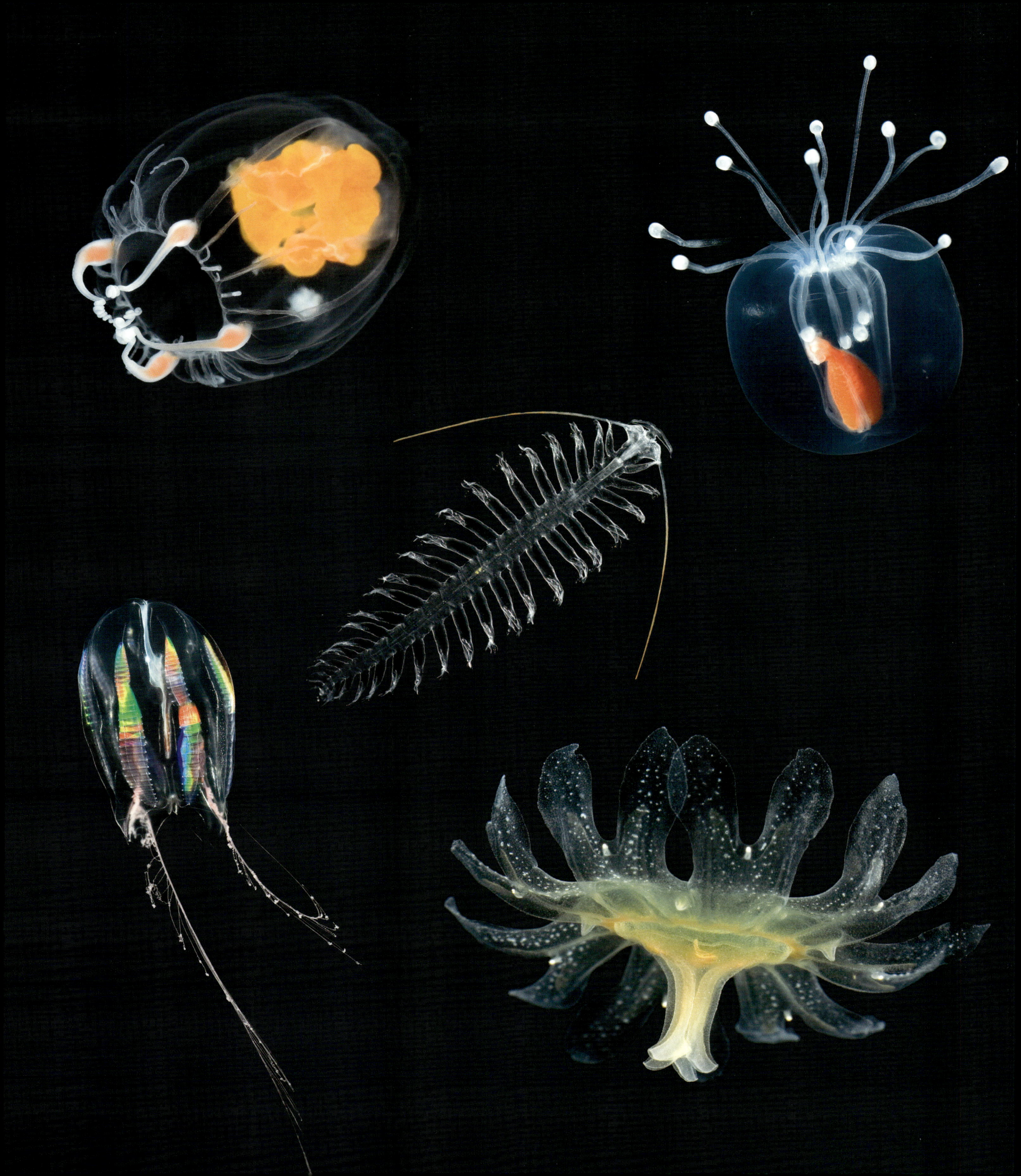

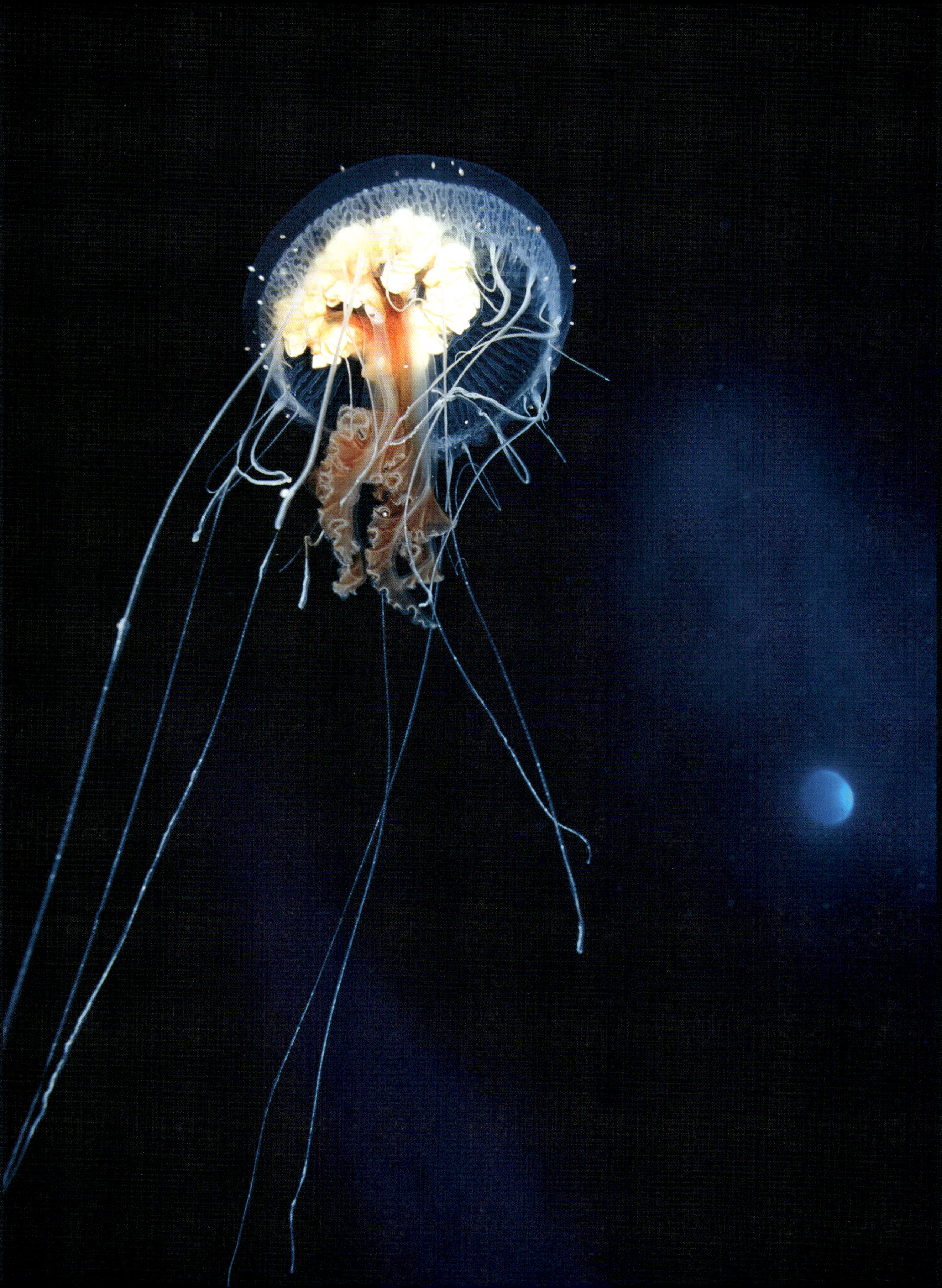

Ein *Pagothenia borchgrevinki*, ein Fisch, der zur Familie der Notothaeniidae gehört. Dieser kleine Fisch liegt in einer Eisspalte auf der Lauer: Er gefriert nicht, weil sein Körper Frostschutzsubstanzen (Glycoproteine) produziert (oben).

Der Antarktische Krill (*Euphausia superba*) ist die größte der etwas mehr als 85 Arten von Krill (Krebstieren). Er ist ca. 6 cm lang. Die Biomasse des Krills im Südpolarmeer soll etwa 500 Millionen Tonnen betragen (Seiten 110/111).

Prächtige Edelsteine des Eismeeres: Eine *Leuckartiara*-Meduse im Weddellmeer (oben links); eine Hydromeduse *Calycopsis borchgrevinki* (oben rechts); ein Polychaet (Ringelwurm) der Gattung *Tomopteris sp.*, fotografiert im Weddellmeer (Mitte); die Larve einer Scyphomeduse (unten links); eine Ctenophore (Rippenqualle) *Beroe cucumis* (unten rechts) (vorhergehende Doppelseite).

Eine *Diplulmaris-antarctica*-Qualle mit einem Durchmesser von 18 cm wird von mehreren Flohkrebsen begleitet (Seite 113).

Die Seelilie *Promachrocrinus kerguelensis*: Obwohl sie aussieht wie eine seltsame Blume, handelt es sich hier um ein Tier, eine Verwandte der Seesterne (rechte Seite).

Fische mit durchsichtigem Blut

Die antarktischen Fische aus der Familie der Channichthyidae, Unterordnung der Notothenioidei haben als Wirbeltiere ein auf der Welt einzigartiges Merkmal: Ihr Blut ist durchsichtig und enthält weder Hämoglobin (das Protein, das den Sauerstoff ins Gewebe transportiert) noch rote Blutkörperchen (die Träger des Hämoglobins)! Diese Besonderheit ist unbedingt nötig, damit das Blut nicht zu zähflüssig wird, denn bei einer Wassertemperatur von − 1,8°C würde es sonst so dick, dass das Herz übermäßig viel Energie aufbringen müsste, um den Blutkreislauf aufrechtzuerhalten. In der Antarktis ist das Meerwasser so reich an Sauerstoff, dass dieser durch Diffusion direkt von den Kiemen ins Blut gelangt und von dort in die Organe. Eine andere weitere Anpassung der arktischen ebenso wie der antarktischen Fische (von denen es ungefähr 274 bekannte Arten gibt) besteht in der Fähigkeit, Frostschutz-Glycoproteine zu produzieren, die die Bildung von Eiskristallen im Gewebe verhindern.

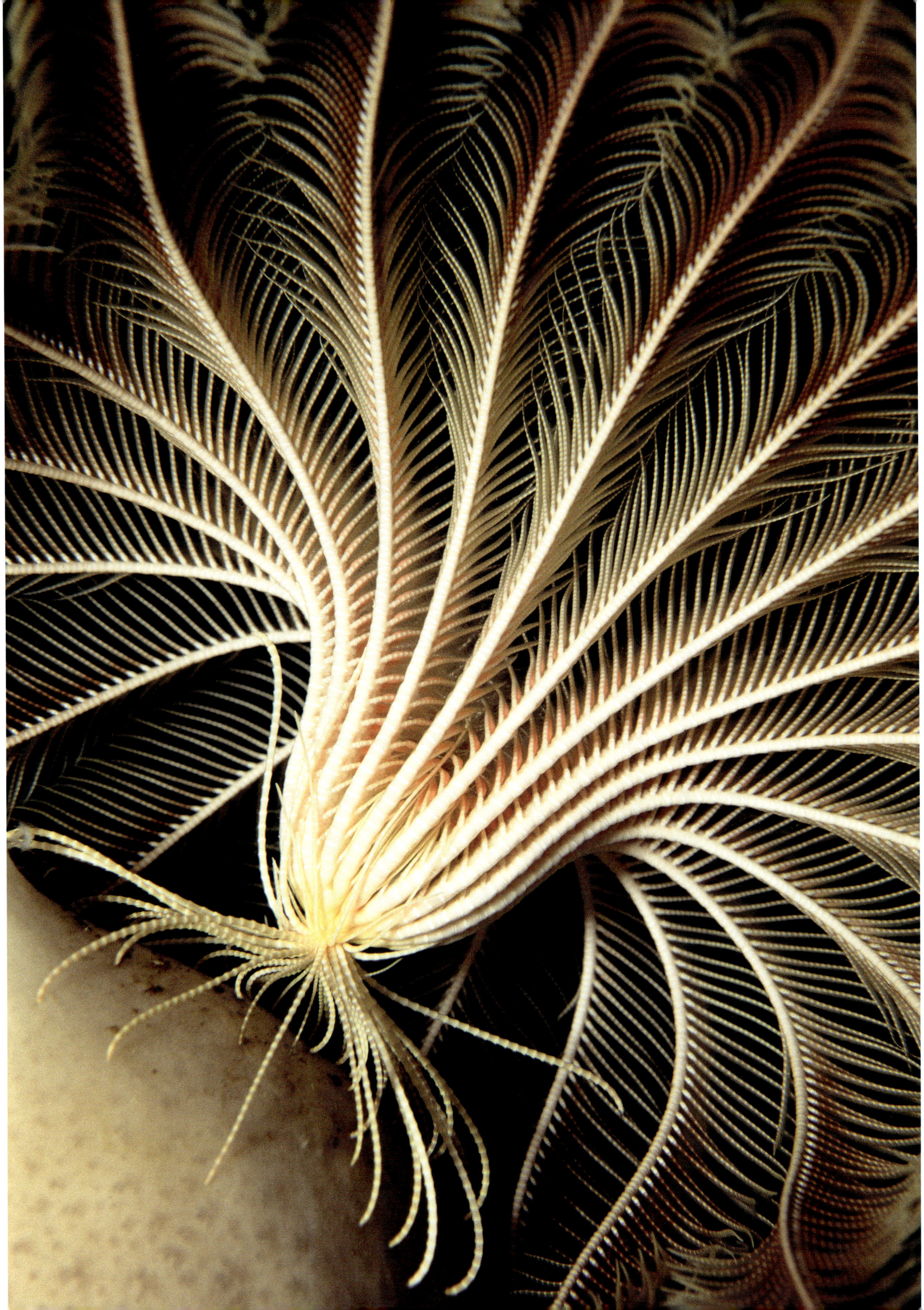

Die ENDURANCE steckt im gefrorenen Ozean fest. Shackletons Segelschiff war vom 19. Januar bis zum 21. November 1915 im Packeis des Weddellmeeres gefangen. Dann wurde es endgültig von der Kraft des Eises zerdrückt und sank.

Das heroische Zeitalter der Polarforschung

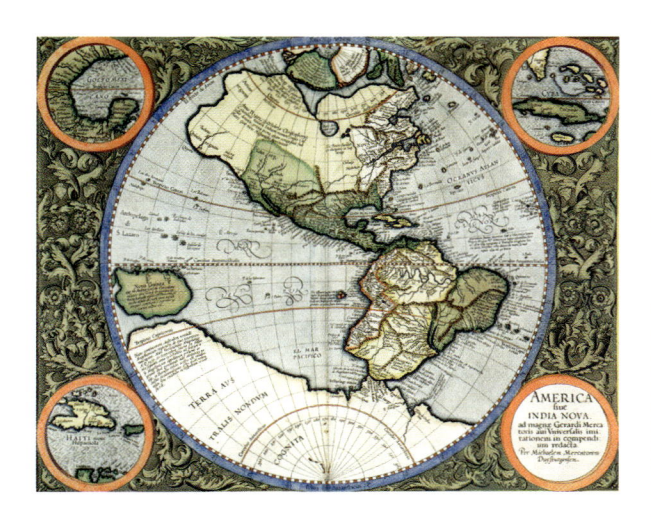

Eine Karte von 1606; sie wurde von Michael Mercator angefertigt, dem Enkel des flämischen Geografen und Mathematikers Gerhard Mercator; dieser hatte als Erster die Erdkugel in einer winkeltreuen Darstellung für die Seefahrer auf eine Ebene projiziert, eine wahre Revolution der Kartografie. Die Karte zeigt die zu Beginn des 17. Jahrhunderts bekannte Welt. Nord- und Südamerika – noch nicht ganz erforscht – sind fehlerhaft gezeichnet. Und man stellte sich einen großen südlichen Kontinent vor (*Terra australis incognita*), der fast die ganze Südhalbkugel einnahm (oben links).

Kolorierter Kupferstich von Frederick de Wit (ungefähr 1650) aus dem Atlas von Nicolas Visscher. Obwohl diese Karte nach der von Michael Mercator entstanden ist, verzeichnet sie die *Terra australis incognita* nicht (oben rechts).

Terra australis incognita

Die Antarktis – fernab am Ende der Welt, hinter dem Schutzwall eines tosenden Meeres und eines unüberwindlichen Packeisgürtels – war lange ein unbekannter, unzugänglicher Kontinent, unbewohnt und in kristalline Einsamkeit gehüllt. Jahrtausendelang – seit der griechische Philosoph Aristoteles im 4. Jh. v. Chr. als Gegengewicht zu den damals bekannten nördlichen Ländern eine *Terra australis incognita* vermutet hatte – betörte dieser Kontinent die Menschen wie der Gesang einer Sirene. Dabei hatte niemand ihn je zu Gesicht bekommen; diese unbekannten Antipoden waren nichts als eine Vorstellung, ein Traum. Der äußerste Norden des Planeten, das Land unter dem Sternbild des Großen Bären, trug den Namen *Arktos* (Bär); aus Symmetriegründen musste es in der Gegenrichtung also einen Kontinent namens *Antarktos* geben. Damit war die Legende von der Antarktis geboren.

- **384 v. Chr.**: Geburt von Aristoteles, der als Erster von einer *Terra australis incognita* spricht.
- **1519**: 20. September, Ferdinand Magellan bricht zur ersten Weltumsegelung auf.
- **1578**: Francis Drake entdeckt die Wasserstraße, die seinen Namen trägt.
- **1739**: Jean-Baptiste Charles Bouvet de Lozier entdeckt Bouvet Island.
- **1768–1771**: Erste Südseereise von James Cook.
- **1772**: Marc-Joseph Marion-Dufresne entdeckt Marion Island und den Crozet-Archipel.
- **1773**: Entdeckung der Kerguelen-Inseln.
- **1775**: Bei seiner zweiten Reise (1772–1775) überquert James Cook den südlichen Polarkreis.
- **1790**: Cook gelingt die erste Umsegelung der Antarktis. Beginn der Jagd auf Robben und Wale.

Die ersten Entdecker

Fast 400 Jahre lang machten sich Entdecker und Seefahrer auf die Suche, fuhren kreuz und quer über die Ozeane und wagten sich über die bekannten Horizonte hinaus. Von Bartolomeu Diaz, der 1488 das Kap der Guten Hoffnung erreichte, bis zu Francis Drake, der 1578 an den Küsten von Feuerland entlangsegelte; von Jean-Baptiste Charles Bouvet de Lozier, dem Entdecker von Bouvet Island, der abgelegensten aller subantarktischen Inseln, bis zu Yves-Joseph de Kerguelen-Trémarcec, der im Jahre 1772 den Kerguelen-Archipel entdeckte – sie alle haben dem Südlichen Ozean irgendein kleines Geheimnis entrissen, ohne jedoch jemals bis zur Antarktis gelangt zu sein.

Der große Eiskontinent zeigte sein Gesicht nur allmählich, gab sich unnahbar. Die Entdeckung vollzog sich in Etappen, je nach geografischen Kenntnissen, wissenschaftlichen Instrumenten und logistischen Mitteln, die der jeweiligen geschichtlichen Epoche zur Verfügung standen. Zwischen der RESOLUTION, dem 33,73 m langen Segelschiff, das Cook bei seiner zweiten Reise 1772–1775 benutzte, und den Mitteln, die die Vereinigten Staaten für die von Richard Byrd 1946–1947 geleitete *Operation Highjump* aufboten (4700 Mann, 13 Schiffe, 23 Flugzeuge und ein U-Boot), lagen rund 150 Jahre.

In dieser Zeit haben eine ganze Reihe außergewöhnlicher Reisen, legendärer Personen, Abenteuer und Tragödien die Geschichte des kristallinen Kontinents geprägt und seiner geheimnisumwobenen Gestalt jedes Mal eine weitere Facette hinzugefügt. Heute, weniger als 200 Jahre nachdem seine Küsten endlich gesichtet wurden und 50 Jahre nachdem der erste Sputnik-Satellit lanciert wurde, ist die Erforschung des Kontinents immer noch nicht abgeschlossen. Eines der Hauptziele des *Vierten Internationalen Polarjahres* war es demnach, die Entdeckung der unerforschten Gebiete der Antarktis voranzutreiben.

Das Wissen über den Erdteil ist im Laufe der Zeit und zwischen zwei großen Ereignissen erheblich angewachsen: zwischen der zweiten der drei großen Reisen von James Cook (1772–1775) und dem *Internationalen Geophysikalischen Jahr 1957/1958*, das zu Unterzeichnung und Inkrafttreten des Antarktisvertrages geführt hat. Weitere Meilensteine waren 1996 die Entdeckung des subglazialen Vostok-Sees (dank des Radar-Altimeters des europäischen ERS-1-Satelliten) und die Erkenntnis, dass es noch mehr als hundert weitere Seen unter Tausenden von Metern Eis gibt.

Cook beinahe am Ziel

Auf seiner zweiten Reise überquerte Cook als Erster den südlichen Polarkreis bei 66° 33′ S und umsegelte die gesamte Antarktis, ohne sie jedoch auch nur ein einziges Mal zu Gesicht zu bekommen. Er sah nur einen von Eisbergen übersäten Ozean – gewissermaßen Zeugen dafür, dass es hinter dem Horizont aus Nebel und Eis noch ein fernes gefrorenes Land geben musste. Lohnte es die Mühe, noch weiter nach Süden vorzudringen? Cook tat es nicht, aber die Berichte, die er über seine Entdeckungen (South Georgia, die Süd-Shetlandinseln) schrieb und vor allem über die reichhaltige Tierwelt auf diesen subantarktischen Inseln, öffneten Horden von Rob-

1810	Entdeckung der Macquarie-Insel südlich von Australien.
1819	Entdeckung der Süd-Shetlandinseln.
1820	26. Januar: Der russische Forscher Fabian von Bellingshausen überquert den südlichen Polarkreis.
	30. Januar: Der englische Seefahrer Edward Bransfield sichtet die Küsten der Trinity-Halbinsel.
	Der Amerikaner Palmer sichtet die Antarktische Halbinsel.
1823	Der Engländer Weddell erreicht das Meer, das nach ihm benannt ist.
1831	Der Brite John Biscoe entdeckt Enderby Land.
1840	Der Amerikaner Charles Wilkes entdeckt das Land, das nach ihm benannt ist.
	Dumont d'Urville entdeckt Adélie Land.

Teilnehmer der zweiten Entdeckungsreise von James Cook ins Südpolarmeer: Cook war der Erste, der den Polarkreis bei 66° 33′ südlicher Breite überquerte; er umsegelte den ganzen Kontinent, bekam jedoch niemals Land zu Gesicht, sondern nur Eisberge.

ben- und Walfängern Tür und Tor. Europa und Amerika brauchten Tran zur Beleuchtung ihrer Städte. Und auch Pelze waren äußerst begehrt, vor allem in China.

Und so begann eines der traurigsten Kapitel der Erforschung des Kontinents oder besser seiner brutalen Ausbeutung.

Wahrscheinlich haben um diese Zeit (1820) die Menschen zum ersten Mal den Boden der mythischen *Terra australis incognita* auf der Antarktischen Halbinsel betreten, aber wir werden niemals mit Sicherheit wissen, ob dies Forscher wie der Russe Fabian Gottlieb von Bellingshausen waren oder Robben- und Walfänger, die ihre Entdeckung für sich behielten.

Den Russen zufolge war es Bellingshausen, den Amerikanern zufolge der junge, 20-jährige Robbenjäger Nathaniel Palmer und den Briten zufolge der Forscher Edward Bransfield. Wie auch immer – jeder von ihnen hat einem Stück Land, einer Meerenge oder einem Teil des Südpolarmeeres seinen Namen gegeben.

Timeline:

- **1841** — James Clark Ross erreicht Cape Adare. Entdeckung von Ross Island und des Transantarktischen Gebirges, des Mount Erebus (während eines Ausbruchs) und des Ross-Schelfeises.
- **1882–1883** — 1. *Internationales Polarjahr*, organisiert auf Initiative von Carl Weyprecht.
- **1898** — Die BELGICA des Belgiers Adrien de Gerlache wird im Packeis eingeschlossen. An Bord sind Amundsen und der Arzt Frederick Cook.
- **1899–1900** — 1. Überwinterung auf dem Antarktischen Festland (Cape Adare) unter der Leitung des Norwegers Carsten Borchgrevink.
- **1901–1903** — Expedition des Deutschen Eric von Drygalski an Bord der GAUSS. Entdeckung des Kaiser Wilhelm II Landes.
- **1901–1903** — Erste Antarktis-Expedition von Robert Falcon Scott, Überwinterung an Bord der DISCOVERY.
- **1902** — Scott, Shackleton und Dr. Wilson unternehmen einen 1. Versuch, den Südpol zu erreichen. Sie kommen bis 82° südlicher Breite.
- **1902–1903** — Expedition der schwedischen Geologen Otto Nordenskjöld. Entdeckung von Riesenpinguin-Fossilien.

Expeditionen von Dumont d'Urville, Wilkes und Ross in der Antarktis

In der ersten Hälfte des 19. Jahrhunderts fanden drei große Expeditionen statt: die des Franzosen Jules Sébastien César Dumont d'Urville, des Amerikaners Charles Wilkes und des Briten James Clark Ross. Es wurden Hunderte von neuen Küstenkilometern zwischen den Meridianen 140° E und 170° E entdeckt und kartiert.

Dumont d'Urville erforschte mit seinen beiden Korvetten ASTROLABE und ZÉLÉE einen Bereich der Antarktis, der genau im Süden von Tasmanien lag – von wo er aufgebrochen war. Zu Ehren seiner Frau Adèle nannte er dieses Gebiet *Terre Adélie* (Adélie Land). Am 21. Januar 1840 wurden zwei Boote zu Wasser gelassen; die Männer gingen auf einer der kleinen Inseln des Pointe-Géologie-Archipels an Land (in der Nähe der Stelle, an der sich heute die ganzjährige französische Station *Dumont-d'Urville* befindet) und beanspruchten diesen Teil des neuen Kontinents für Frankreich. Am 29. Januar kreuzte die ASTROLABE die Route eines fremden Schiffes: Es war die Brigg PORPOISE, eines von drei Schiffen der Expedition des New Yorkers Charles Wilkes, der an Bord der VINCENNES die weiter westlich gelegenen Küsten des Kontinents erforschte. Die letzte große Expedition des 19. Jahrhunderts vor der Ära des Belgiers Adrien de Gerlache, des Schweden Otto Nordenskjöld und des Franzosen Jean-Baptiste Charcot, war die Reise des Briten James Clark Ross von 1839 bis 1843. Bevor Ross sich für vier lange Jahre in die Antarktis aufmachte, hatte er viel Erfahrung in der Arktis erworben: bei mehreren Fahrten zwischen 1818 und 1831, dem Jahr, in dem er den nördlichen Magnetpol lokalisierte. 1839 stach er mit zwei bestens ausgerüsteten Schiffen, der EREBUS und der TERROR (beide jeweils 370 Tonnen), in See. Er blieb zwei Monate auf den Kerguelen und traf dann im August 1840 in Hobart ein. Dort erfuhr er, dass Wilkes und Dumont d'Urville das gleiche Ziel hatten wie er: die Suche nach dem südlichen Magnetpol.

Aber Ross wusste viel über Pole und blieb zuversichtlich. Am 12. November 1840 verließen die EREBUS und die TERROR Tasmanien mit Kurs auf den tiefen Süden. Anfang Januar 1841 erreichte Ross nach der Durchquerung einer großen Packeisfläche das Meer, das heute seinen Namen trägt: das legendäre Ross-Meer. Der Kontinent kam in Sicht, überragt von sehr hohen Bergen – was Ross tief enttäuschte, bedeutete es doch für ihn, dass er den magnetischen Südpol nicht erreichen konnte.

Damals lag dieser Punkt im Landesinnern, heute befindet er sich im Meer vor der Küste von Adélieland. Die EREBUS und die TERROR segelten weiter und entdeckten Inseln, Kaps, Meeresbuchten und Berge. Am 28. Januar konnten die Mannschaften beider Schiffe den Ausbruch eines prächtigen Vulkans beobachten. Ross nannte ihn nach seinem Flaggschiff Mount Erebus. Der Erebus (3794 m, auf Ross Island) ist der aktivste der antarktischen Vulkane und einer der extrem seltenen Vulkane auf der Erde, auf deren Kratergrund sich ein See aus flüssiger Lava befindet. Für James Clark Ross gab es aber noch mehr Überraschungen. Als er weiter in Richtung Westen

Portrait des englischen Seefahrers James Clark Ross, dem Entdecker sowohl des magnetischen Nordpols als auch von Ross Island, des Vulkans Erebus und des Ross-Schelfeises.

Zeitleiste

- **1903–1905**: 1. Expedition Charcots zur Antarktischen Halbinsel mit der FRANÇAIS.
- **1904**: Gründung der ersten Walfangstation in Grytviken, South Georgia.
- **1908**: Shackleton landet auf Ross Island am Cape Royds.
- **1909**: Am 9. Januar kehrt Shackleton 180 km vom Südpol entfernt wieder um. Entdeckung des südlichen Magnetpols.
- **1908–1910**: 2. Reise von Charcot zur Antarktischen Halbinsel, Schiff: POURQUOI-PAS?
- **1910**: Roald Amundsen schlägt sein Lager an der Bay of Whales auf.
- **1911**: R. F. Scott kommt auf Ross Island am Cape Evans an.
- **1912**: Am 14. Dezember erobert Amundsen den geografischen Südpol. Am 17. Januar erreichen Scott und seine Männer den Südpol.

Der »Kommandant« Jean-Baptiste Charcot, der Gentleman der Pole.

Ein Teilnehmer von Charcots erster Expedition zur Antarktischen Halbinsel (1903–1905) erkundet eine Eishöhle (rechte Seite).

segelte, stieß er auf eine ungeheure Eiswand; sie war etwa 60 m hoch, schwamm auf dem Meer und hatte eine vollkommen flache Oberfläche. Auf der Suche nach einer Stelle, an der er landen könnte, fuhr er ungefähr 400 km an dieser Barriere entlang – vergebens. Es war so, als wollte er die Klippen von Dover erklimmen – eine unmögliche Mission. Die EREBUS und die TERROR drehten also nach Norden ab. Heute heißt diese Platte, die von riesigen Eisflüssen gespeist wird, Ross-Schelfeis. 1842 (nach sieben Monaten Pause in Hobart) kehrte Ross noch einmal in das nach ihm benannte Meer zurück, fuhr dann weiter Richtung Westen und kam 1842 zu den Falklandinseln. Er versuchte, in das Weddellmeer vorzudringen, aber das Packeis war unüberwindbar, und er musste seinen Plan aufgeben.

1873 machte der Deutsche Eduard Dallmann mit dem Dampfsegler GROENLAND eine Fangreise an die Küsten der Antarktischen Halbinsel und kehrte mit einer Fülle geografischer Entdeckungen von dieser ersten deutschen Antarktisreise zurück.

Die Charcot-Expedition

Zwischen 1899 und 1905 sind fünf große Expeditionen zu erwähnen: die erste Überwinterung in der Antarktis des Norwegers Carsten Borchgrevink auf Cape Adare am Eingang zum Rossmeer; die Überwinterung vor der Antarktischen Halbinsel des Belgiers Adrien de Gerlache an Bord der BELGICA (eine Expedition, an der auch Roald Amundsen teilnahm); die Expedition von Otto Nordenskjöld, eine weitere Überwinterung (bei 66,2° Süd) der deutschen GAUSS-Expedition unter Erich von Drygalski (1901–1903) sowie die erste Expedition des »Kommandanten Charcot« an Bord der FRANÇAIS, die ebenfalls vor der Antarktischen Halbinsel überwinterte (1903–1905).

Schon als Kind hatte Jean-Baptiste Charcot verkündet, er wolle zur See fahren. Aber dieser Traum erfüllte sich erst nach seinem Medizinstudium und nach dem Tod seines Vaters, von dem er ein beträchtliches Vermögen erbte. Charcot verwendete es für den Bau eines Polarexpeditionsschiffes, der FRANÇAIS, eines 46 m langen Dreimasters. Seit der Reise von Dumont d'Urville 60 Jahre zuvor hatte Frankreich keine Polarexpeditionen mehr organisiert, während andere europäische Länder kräftig beim Wettlauf zu den Polen mithielten. An Bord der FRANÇAIS nahm Charcot Kurs auf die Antarktis mit dem Ziel, Graham Land und Alexander Island zu erforschen. Die Expedition unter der Schirmherrschaft des französischen Präsidenten Émile Loubet verließ Le Havre im August 1903. Zu Beginn des Südwinters wurde die FRANÇAIS in einer Bucht von Wandel Island (der heutigen Booth Island, 65°S) vor der Westküste der Antarktischen Halbinsel vertäut. Wissenschaftliche Tätigkeiten (Astronomie, Meteorologie, Geologie …) wechselten sich ab mit der geografischen Erforschung. Als der Winter vorbei war, nahm Charcot seine Forschungen weiter südlich wieder auf, und Mitte Januar 1905 erreichte er die Küsten von Alexander Island. Im Mai 1905 trat er den Rückweg nach Frankreich mit einer außergewöhnlich reichen Ausbeute an: Mehr als 1000 km Küste der Halbinsel waren erforscht und kartiert worden. Mit einem solchen

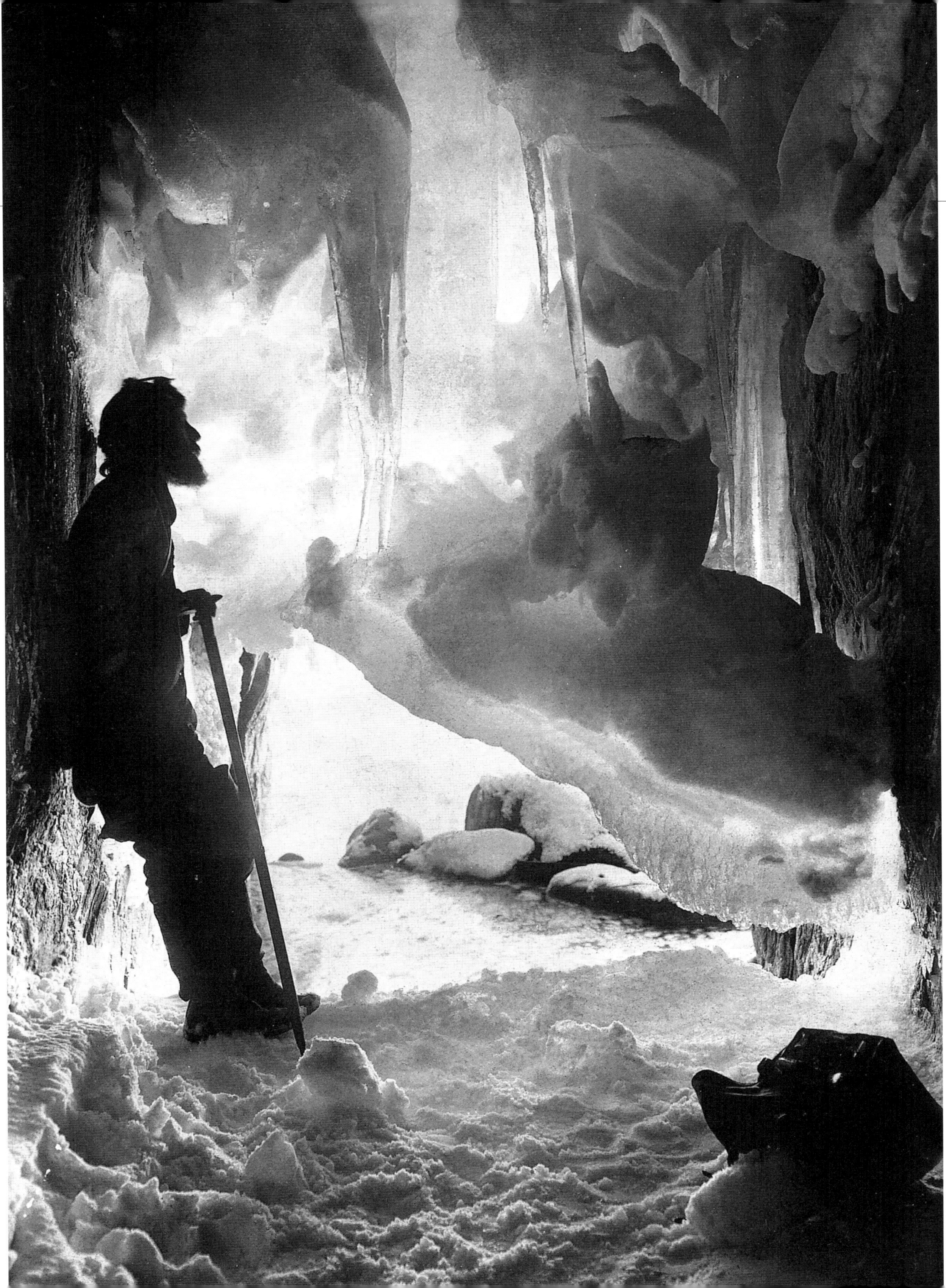

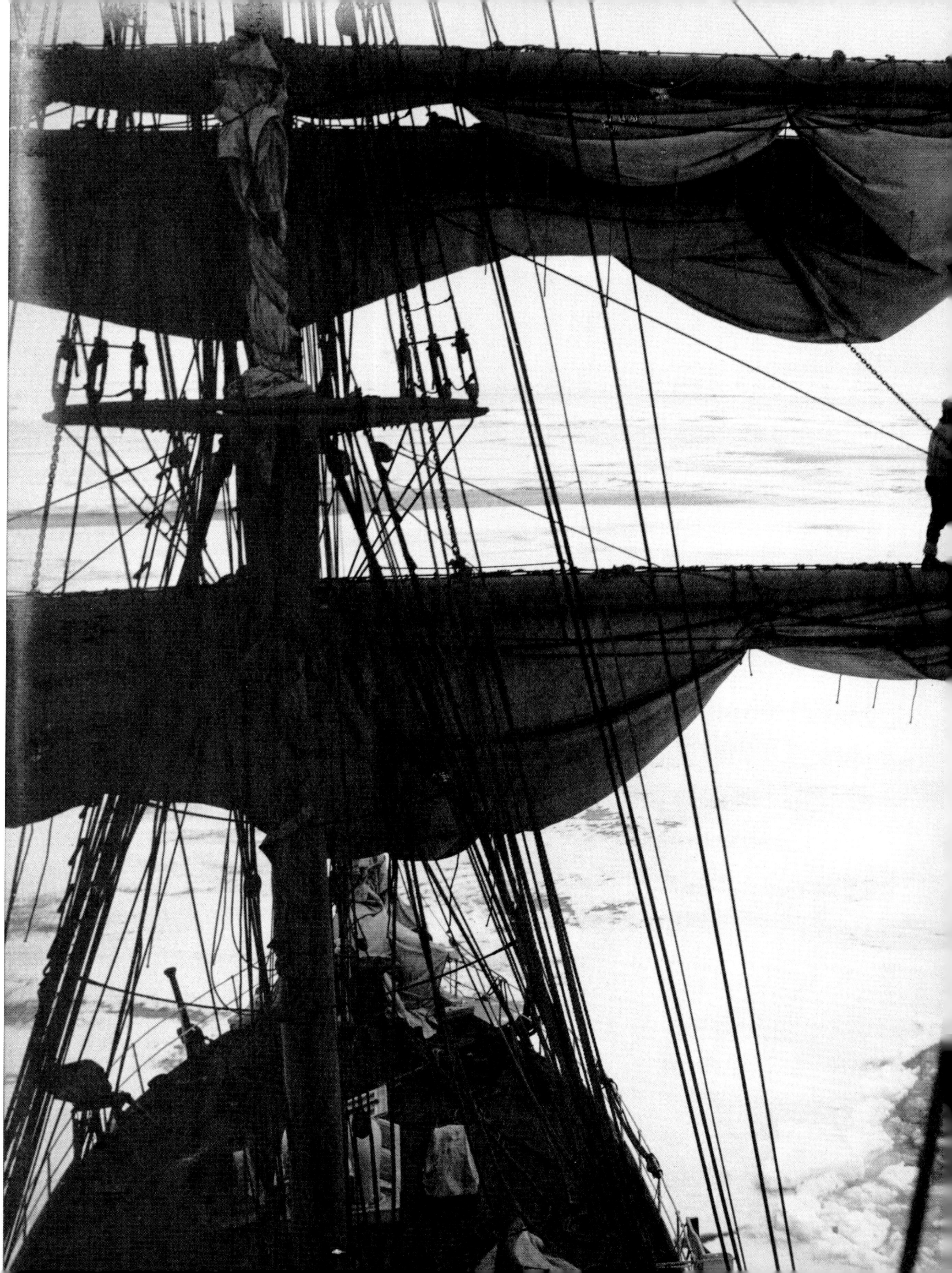

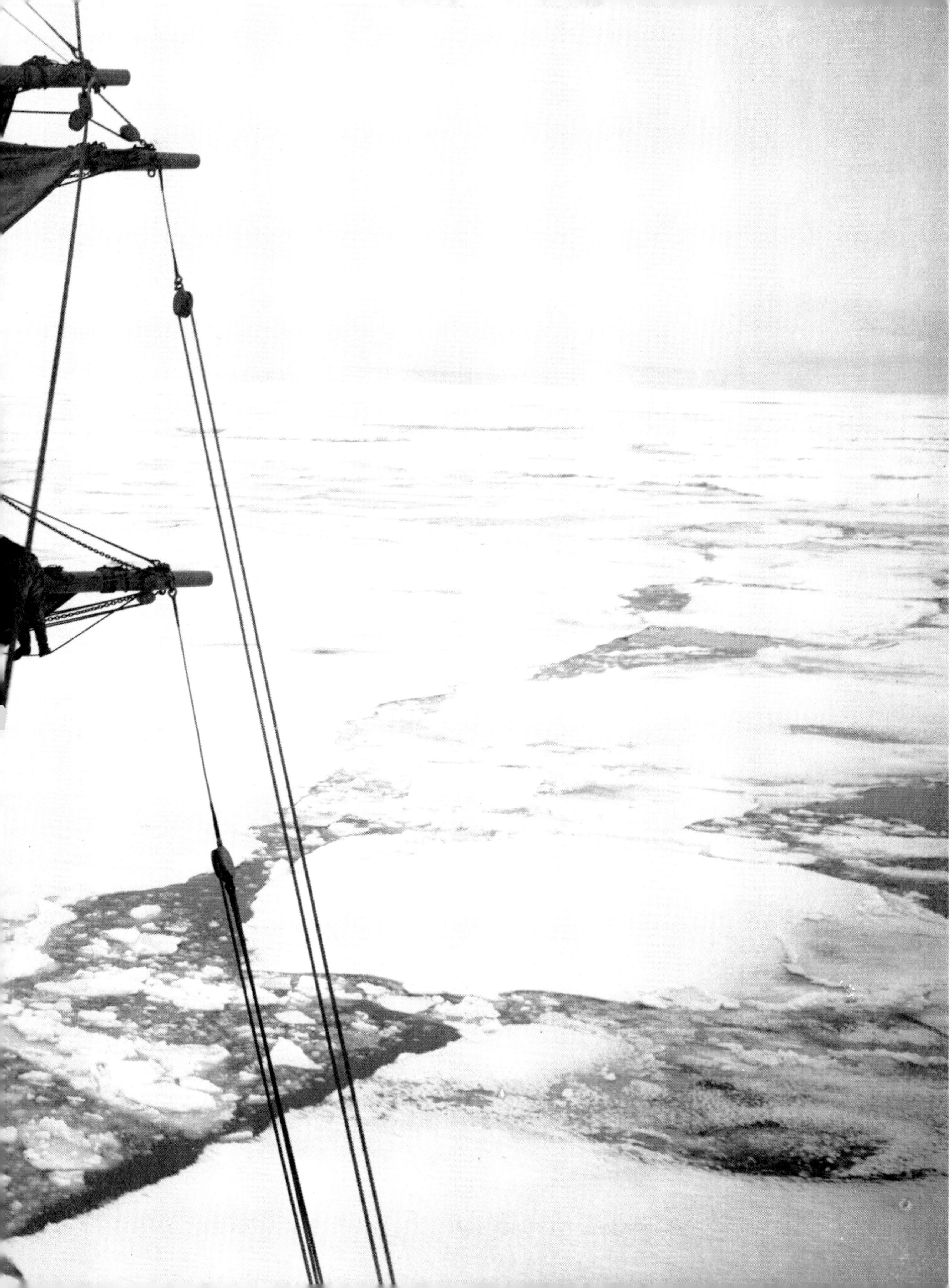

1912 — März: Scott und seine vier Gefährten sterben auf dem Rückweg nach Cape Evans.

1911–1912 — Expedition des Japaners Nobu Shirase ins Ross-Meer.

1911–1912 — Expedition des Deutschen Wilhelm Filchner.

1912 — Douglas Mawson entdeckt den ersten antarktischen Meteorit.

1912 — Sechs von Scotts Kameraden überwintern in einer Eishöhle auf Inexpressible Island.

1914–1917 — Der Australier Douglas Mawson macht sich mit Ninnis und Mertz auf zu einer Expedition mit Hundeschlitten.

1915 — ENDURANCE-Expedition von Ernest Shackleton.

1916 — Januar: Die ENDURANCE wird vom Eis eingeschlossen. Zehn Monate später, am 21. November, sinkt sie.

Shackleton erreicht South Georgia. Im August sind alle seine Männer gerettet.

Scott (in der Mitte) mit einem Teil seiner Mannschaft. Hinter ihm links Henry Birdie Bowers, einer der vier Männer, die ihn auf dem Himmelfahrtskommando zum Südpol begleiteten und auf dem Rückweg mit ihm zusammen den Tod fanden (oben).

Männer in der Takelage der TERRA NOVA – das Schiff, mit dem Scott bei seiner letzten Reise 1910–1912 segelte. Der Fotograf der Expedition war Herbert Ponting (vorhergehende Doppelseite).

Eine Gletscherhöhle in der Nähe von Scotts Lager am Cape Evans. Auf der anderen Seite des McMurdo-Sounds sieht man die TERRA NOVA und die Transantarktische Bergkette (rechte Seite).

Erfolg konnte er mühelos genügend Gelder auftreiben, um eine zweite Expedition (1908–1910) auszurüsten und ein neues Polarschiff bauen zu lassen, denn die FRANÇAIS war auf einen Felsen gelaufen und dabei beschädigt worden. Das neue Schiff hieß POURQUOI-PAS? und war 40 m lang.

Zwei Jahre vor Charcots erster Expedition finanzierte die Londoner *Royal Geographical Society* eine bedeutende britische Expedition, die Robert Falcon Scott von der *Royal Navy* leitete (1901–1903). Scott baute auf Ross Island seine erste Hütte (der er den Namen seines Segelschiffes DISCOVERY gab) und stürzte sich auf die Erkundung des Festlands. Im Dezember 1902 startete Scott in Begleitung von Ernest Shackleton und dem Arzt Edward Wilson seinen ersten Versuch, den Südpol zu erreichen. Sie gelangten bis 82° 17′ Süd, mussten dann aber umkehren. Doch der Grundstein war gelegt: Die Epoche, die man das »heroische Zeitalter der Polarforschung« nannte, war angebrochen. 1907 kehrte Shackleton an der Spitze einer eigenen Expedition auf Ross Island zurück. Er schlug sein Lager am Cape Royds auf, in einer kleinen Hütte, mitten in einer Kolonie von Adéliepinguinen, ganz in der Nähe des Erebus. Shackleton hatte sich zum Ziel gesetzt, das Herz der Antarktis zu erreichen: den Südpol. Mit drei Gefährten überquerte er den McMurdo-Sound und stieg den riesigen Beardmore-Gletscher hinauf, um auf das Polarplateau zu gelangen. 180 km vor dem Südpol, nachdem die Gruppe mehr als tausend Kilometer zu Fuß zurückgelegt hatte (niemand war bisher so nah an den Pol herangekommen), beschloss Shackleton umzukehren. Wäre er bis 90° Süd weitergegangen, hätte er das Leben seiner Mitstreiter ebenso wie sein eigenes aufs Spiel gesetzt. Dennoch war die Expedition ein Erfolg, gekrönt von der Erstbesteigung des Erebus (1908) und der Entdeckung des magnetischen Südpols durch den Australier Douglas Mawson. Bei seiner Rückkehr nach Großbritannien wurde der Forscher geadelt: Von nun an hieß er Sir Ernest Shackleton.

Das Duell zwischen Scott und Amundsen

Nachdem 1909 der Nordpol erobert worden war, nahmen sich zwei neue Expeditionen wieder den Südpol zum Ziel und lieferten sich einen gnadenlosen Wettlauf. Die eine Expedition wurde von dem Norweger Roald Amundsen geleitet, die andere von Scott. Amundsen, durchtrainiert und bestens ausgerüstet, schlug sein Basislager im Januar 1911 auf dem Ross-Schelfeis bei der Bay of Whales auf, während Scott eine kleine Hütte am Cape Evans auf Ross Island einrichtete. Der norwegische Forscher hatte den Briten in die Irre geführt und anfänglich als Ziel die Arktis angegeben, doch dann hielt er Kurs auf die Antarktis. Nicht nur zeitlich hatte er einen Vorsprung vor Scott, sondern auch räumlich: Sein Ausgangspunkt an der Bay of Whales lag 100 km näher zum Pol als Cape Evans, von wo aus Scott sich mit seinen vier Gefährten auf den Weg machte. Zudem hatte Amundsen schon ausgiebig Erfahrung in der Arktis gesammelt, beherrschte die Überlebensstrategien der Inuit und hatte demgemäß auf die richtige Fortbewegungsart gesetzt: Er

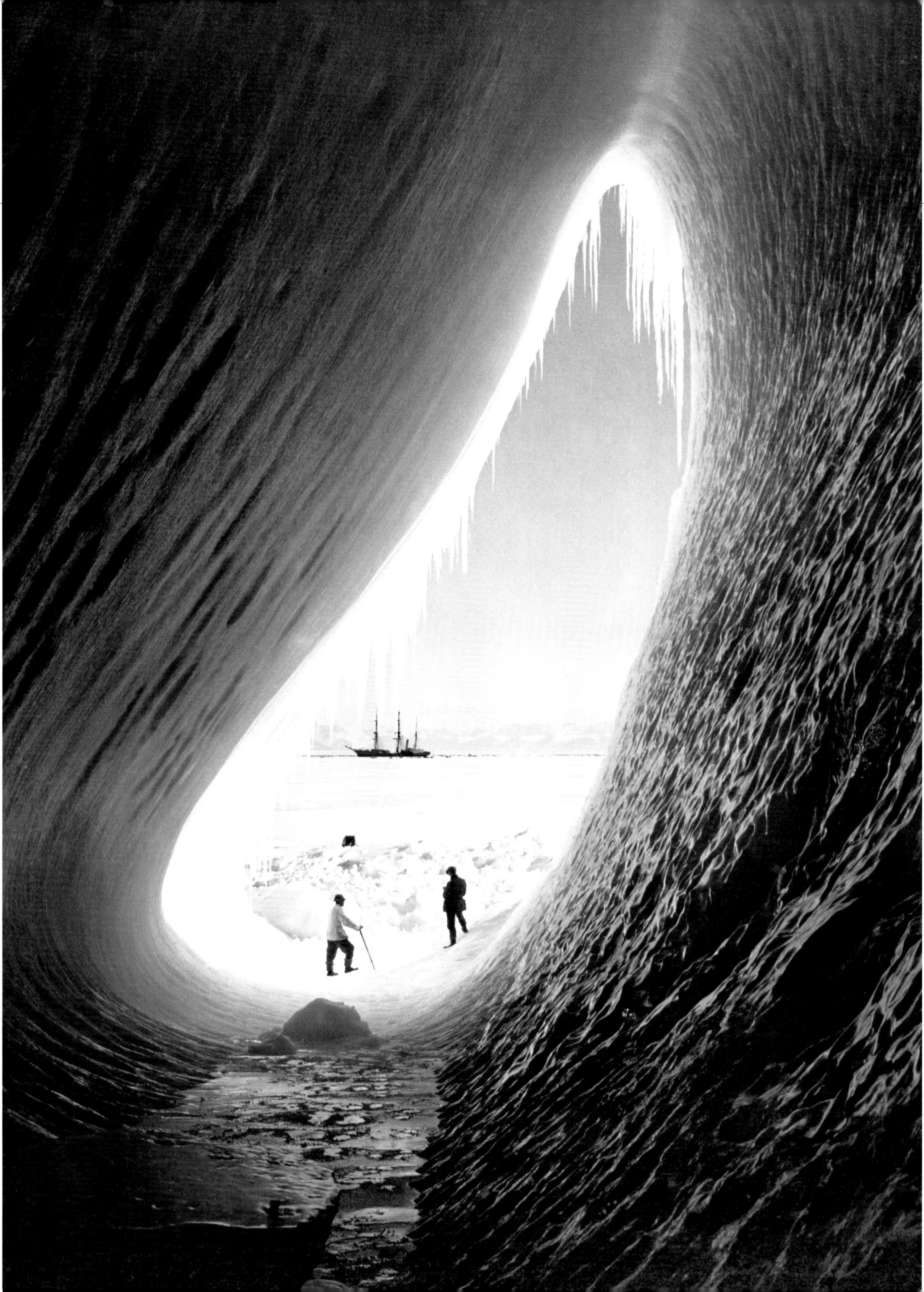

14. Dezember 1911: Amundsen am geografischen Südpol. Neben ihm einer seiner Gefährten, der die genaue Position bestimmt (ganz oben).

Einen Monat später, am 17. Januar 1912, erreichen Scott und seine vier Männer den Südpol und müssen bitter enttäuscht feststellen, dass Amundsen ihnen zuvorgekommen ist. Hier stehen sie vor dem von den Norwegern zurückgelassenen Zelt (oben).

Ein im Packeis eingeschlossener Eisberg im McMurdo-Sound, im Hintergrund der Erebus mit seiner Rauchfahne. Ponting, der Fotograf von Scotts Expedition, setzte immer den Schiffskoch Thomas Clissold irgendwo ins Bild, um die Größenverhältnisse der grenzenlosen antarktischen Landschaften zu zeigen (rechts).

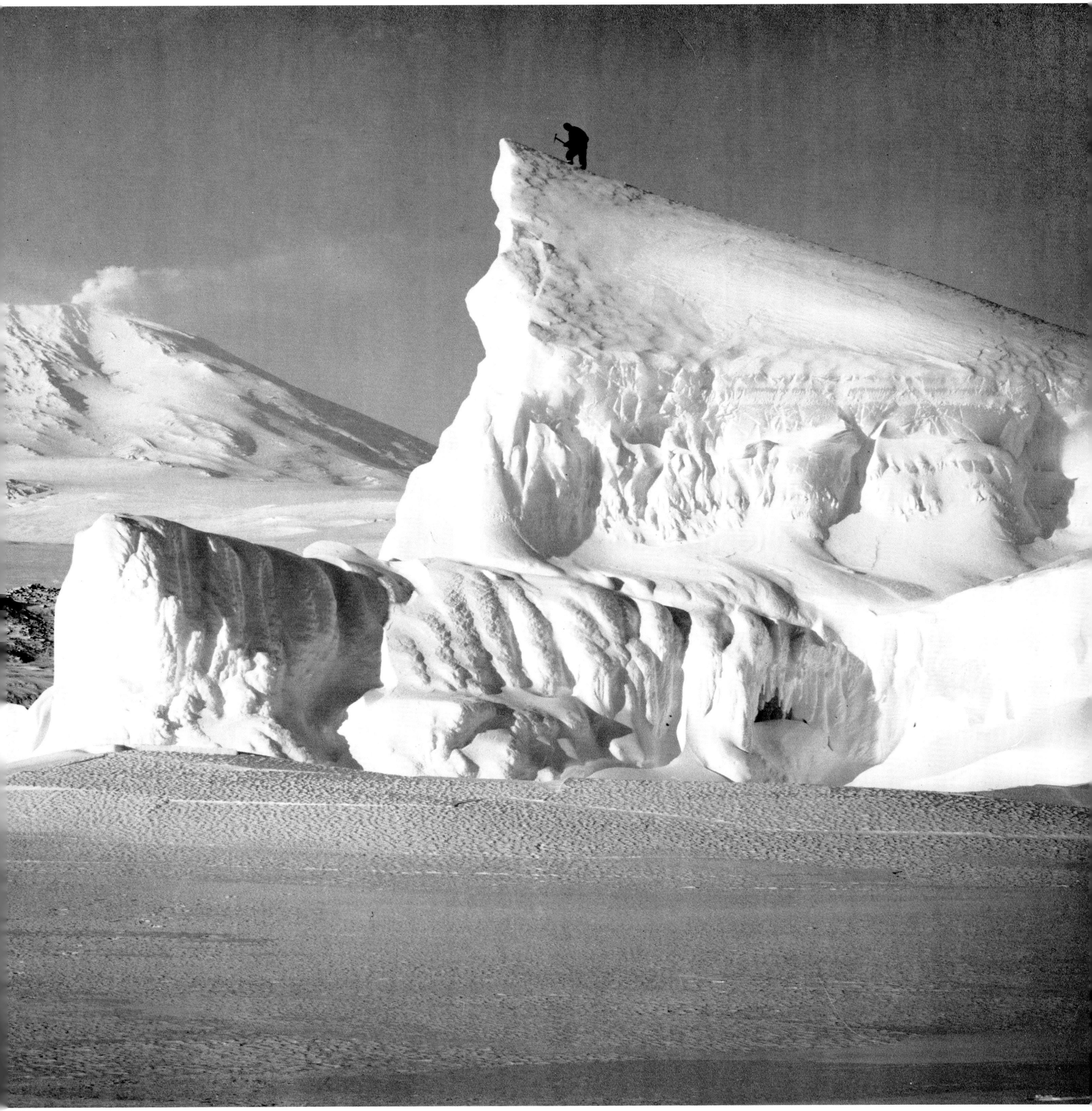

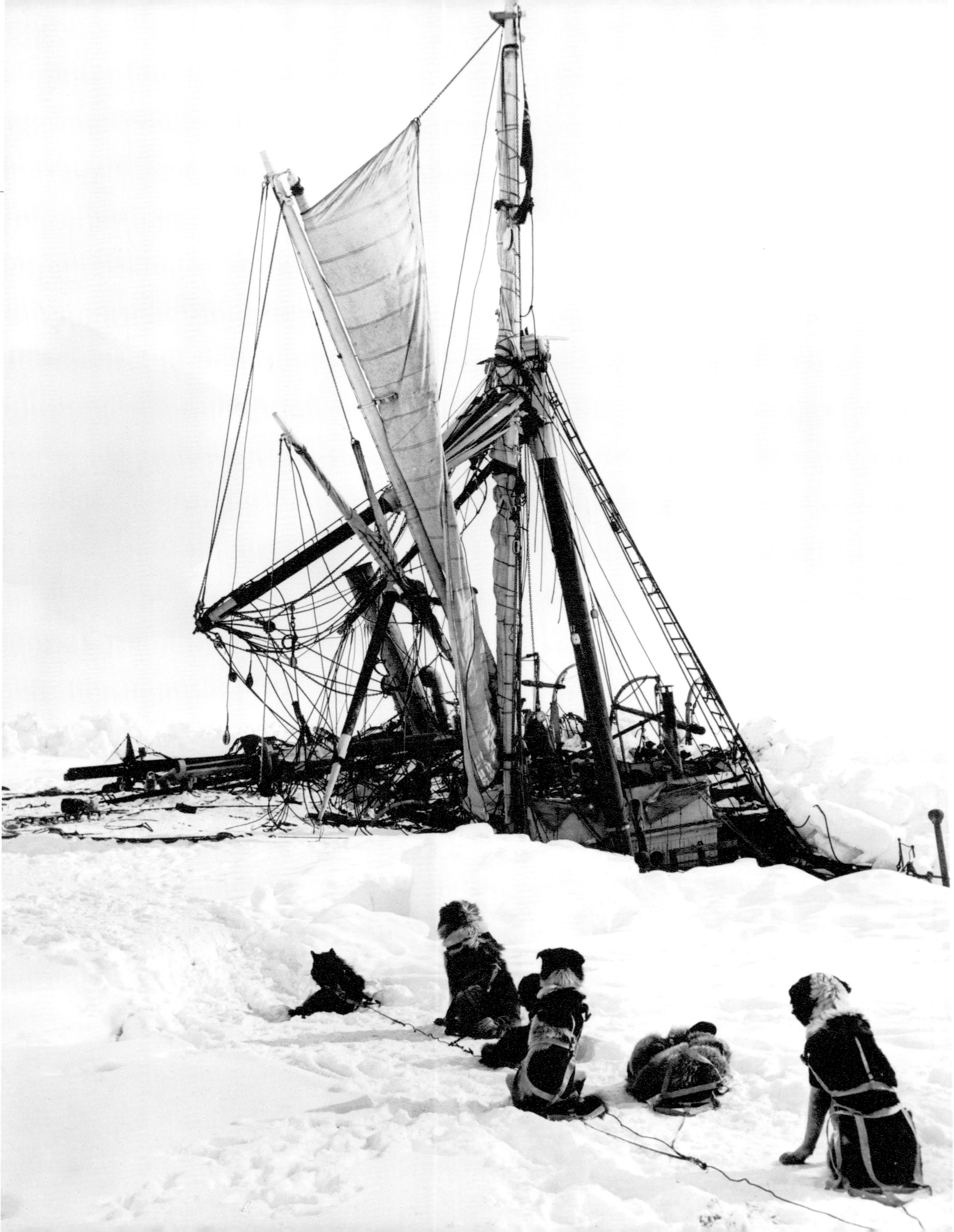

1922	Shackleton stirbt an einem Herzanfall an Bord der QUEST in South Georgia.
1928	Hubert Wilkins unternimmt den ersten Flug über der Antarktis.
1929	28. November: Richard Byrd überfliegt als Erster von Little America aus den geografischen Südpol.
1932–1933	2. Internationales Polarjahr.
1934	Richard Byrd überwintert in der Station Bolling.
1935	Die Norwegerin Caroline Mikkelsen ist die erste Frau, die in der Antarktis an Land geht (bei den Vestfold Hills).
1935	Erster transantarktischer Flug des Amerikaners Lincoln Ellsworth, zusammen mit dem Pilot H. Hollick-Kenyon.
1937	International Agreement for the Regulation of Whaling zur Regulierung des Walfangs.
1938–1939	Deutsche Expedition unter der Leitung von Alfred Ritscher.

konnte bestens mit Hundeschlitten und Skiern umgehen. Sein Team legte eine Reihe von Lebensmitteldepots entlang der Strecke zum Pol an, und dann, am 19. Oktober 1911, verließ der Norweger das Basislager mit vier Männern, vier Schlitten und 52 Grönlandhunden. Eine gewisse Menge Futter war für die Hunde vorgesehen, aber drei Viertel der Tiere wurden erschossen, um die anderen zu ernähren (zwei oder drei Hunde liefen davon).

Die Gruppe erreichte das Polarplateau über den Axel-Heiberg-Gletscher, und am 14. Dezember 1911 eroberte sie den geografischen Südpol, 34 Tage vor Scott. Nach einer Blitztour von 99 Tagen waren die fünf Norweger am 25. Januar wohlbehalten wieder zurück in ihrem Basislager – alle Männer in guter Verfassung, dazu elf überlebende Hunde. Zwei Monate später verkündete Amundsen von der Post in Hobart/Tasmanien aus per Telegramm seinen Sieg.

Scott hatte statt Hundeschlitten mandschurische Ponys vorgesehen. Leider starben die armen Ponys eines nach dem anderen (oder wurden geopfert), sodass die Männer ihre Schlitten unter enormen Anstrengungen selbst ziehen mussten. Als sie schließlich am 17. Januar 1912 am Pol eintrafen, war ihre Enttäuschung, dass die Norweger ihnen zuvorgekommen waren, ebenso groß wie ihre körperliche Erschöpfung. Auf den Fotos von jenem Tag scheinen die leeren und gebrochenen Gesichter von Scott und seinen Gefährten die kommende Tragödie bereits anzukündigen. Alle fünf fanden auf dem Rückweg den Tod; Scott, Birdie Bowers und Doktor Wilson nur elf Meilen von einem Lebensmitteldepot entfernt. Ein paar Monate später wurde ihr Zelt gefunden: Neben den Leichen lag Scotts Tagebuch. Mit Bleistift hatte er einen ergreifenden Bericht über den Gewaltmarsch geschrieben, über die erduldeten Leiden, den Tod seiner beiden Gefährten, das Warten auf seinen eigenen Tod. Zur Erinnerung an Scott und seine Freunde wurde auf dem Observation Hill in *McMurdo* ein Kreuz aufgestellt. In das Holz sind Worte aus dem Ulysses von Tennyson geschnitzt: Kämpfen, suchen, finden und niemals aufgeben.

Shackletons Odyssee

Eine neue Phase bei der Erforschung des Kontinents wurde von Douglas Mawsons Expedition (1911–1913) eingeleitet, die kurz vor dem abenteuerlichsten aller antarktischen Abenteuer stattfand: dem von Sir Ernest Shackleton mit der ENDURANCE (1914–1917). 1913 begann Shackleton eine neue und sehr ehrgeizige Expedition zusammenzustellen, bei der es um die Durchquerung des ganzen antarktischen Festlandes vom Weddell- bis zum Rossmeer ging. Er erhielt mehr als 4000 Bewerbungsschreiben von jungen Leuten, die an dieser Unternehmung teilnehmen wollten.

Als die Expedition in See stechen sollte, brach der Erste Weltkrieg aus. Aus Loyalität bot Shackleton die ENDURANCE samt Mannschaft und Ausrüstung der Admiralität an, aber der junge Churchill beschied ihm: »Fahren Sie!« Die ENDURANCE legte einen Zwischenstopp in South Georgia ein, dann nahm Shackleton Kurs nach Süden und gelangte schnell ins Weddellmeer. In jenem Jahr – 1914 – war das Eis besonders fest, und die ENDURANCE

Shackleton und seine vier Kameraden stechen von Elephant Island aus mit dem Rettungsboot JAMES CAIRD in See – mit Kurs auf South Georgia (oben).

Zerdrückt von der Kraft des Eises im Weddellmeer, ist die ENDURANCE nur noch ein Durcheinander von Masten, Holz, Segeln und Tauen. Die Expeditionshunde scheinen dieses Bild des Jammers traurig zu betrachten. Da Shackleton kein Futter mehr für sie hatte und auch keinen Platz in den Rettungsbooten, musste er sie – schweren Herzens – alle opfern, ebenso wie die einzige Katze an Bord: Mrs. Chippy, die dem Zimmermann McNish gehörte (linke Seite).

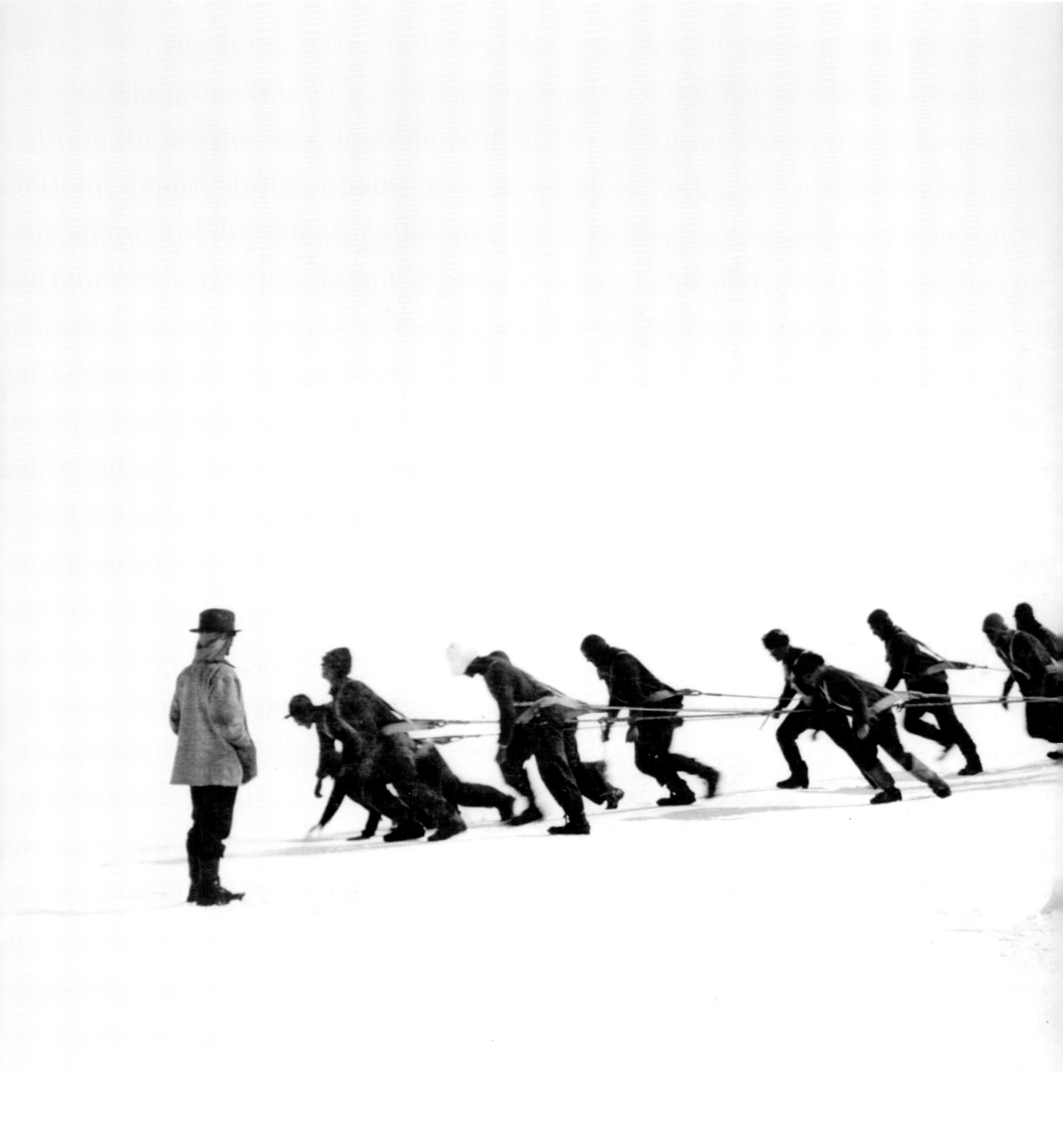

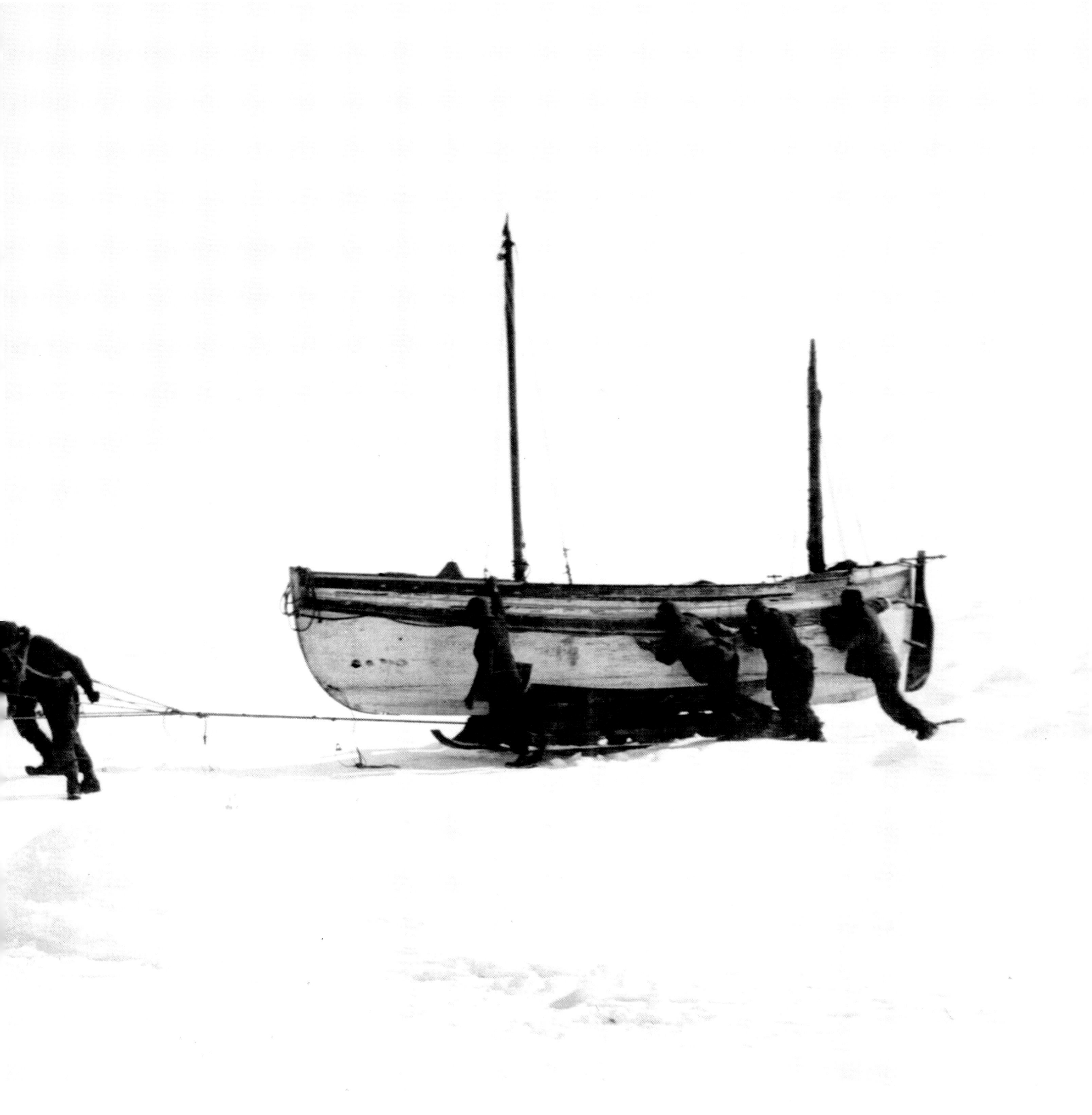

1946 • Operation Highjump unter der Leitung von Richard Byrd.
1947 • Paul-Émile Victor gründet die Expéditions Polaires Françaises (EPF).
1950 • Erste Überwinterung in Port-Martin, Adélie Land.
1952 • Ein Brand zerstört die Station Port-Martin.
1952–1953 • Überwinterung des Teams von Mario Marret.
1954 • Errichtung der australischen Station Mawson.
1955 • Auf Ross Island wird die amerikanische Station McMurdo gebaut.
1956 • Bau der Station Dumont-d'Urville.
1957–1958 • Internationales Geophysikalisches Jahr / 3. Internationales Polarjahr.
1957 • Hillary gründet die neuseeländische Station Scott.

Der Amerikaner Richard Evelyn Byrd, einer der bedeutendsten Polarforscher. Er trug sehr viel zur Entdeckung weiter Gebiete des Kontinents bei, und zwar vom Flugzeug aus. Er war der Erste, der den geografischen Südpol überflog (1929). 1934 überwinterte er ganz allein in einer einsamen Hütte irgendwo bei 80° südlicher Breite auf dem Ross-Schelfeis.

Shackleton überwacht seine Männer beim Schleppen eines der drei Rettungsboote (DUDLEY DOCKER, JAMES CAIRD und STANCOMB WILLS) von der ENDURANCE. Nachdem das Schiff gesunken war, konnten sie dank dieser Boote wohlbehalten Elephant Island erreichen (vorhergehende Doppelseite).

konnte sich nur mit großer Mühe einen Weg bahnen. Am 19. Januar 1914 blieb sie ungefähr 100 km vor dem Festland im Packeis stecken. Das Eis war wie ein Schraubstock, und trotz aller Bemühungen war es nicht möglich, das Schiff zu befreien. Mit dem Packeis trieb es bis in den Norden der Antarktischen Halbinsel, bis der Rumpf nach elf Monaten am 21. November von der Kraft des Eises endgültig zerquetscht wurde und die ENDURANCE auf den Grund des Weddellmeeres sank. Shackleton, der das hatte kommen sehen, hatte auf dem Packeis ein Lager errichten lassen, das Ocean Camp. Für die Schiffbrüchigen begann ein langer Leidensweg: Sie mussten die Rettungsboote über das Packeis ziehen, und als dieses brach, steuerten sie, eng in den kleinen Booten gedrängt, unter grauenhaften Bedingungen Elephant Island an. Völlig erschöpft setzten sie zum ersten Mal seit anderthalb Jahren einen Fuß auf Festland. Shackleton wusste, dass niemand sie in diesem hintersten Winkel der Erde finden würde. Also beschloss er, sich auf eine der unglaublichsten Fahrten zu begeben, die jemals unternommen wurden: an Bord eines der Rettungsboote, der JAMES CAIRD (7,60 m x 1,94 m), gut 800 sm über das Meer bis nach South Georgia zu segeln.

Mit fünf seiner Männer, darunter Frank Worsley, dem Kapitän der ENDURANCE, stach Shackleton am 26. April 1917 in See. Nach fünfzehn Tagen auf einem der wildesten Meere der Welt erreichten sie die Südküste von South Georgia. Die Walfangstation befand sich jedoch auf der anderen Seite der Insel, und da es keinesfalls infrage kam, wieder übers Meer zu fahren, überquerte Shackleton mit Worsley und Crean die Insel zu Fuß, eine Unternehmung, an die sich vor ihm noch nie jemand gewagt hatte. Aber das Glück ist mit den Mutigen, und Shackleton und seine Männer konnten 36 Stunden ruhiges Wetter nutzen. Sie gingen ohne Pause, ohne zu schlafen und fast ohne zu essen, überquerten 3000 m hohe Berge und gelangten endlich zur Walfangstation von Stromness, von wo sofort Hilfe losgeschickt wurde. Vier Anläufe musste Shackleton unternehmen, um seine Gefährten zu retten, bevor er sie – alle – wohlbehalten zurückholen konnte.

Der Pol von oben

Nach und nach gab der Kontinent mehr von sich preis, insbesondere dank der Flüge von Byrd, Wilkins und Ellsworth. Man muss bedenken, dass Shackleton sich, als er den Beardmore-Gletscher hinaufstieg und dann über das Polarplateau wanderte, auf ein riesiges, vollkommen unbekanntes Terrain begab. Es gab keinen einheimischen Stamm, der ihm Auskunft erteilen oder ihm helfen konnte.

Am 28. November 1929 nutzte der amerikanische Forscher Richard Byrd ein »Fenster« günstigen Wetters und startete von der Station *Little Amerika* an Bord einer Ford Trimotor mit drei Männern. Er überflog den Axel-Heiberg-Gletscher (den Amundsen und seine Männer 1911 hinaufgestiegen waren), und nach einem gefährlichen Flug über das Transantarktische Gebirge befand er sich über dem Polarplateau. Um ein Uhr nachts war der Südpol überflogen, und nach insgesamt 16 Stunden Hin- und Rückflug landeten Byrd und seine Kollegen wohlbehalten wieder in *Little America*.

1957	Erste amerikanische Überwinterung am Südpol.
1957–1958	Bau der sowjetischen Station *Vostok*.
1957–1958	Fuchs und Hillary durchqueren den antarktischen Kontinent.
1957–1958	Claude Lorius überwintert mit zwei Gefährten in der Station *Charcot*, 320 km von den Küsten von Adélie Land entfernt.
1961	Der Antarktisvertrag tritt in Kraft.
1962	In *McMurdo* wird ein Kernreaktor installiert (und 1972 wieder entfernt).
1965	Anfänge des Antarktis-Tourismus.
1972	Die *Konvention zur Erhaltung der Antarktischen Robben* wird unterschrieben.
1978	7. Januar: Geburt von Emilio Palma, dem ersten Kind, das in der Antarktis zur Welt kommt (in der argentinischen Station *Esperanza*).

Richard Byrd und sein Hund Igloo bei seiner ersten Expedition 1928–1930.

Bei drei weiteren von Byrd geleiteten Expeditionen (1934/1935, 1940, 1946/1947) wurden weite Landstriche des Kontinents erforscht und fotografiert. Unter anderem überwinterte Byrd 1934 in einer winzigen Hütte »einsam und allein in der eintönigen Unendlichkeit des Ross-Schelfeises«, 200 km südlich von *Little America*. Beinahe wäre er wegen seines Kochers an einer Kohlenmonoxidvergiftung gestorben, doch seine Männer konnten ihn in letzter Minute retten. Dieser Zwischenfall, von dem Byrd in einem wunderbaren Bericht mit dem Titel *Allein! Auf einsamer Wacht im Südeis* erzählt, war aber der einzige seiner Art.

1946 befehligte Byrd bei der *Operation Highjump*, einem Einsatz der US-Marine, eine der unglaublichsten »Armaden« von Soldaten und Wissenschaftlern, die je ihren Fuß in die Antarktis gesetzt haben: 13 Schiffe (darunter der Flugzeugträger PHILIPPINE SEA

Das heroische Zeitalter der Polarforschung

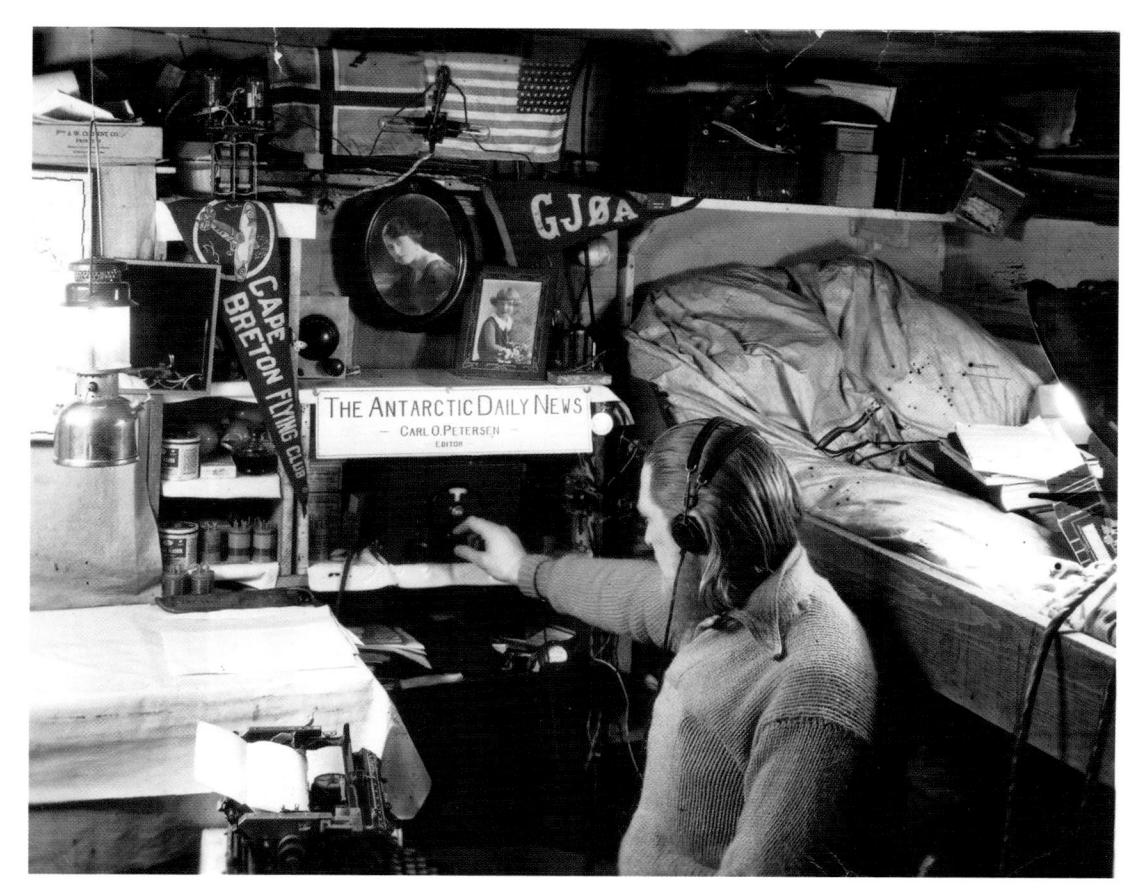

Robert Falcon Scott im Kreise seiner Männer an seinem letzten Geburtstag am 6. Juni 1911 (oben links).

Scott schreibt Tagebuch in seiner Hütte von Cape Evans. Die Hütte steht heute als historische Stätte unter besonderem Schutz (oben rechts).

Scotts Schiffskoch backt Brot in der Hütte von Cape Evans (links).

Tom Crean von Shackletons ENDURANCE-Expedition mit Welpen, die in der Antarktis geboren wurden (linke Seite oben links).

Ein Mitglied von Richard Byrds Team in *Little America*, einer der ersten Stationen, die die Amerikaner in der Antarktis auf dem Ross-Schelfeis errichteten (linke Seite oben rechts).

Shackletons Hütte am Cape Royds auf Ross Island (linke Seite unten links).

Apsley Cherry-Garrard mit einem der Ponys, die Scott auf seine letzte Expedition 1910–1912 mitgenommen hatte (linke Seite unten rechts).

Zeitleiste:

- 1985: Entdeckung des Ozonlochs in der englischen Station *Halley*.
- 1989–1990: Expedition *Transarctica*. Arved Fuchs und Reinhold Messner durchqueren den Kontinent auf Skiern.
- 1990: Der Antarktisvertrag wird für weitere 50 Jahre verlängert.
- 1990–1991: Entdeckung des ersten fleischfressenden Dinosauriers in der Antarktis.
- 1991: Das *Protokoll von Madrid* wird unterschrieben; 1998 tritt es in Kraft.
- 1996: Über Satellit wird der Vostok-See entdeckt.
- 2000: Wiederholung von Shackletons Rettungsreise nach Originalvorbild durch Arved Fuchs.
- 2004: Das Eisbohrungsprojekt *EPICA* erreicht eine Tiefe von 3270 m.
- 2005: Erste Überwinterung auf der französisch-italienischen Station *Concordia*.
- 2007: Februar: Ein Drittel des Neutrino-Detektors *IceCube* wird am Südpol installiert, 2011 soll er fertiggestellt sein.
- 1. März: Beginn des 4. Internationalen Polarjahres.

Edmund Hillary (links) und Vivian Fuchs (rechts), die beiden Expeditionsleiter, die 1957/1958 Shackletons Traum verwirklichten: die Durchquerung des Antarktischen Kontinents vom Weddell- zum Rossmeer (oben).

Hillary machte sich mit Kettentraktoren von Ferguson von Ross Island auf zum geografischen Südpol und legte Vorrats- und Treibstoffdepots für Fuchs an, der den gesamten Kontinent durchquerte, ebenfalls mit Kettentraktoren. Im Januar 1958 trafen sich die beiden Männer am Pol. Es sei noch angemerkt, dass Hillary 1953 zusammen mit Tenzing Norgay den Mount Everest bezwungen hatte (rechte Seite).

und ein U-Boot), 23 Flugzeuge, sechs Hubschrauber und 4700 Mann! Die Expeditionsteilnehmer wurden in drei Gruppen aufgeteilt; als Hauptquartier fungierte immer noch *Little America*, das sich jedoch seit der ersten Expedition verändert hatte.

Binnen drei Monaten erforschten die Mitarbeiter der Expedition *Highjump* fast vier Millionen km², wobei sie zehn neue Gebirgsketten, mehrere Vulkane sowie eine außergewöhnliche eisfreie Oase (die Bunger Hills) entdeckten und 70000 Fotos machten. Aber es gab auch Unfälle: Drei Personen kamen bei einem Flugzeugabsturz ums Leben.

Die modernen Forscher

Shackletons Traum – die Durchquerung der Antarktis – wurde erst vierzig Jahre später von einem anderen Briten während des *Internationalen Geophysikalischen Jahres 1957/1958* verwirklicht, nämlich von Vivian Fuchs (in Zusammenarbeit mit dem Neuseeländer Edmund Hillary, dem Bezwinger des Mount Everest). Vivian Fuchs war Geologe und Forscher und von 1958 bis 1973 Direktor *des British Antarctic Survey (BAS)*. Seine Begeisterung für die Antarktis verdankte er einem seiner Professoren, Sir James Wordie, der an Shackletons Expedition 1914–1917 teilgenommen hatte. 1929 hatte Wordie Fuchs als Geologen auf eine Grönlandexpedition mitgenommen. Fuchs verwirklichte Shackletons Traum in 99 Tagen mithilfe von Kettentraktoren. Für dieses Projekt sollte Edmund Hillary eine Station auf Ross Island errichten und mehrere Treibstoff-Depots auf der Strecke zwischen dem Südpol und dem Rossmeer anlegen. Am 24. November 1957 brach Fuchs von der *Shackleton*-Station am Rande des Filchner-Schelfeises in der Ostantarktis auf. Er führte einen Konvoi von sechs Kettenfahrzeugen sowie Hundeschlitten und einem Flugzeug an. In 99 Tagen legte er 3472 km durch die Antarktis zurück und erreichte am 1. März 1958 die *Scott*-Station. Auf halbem Weg, am Südpol, hatte er Hillary getroffen. Die von Shackleton erdachte Route war somit gemeistert worden, wenngleich unter Zuhilfenahme von motorisierten Kettenfahrzeugen. Es sollte noch einmal 30 Jahre dauern, bis es im Sommer 1989/1990 dem Deutsch-Südtiroler Gespann Arved Fuchs und Reinhold Messner gelang, die 2500 km lange Shackleton-Route allein mit Muskelkraft und auf Skiern zu bewältigen – in lediglich 92 Tagen.

Während des *Internationalen Geophysikalischen Jahres 1957/1958 (IGY)* hielten sich drei Franzosen, darunter der Glaziologe Claude Lorius, zwölf Monate lang auf der Station *Charcot* auf, 300 km von den Küsten des Adélielandes entfernt.

1959 unterschrieben zwölf der Länder, die am *IGY* teilgenommen hatten einen Vertrag, der die Antarktis zu einem Kontinent für die gesamte Menschheit machte, friedlichen und wissenschaftlichen Tätigkeiten gewidmet und auf den kein Land territoriale Ansprüche erheben durfte. Der Antarktisvertrag trat 1961 für einen Zeitraum von 30 Jahren in Kraft. 1989/1990, als die Verlängerung des Vertrages anstand, beschlossen ein Franzose und ein Amerikaner, Jean-Louis Étienne und Will Steger, die sich bei einer Expedition zum Nordpol kennengelernt hatten, die Regierungen aufzurütteln und eine außergewöhnliche Expedition zusammenzustellen mit dem Ziel, den gesamten Kontinent auf einer Strecke von 6300 km zu durchqueren. Die Expedition *Transarctica* war geboren: Unter der gemeinsamen Leitung von Jean-Louis Étienne und Will Steger nahmen auch noch ein Chinese, ein Japaner, ein Russe und ein Brite teil. Sechs Menschen durchquerten also mit Hundeschlitten in 219 Tagen den großen kristallinen Kontinent. Eine Großtat, die auch heute noch unerreicht ist. Der Antarktisvertrag wurde erneuert und bis 2041 verlängert. 1991 wurde außerdem ein neues Protokoll zum Schutz der antarktischen Umwelt unterschrieben (das *Protokoll von Madrid*), das jede Ausbeutung von Bodenschätzen für die nächsten 50 Jahre verbietet. Doch die Erforschung des Kontinents ist noch nicht abgeschlossen. Sie wird während des *Internationalen Polarjahres 2007/2008* weitergeführt: mit großen Durchquerungen der Antarktis in Konvois mit Kettenfahrzeugen – sogenannten *raids* – zuerst von der französisch-italienischen Station *Concordia* am Dome C bis zur russischen Station *Vostok* und dann von dort aus bis zur höchsten Eiskuppe des Kontinents, dem Dome Argus (4200 m). Hier wird die chinesische Regierung eine neue wissenschaftliche Station errichten. Ein internationales Glaziologenteam nimmt ein neues Projekt von Eisbohrungen in Angriff, mit denen man die klimatischen Archive der Antarktis aus einer Million Jahre studieren kann.

Begegnung

Jean-Louis Étienne – auf dem Gipfel des Mount Erebus

Forscher

Die Medizin war sein Fahrschein ins Abenteuer. Zehn Jahre lang hat Jean-Louis Étienne (geboren 1946) als Arzt an allen möglichen Expeditionen rund um die Welt teilgenommen. Dann, 1986, gab es einen Wendepunkt in seinem Leben: Nach einem anstrengenden Marsch von 63 Tagen erreichte er als erster Mensch im Alleingang den Nordpol. Von Juli 1989 bis März 1990 durchquerte er auf Skiern und mit Hundeschlitten den antarktischen Kontinent: 6300 km mit fünf anderen, dem Amerikaner Will Steger, dem Chinesen Quin Daho, dem Russen Viktor Boyarsky, dem Briten Geoff Somers und dem Japaner Keitzo Funatsu. Zusammen mit Will Steger leitete er diese Expedition. 1991/1992 kehrte er in die Antarktis zurück, und 1993/1994 stellte er eine Expedition zur Besteigung des Vulkans Erebus (3794 m) zusammen. Es folgten zwei weitere Expeditionen in die Arktis und eine auf die pazifische Clipperton-Insel. 2008 wollte er an Bord eines 54 Meter langen lenkbaren Luftschiffes, dem *Total Pole Airship*, das Nordpolarmeer überfliegen und die Dicke des arktischen Packeises messen, doch ein Sturm zerstörte das Fluggerät noch im Vorfeld.

Lucia Simion: Woher kam Ihr Wunsch, in die Antarktis zu fahren?
Jean-Louis Étienne: Die Idee nahm praktisch Gestalt an, als ich 1986 Will Steger am Nordpol kennenlernte. Ich wollte schon viel früher in die Antarktis, um meinen Militärdienst als Arzt in der französischen Station *Dumont-d'Urville* abzuleisten, aber ich wurde nicht angenommen, weil ich kein ausgewiesener Militärarzt war.

LS: Welches Erlebnis Ihrer antarktischen Expeditionen hat die tiefsten Spuren bei Ihnen hinterlassen?
JLE: Die Nordpol-Expedition hat mich sehr stark geprägt, und seitdem widme ich mich vor allem der Organisation von Polarexpeditionen. Damals habe ich die ANTARCTICA bauen lassen (die inzwischen verkauft wurde und jetzt TARA heißt, A. d. R.). Danach habe ich in der Antarktis die hohe Schule der Diplomatie durchlaufen, denn eine internationale Expedition zur Durchquerung des Kontinents mit Hunden auf die Beine zu stellen, war schon ein anspruchsvolles Projekt. Ich war der Diplomat dieses Unternehmens und habe viel Zeit in Russland und China verbracht, um die Sowjets (es waren die Jahre 1987/1988) und die Chinesen dafür zu gewinnen. Das erforderte schon eine außerordentliche Weltoffenheit. Wir waren die Botschafter des Antarktisvertrages. Jeder von uns vertrat sein Land.

LS: Sind Sie mit den fünf anderen Teilnehmern der Expedition in Verbindung geblieben?

> „Ich schloss die Augen und dachte: »Ich will zum Erebus.« Dann machte ich sie wieder auf … und da war er! Dieser Augenblick des Einsseins mit dem Vulkan und der Weite der Antarktis hat mich zutiefst beeindruckt."

JLE: Quin Daho habe ich bei der Eröffnung des Internationalen Polarjahres gesehen, und wir sind uns in die Arme gefallen. Es war so, als wären wir erst vor ein paar Tagen auseinandergegangen. Vielleicht können wir uns alle sechs nächstes Jahr am Nordpol treffen. Ich will versuchen, das zu organisieren.

LS: Und die Erebus-Expedition?
JLE: Sehr beeindruckt hat mich die Überquerung des Rossmeeres. Drei Wochen saßen wir im Eis fest, und das war eine harte Probe für mich, denn in der Antarktis sind die Zeiträume begrenzt. Ich habe an die Verpflichtungen gedacht, die ich eingegangen war, an die ganze Mannschaft, die ich mitgenommen hatte und musste zusehen, wie die Zeit verging, wie das Eis einfach nicht nachgeben wollte. In *McMurdo* wussten sie, dass wir im Rossmeer festsaßen. Wir hatten eine E-Mail bekommen: »Kommt nicht her, kehrt um.« Aber ich schrieb zurück: »Nein, wir kommen. Wir kommen. Solange noch kein Winter ist, versuchen wir es weiter.« Und zum Glück haben wir es geschafft, wir haben uns hinter einen amerikanischen Eisbrecher gesetzt, der eine Passage für zwei andere Schiffe frei machte, eines davon das Versorgungsschiff für die italienische Station.

LS: Und was ist die stärkste Erinnerung an diese Expedition?
JLE: Die Ankunft oben auf dem Erebus. Der Blick in alle Richtungen: das Rossmeer, das Packeis und das endlose Schelfeis; gegenüber das Transantarktische Gebirge und die Trocken-

täler, die man in der Ferne erahnen kann. Wenn man da oben ankommt, steht man auf einem Titan, auf einem Koloss. Und der austretende Wasserdampf ist beeindruckend. Dann beugt man sich über den Kraterrand, sieht unten auf dem Grund einen ganz kleinen Lavasee und Gletscher, die in den Krater hinunterfließen. Das ist grandios. Und dann erinnere ich mich an einen Augenblick des Einsseins mit dem Vulkan. Wir standen auf dem Kraterrand, das Wetter war schön. Die anderen begannen schon mit dem Abstieg, und der Letzte rief mir zu: »Kommst du?« Ich habe geantwortet: »Nein, lass mich in Ruhe, ich will noch einen Moment bleiben.« Ich wollte diesen Moment auskosten. Wenn man solche Expeditionen leitet, wird man von Papierkram, Verpflichtungen und Verantwortlichkeiten verschlungen und verliert leicht seine Unbeschwertheit. Ich habe also die Augen geschlossen und gedacht: »Ich will zum Erebus.« Dann habe ich sie wieder aufgemacht … und da war er! Dieser Augenblick des Einsseins mit dem Vulkan und der Weite der Antarktis hat einen tiefen Eindruck bei mir hinterlassen.

LS: Welche Bedeutung hat die Antarktis für Sie?
JLE: Meine Gesellschaft, über die ich die Expeditionen organisiere, habe ich zu Ehren der Antarktis *Septième Continent* (Siebter Kontinent) genannt. Sieben ist auch eine Glückszahl, und die Antarktis ist heute ein Glück und eine Chance für die Menschheit. Sie ist das einzige Gebiet, das alle Länder der Welt im Einklang miteinander verwalten. Ich glaube, die Antarktis ist kein Kontinent für die Menschen, sie ist ein Kontinent für die Erde, und es obliegt den Menschen, sie auch wie ihr gemeinsames Erbe zu behandeln.

LS: Wie erklären Sie sich die Faszination, die Anziehungskraft der Antarktis?
JLE: Ich glaube, dass die Faszination für die Polargebiete aus dem tiefsten Inneren kommt. Ähnlich wie bei den Bergen. Von der Antarktis geht jene Faszination aus, die unerreichbare Dinge auf Menschen ausüben und die einen dazu bringt, sich leidenschaftlich für eine Sache zu engagieren. Man ist gezwungen, Zeit mit sich selbst zu verbringen, denn

Jean-Louis Étienne auf dem Rand des Hauptkraters des Mount Erebus in 3794 m Höhe. Dieser Vulkan ist ungefähr 1,3 Millionen Jahre alt, äußerst aktiv und speit ständig flüssige Lavabomben aus. 2005 haben Vulkanologen bis zu sechs Ausbrüche pro Tag verzeichnet. Auf dem Kratergrund befindet sich ein brodelnder Lavasee von etwa 30 m Durchmesser.

es gibt nur sehr wenige Sinnesreize: Nichts erinnert an die Zivilisation, es gibt keine Gerüche, die Farben sind immer dieselben, es gibt keinen Lärm. Dort wird einem erst bewusst, dass man in einer Stadt von Reizen überflutet wird, von den Autos, der Reklame, den Titelseiten der Zeitungen … In der Antarktis ist es wie in einer Wüste: Man ist eins mit der Landschaft, dieser Landschaft, in der nichts und niemand schmarotzt. Wenn man dorthin zurückkehrt, kommt man wieder zu sich, hat das Gefühl, nach Hause zu kommen.

Dome C im Herzen der Antarktis mit der französisch-italienischen Station *Concordia*, die auf einer 3233 m dicken Eisschicht steht. Am Horizont die beiden elfenbeinfarbenen Gebäude der Station. Im Vordergrund links: das Camp, in dem bis 2005 die Monteure für *Concordia* und auch die Wissenschaftler untergebracht waren. Von der französischen Station *Dumont-d'Urville*, von der italienischen *Mario Zucchelli* oder der amerikanischen *McMurdo*-Station fliegt man mit einer Twin Otter fünf Stunden zum Dome C.

Ein Land des Friedens und der Wissenschaft

Das größte Labor der Erde

Was will man mehr? Ein Land des Friedens und der Wissenschaft: Machen diese beiden Schlüsselwörter den Kontinent nicht noch verlockender als das sagenumwobene Eldorado, faszinierender als ein Shangri-La, jene mythischen Orte des Reichtums und des Glücks, die seit Langem die Menschen zum Träumen bringen? Ja, es gibt Gold. Und andere Reichtümer auch (mineralische und biologische). Aber vor allem den wunderbaren Geist der Zusammenarbeit ohne Grenzen im Bereich der Wissenschaften – eine Errungenschaft des *Internationalen Geophysikalischen Jahres 1957/1958* – vor allem das Gefühl, zu einem Stamm, zu einem Volk, zu einer Nation zu gehören, macht die Antarktis zu einem ganz eigenen Planeten. Im Übrigen haben der Mond und die anderen Himmelskörper denselben Status wie diese Eiskugel am Ende der Welt: Sie sind Orte des Friedens und der Wissenschaft.

Von Anfang an ging die Entdeckung des Kontinents mit der wissenschaftlichen Erforschung Hand in Hand. Die Suche treibt beide, den Entdecker ebenso wie den Wissenschaftler. Eines der Hauptziele von Cooks erster Reise zur Südhalbkugel war nämlich die Beobachtung eines außergewöhnlichen Phänomens, des Durchgangs der Venus vor der Sonnenscheibe am 3. Juni 1769, ebenso wie die Suche nach der mythischen *Terra australis incognita*. Cook, der ein ebenso hervorragender Seemann wie Gelehrter war, verkörperte diese Verbindung von geografischer Entdeckung und Wissenschaft aufs Beste. Er kam aus einfachen Verhältnissen und brachte

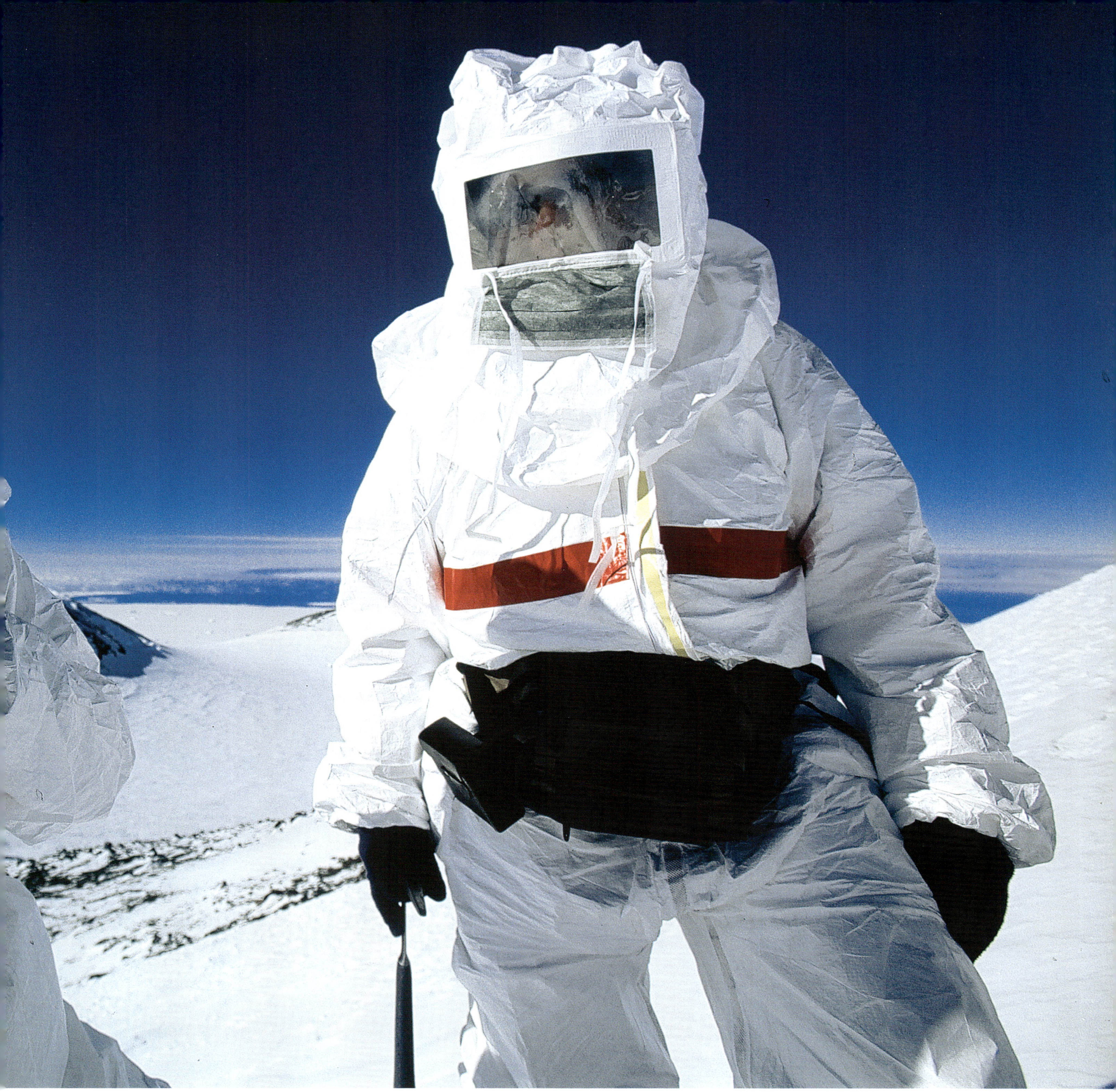

Ein Land des Friedens und der Wissenschaft

sich selbst Mathematik, Geografie und Astronomie bei. Ein anderer britischer Entdecker auf der Suche nach dem antarktischen Kontinent, James Clark Ross, nahm auf seine Reise den jungen, gerade mal 22-jährigen, sehr vielversprechenden Wissenschaftler Joseph Dalton Hooker mit, später der wichtigste englische Botaniker des 19. Jahrhunderts, der sich auch der Biogeografie widmete und einer der engsten Freunde von Charles Darwin wurde.

Doch das beste Beispiel für einen Wissenschaftler und Entdecker in Personalunion ist zweifellos Jean-Baptiste Charcot, der »Gentleman der Pole«, wie Scott ihn nannte. Mit seiner Ausbildung zum Arzt, die er auf Wunsch seines Vaters absolviert hatte, verstand Charcot es, bei allen seinen Expeditionen – ob in den tiefen Süden oder in die Arktis – zweigleisig zu fahren, die Entdeckung geografischer Orte und die Wissenschaft miteinander zu verbinden. Paul-Émile Victor, der ihn bei einer Grönlandreise an Bord der legendären Pourquoi-Pas? kennenlernte und dem Charcot viel half, führte dieses Erbe des wissenschaftlichen Entdeckers fort.

Zu den ersten Männern, die auf dem antarktischen Festland am Cape Adare überwinterten, gehörte ein australischer Wissenschaftler italienischen Ursprungs: Luis Bernacchi. Er nahm auch an Scotts erster Reise mit der Discovery teil und lieferte wichtige Untersuchungen zum Erdmagnetfeld.

Bevor ich auf die Gegenwart zu sprechen komme, möchte ich noch einen Wissenschaftler, einen Mediziner, erwähnen, der auch ein erstklassiger Künstler und mutiger Entdecker war: Edward Adrian Wilson. Um herauszufinden, ob die Kaiserpinguine das fehlende Glied in der Entwicklungskette zwischen Reptilien und heutigen Vögeln sind, unternahm Wilson mit zwei Gefährten mitten in der Polarnacht eine todesmutige Exkursion vom Basislager an Cape Evans zu einer Kaiserpinguin-Kolonie in etwa 80 km Entfernung. Apsley Cherry-Garrard, einer der drei, erzählt von diesem Abenteuer in seinem berühmten Bericht mit dem bezeichnenden Titel: *Die schlimmste Reise der Welt. Die Antarktis-Expedition 1910–1913.*

Mit einem großen Sprung von beinahe hundert Jahren komme ich zur heutigen Antarktis. Sie ist immer noch und mehr denn je ein Kontinent der in friedlicher Zusammenarbeit betriebenen Wissenschaft.

Fast alle Fachgebiete sind dort vertreten: von der Molekularbiologie bis zur Astrophysik über die Mikrobiologie, Paläontologie, Zoologie, Meeresbiologie, Geologie und Vulkanologie, Magnetfeldforschung, die Erforschung der Meteoriten, die Glaziologie, Klimaforschung, Seismologie, menschliche Psychologie und Medizin, Astronomie, Astroseismologie, die Erforschung der subglazialen Seen, die Ökologie, die Erforschung der hohen Atmosphäre … Die Antarktis ist das größte wissenschaftliche Labor unter freiem Himmel.

Ein Geologe prüft einen Eisblock aus dem Permafrostboden von Inexpressible Island in der Nähe der italienischen Station *M. Zucchelli* (oben).

An den Hängen des Mount Melbourne in Viktoria Land wird eine GPS-Antenne aufgestellt (unten).

Zwei Vulkanologen auf dem Gipfel des Vulkans Mount Melbourne (vorhergehende Seite).

Diese Felsblöcke in den Trockentälern von McMurdo wurden von einem inzwischen verschwundenen Gletscher mitgeführt (rechte Seite).

Ein Land des Friedens und der Wissenschaft

Ein Land des Friedens und der Wissenschaft

EPICA: 800 000 Jahre Geschichte der Atmosphäre

Vor Kurzem habe ich jemanden sagen hören, die wissenschaftlichen Stationen in der Antarktis glichen einem Campus, und das stimmt. Es herrscht dort ein ganz ähnlicher Geist, eine sehr anregende Atmosphäre, und vielleicht ist das einer der Punkte, die den Reiz des Eiskontinents ausmachen. Die Entfernung natürlich auch. Und die Unerreichbarkeit. Die Macht der Natur. Die glitzernde, lichtdurchflutete Schönheit der Landschaft. Die Stille. Oder der ohrenbetäubende Lärm und bestialische Gestank einer Pinguinkolonie. All das spielt eine große Rolle, aber auch diese kleine multinationale, multiethnische, interdisziplinäre Gesellschaft ist faszinierend. Zwei wissenschaftliche Stationen befinden sich auf Ross Island: die amerikanische Station *McMurdo* und die neuseeländische Station *Scott*. Eine drei Kilometer lange Straße verbindet sie. Manchmal wenn der Koch von *Scott* kein Basilikum mehr hat, holt er sich welches aus dem Gemüsegarten von *McMurdo*, das heißt aus dem dortigen hydroponischen Gewächshaus … Die Antarktis ist nämlich ein riesiger Kontinent mit ein paar winzigen, weit verstreuten Dörfern, manchmal nur wenige Gebäude, tausend Meilen von der nächsten Station entfernt. Und dennoch gehören alle zum selben »Stamm«.

In drei aufeinanderfolgenden Jahren (von 2000 bis 2003) habe ich die *EPICA*-Eiskernbohrungen von der französisch-italienischen Station am Dome C aus miterlebt. An dem Projekt *EPICA-DC* waren zehn europäische Länder beteiligt (es gab noch eine weitere, hauptsächlich von den Deutschen durchgeführte Bohrung im Dronning Maud Land). Die Techniker und Glaziologen von *EPICA* konnten das älteste Eis des Kontinents zutage fördern: Es ist 800 000 Jahre alt. Wenn die Chinesen bei Dome A (4200 m Eis) zu bohren beginnen, wird man vielleicht bis zu einer Million Jahre in die Klimageschichte zurückgehen können, aber bislang ist das älteste untersuchte Eis das von *EPICA*.

Ich erinnere mich also, dass ich am Dome C – natürlich – mit Franzosen und Italienern zusammengekommen bin, aber auch mit Briten, Schweizern, Russen, Deutschen, Schweden, Norwegern und sogar einem Koreaner und einem Amerikaner. Ein Astronomieprojekt hatte ein australisches Team hergeführt. Es herrschte eine unbeschreibliche Atmosphäre: Wir waren alle erfüllt von derselben

Mitglieder des *EPICA*-Teams zeigen den Eisbohrkern, den sie aus 3000 m Tiefe aus dem Eisschild bei Dome C herausgeholt haben. Das Projekt wurde 1996 begonnen und endete im Dezember 2004 in 3270 m Tiefe. Die 3,2 km Eisbohrkerne stellen das Klimaarchiv der letzten 800 000 Jahre dar, während derer es neun Zyklen von Kalt- und Warmzeiten gegeben hat. Das Projekt *EPICA* wurde von der Europäischen Union und zehn europäischen Ländern finanziert (oben).

Myriaden von winzigen Luftbläschen in einer dünnen Scheibe eines Eisbohrkerns. Jedes Bläschen gibt wertvolle Hinweise auf die Atmosphäre der Vergangenheit (linke Seite).

Ein Franzose, Alain Manouvrier (im Vordergrund), und ein Italiener, Fabrizio Frascati, vom Bohrteam des Projektes *EPICA* vermessen einen Eisbohrkern in dem Zelt, in dem sich die Bohrmaschine befindet. Die Kerne, opalisierende Zylinder, haben einen Durchmesser von 10 cm und sind unterschiedlich lang, durchschnittlich etwa 3 m (oben links).

Der erbohrte Kern im Bohrer; aufgrund großer Kristalle ist die Schnittfläche uneben (oben rechts).

Eine dünne Scheibe eines Bohrkerns unter einem Polarisationsmikroskop: Die Eiskristalle bilden eine Art abstraktes und magisches Bild. Zu sehen sind auch die kleinen Luftbläschen im Innern eines jeden Kristalls (rechte Seite).

Begeisterung für den Eiskontinent und besonders für Dome C, aber es trafen auch verschiedene Traditionen, verschiedene Kulturen aufeinander, Einstellungen und Verhaltensweisen, die jeder aus seinem Land mitbrachte. Und es gab die gemeinsame Arbeit auf ein gemeinsames Ziel hin. Nie werde ich diesen intensiven Austausch im Interesse der Wissenschaft vergessen.

Warum ist die Wissenschaft in der Antarktis so weit entwickelt? Und warum sind bestimmte Disziplinen und Bereiche wie die Astronomie, die Astrophysik, die Erforschung des Erdmagnetfeldes, die Ausbeute an Meteoriten und Mikrometeoriten, die Glaziologie und die Klimatologie dort besonders ertragreich? Es ist ein Land der Wissenschaft, weil dort alles neu und unbekannt ist. Es ist noch nicht einmal ein Jahrhundert her, dass Amundsen und Scott mit ihren Gefährten das Herz der Antarktis erobert haben. Der Kontinent ist 37-mal so groß wie Deutschland. Unermesslich, geheimnisvoll. Es gibt dort noch enorm viel zu entdecken. Denken wir nur an die subglazialen Seen. An die Gamburtsev Mountains. An die riesigen Vulkane im Marie Byrd Land in der Westantarktis. An die unter dem Eis liegenden, durch den Einschlag gigantischer Meteoriten entstandenen Krater. Oder an die Frage: Wie werden die beiden Eisschilde der Antarktis auf die globale Erwärmung reagieren? Darauf gibt es heute noch keine Antwort. Wir brauchen mehr Daten und Mittel, mehr Computermodelle, Satelliten- und Geländedaten zur Schneeakkumulation, Kernbohrungen und anderes, um eine klare, eindeutige Antwort geben zu können. Wir sind noch in der Entdeckungsphase, diesmal im Bereich der Wissenschaft.

Astronomie und Astrophysik

Astronomie und Astrophysik sind in der Antarktis besonders stark vertreten, vor allem weil die Atmosphäre dort eine geringere Dichte aufweist als anderswo, weil es dort

Ein Land des Friedens und der Wissenschaft

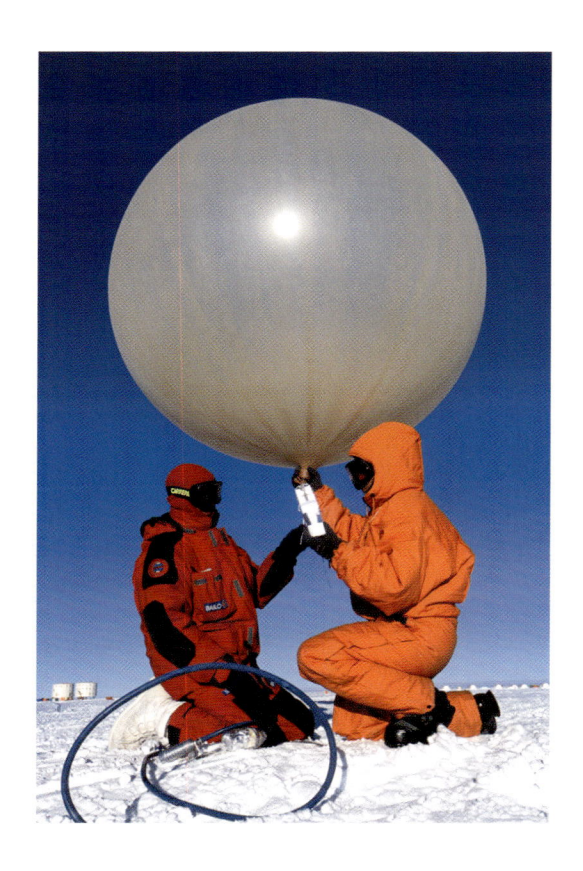

Ein Radiosondenaufstieg am Dome C. An dem Ballon wird ein kleiner Kasten mit Sensoren befestigt, die Druck, Temperatur, Luftfeuchtigkeit sowie Geschwindigkeit und Richtung des Windes messen. Das Kästchen enthält auch ein GPS. Der Ballon steigt bis in eine Höhe von 35 km und erhebt aktuelle Messwerte über die Atmosphäre. Jeden Tag werden überall auf der Erde Radiosondenaufstiege durchgeführt, um vor Ort meteorologische Daten zu sammeln.

weniger Turbulenzen gibt, die die Sterne funkeln lassen, was zwar hübsch aussieht, von den Astronomen aber nicht sonderlich geschätzt wird, und weil die Luft sehr kalt und sehr trocken ist, was vor allem den Forschern entgegenkommt, die Infrarot-Beobachtungen anstellen. Außerdem gibt es im Landesinnern, am Südpol und an der Station *Concordia*, sechs bzw. vier Monate lange Nächte. Um den Himmel zu beobachten, ist das wirklich fantastisch!

Ein weiterer Grund ist vor allem für die Kosmologen interessant. Über der Antarktis gibt es Luftmassen, die gegen den Uhrzeigersinn um den Kontinent kreisen, gewissermaßen wie ein gigantischer Wirbelsturm. Die Wissenschaftler wollen das nutzen, um mit ihm spezifische, an Heliumballons befestigte Teleskope auf die Reise zu schicken.

Nicht weit von der amerikanischen Station *McMurdo* befindet sich ein Labor der *NASA*, das auf die Montage solcher Ballons spezialisiert ist. Der Ort trägt den Spitznamen *The pig barn* (Schweinescheune), aber sein richtiger Name lautet *Long duration balloon facility*. Die dort gefertigten und ausgerüsteten Ballons steigen ganz allmählich in den Himmel und erreichen in ungefähr 40 km Höhe die Stratosphäre. Dort werden sie vom antarktischen Wirbel erfasst und beginnen ihre Reise um den Kontinent. Dabei führen die mitgenommenen Instrumente ihre Messungen durch. Dann gelangt der Ballon wieder in die Nähe von *McMurdo*, von wo er gestartet war. Wie ein Bumerang also (eines der ersten Projekte hieß bezeichnenderweise *BoomeRANG*). Wenn alles gut läuft, macht er seine Runde mehrmals. Ansonsten landet er irgendwo.

Am 16. Dezember 2004 habe ich vom Ross-Schelfeis aus den Aufstieg eines Ballons miterlebt. Er transportierte das Projekt *CREAM* (*Cosmic Ray Energetics And Mass*), das hochenergetische kosmische Strahlung aufspüren sollte, bevor sie in der unteren Atmosphäre auf Moleküle traf. Lang und schmal wie ein Ausrufezeichen, weiß vor einem blassblauen Himmel, stieg der Ballon unglaublich langsam und mit zwei Tonnen Material im Schlepptau auf; ein paar Stunden später hatten wir ihn aus den Augen verloren. Später erfuhr ich, dass er 41 Tage und 22 Stunden in der Luft geblieben war und dreimal die Antarktis umkreist hatte. Ein Rekord. Beim Aufstieg in die Stratosphäre wird der Druck immer geringer, und der Ballon bläht sich auf: In 38 km Höhe hatte er einen Durchmesser von 137 m – das entspricht anderthalb Fussballfeldern! Er landete 660 km von *McMurdo* entfernt, und alle Instrumente konnten geborgen werden.

2005 stieg ein zweiter *CREAM*-Ballon von *McMurdo* auf, der 28 Tage um die Antarktis kreiste. In der Folge wurde auch noch ein dritter Ballon gestartet. Diese Methode ist kostengünstiger, als einen Satelliten in den Weltraum zu schicken, und bringt exzellente Ergebnisse. Die *NASA* arbeitet an einem Ballon, der 100 Tage über der Antarktis bleiben soll.

Nicht zuletzt haben die wissenschaftlichen Entdeckungen in der Antarktis weltweite Auswirkungen und zeitigen äußerst beeindruckende Ergebnisse: Denken wir nur an die Entdeckung des Ozonlochs, das 1987 zur Verabschiedung des *Protokolls von Montreal* geführt hat. Dieses Protokoll trat 1989 in Kraft, knapp fünf Jahre nachdem das Phänomen 1984 von Joseph Farman, Brian Gardiner und Jonathan Shanklin, drei Wissen-

Ein Land des Friedens und der Wissenschaft

schaftlern des *British Antarctic Survey*, auf der Station *Halley* in der Ostantarktis entdeckt wurde. Das *Protokoll von Montreal* ist ein wunderbares Beispiel dafür, wie ein Problem erkannt und dann in internationaler Zusammenarbeit angegangen werden kann – auch wenn das Ozonloch (das es ebenfalls über der Arktis gibt) sich nach wie vor bildet, weil die Fluorchlorkohlenwasserstoffe noch lange in der Atmosphäre zu finden sein werden und es noch lange dauern wird, bis die Erde von dieser Geißel geheilt ist.

Drei andere Wissenschaftler, Mario Molina und Franck Sherwood Rowland zum einen und Paul Crutzen zum anderen, haben eingehend die chemischen Reaktionen untersucht, die zur Zerstörung der Ozonmoleküle in der Atmosphäre führen – für ihre Arbeiten wurde ihnen 1995 der Nobelpreis für Chemie verliehen.

> Dieser riesige Ballon, der in der Nähe von *McMurdo* vom Ross-Schelfeis aufsteigt, trägt keine Radiosonde, sondern ein zwei Tonnen schweres Teleskop des Projektes *CREAM* zur Erforschung kosmischer Strahlung. Diese Art Ballons steigen bis in den Polarwirbel auf, eine Luftströmung, die im Uhrzeigersinn die Antarktis umkreist. Der Wirbel erfasst den Ballon und nimmt ihn auf seinem Weg um den Kontinent mit, während das Instrument seine Messungen macht (oben).
>
> Ein ähnlicher Ballon wie der des *CREAM*-Projektes auf seiner »Startrampe« vor der italienischen Station *Mario Zucchelli*. Es ist ein von einem *NASA*-Team durchgeführter Test (rechts).

Begegnung

Rhian Salmon lenkt die öffentliche Aufmerksamkeit auf die Polargebiete

Koordinatorin der Bildungs- und Öffentlichkeitsarbeit im zentralen Büro des *Internationalen Polarjahres*

Rhian A. Salmon wurde am 21. Juli 1974 in London geboren. Sie besitzt die deutsche und die englische Staatsangehörigkeit. 1997 machte sie mit summa cum laude ihren Bachelor in Chemie an der Universität Leeds, 2002 promovierte sie über Atmosphärische Chemie an der York University in Toronto (Kanada). Von März 2002 bis März 2006 arbeitete sie beim *British Antarctic Survey* als Expertin für Troposphärische Chemie. Zu dieser Stelle gehörten auch die Organisation und Koordination einer Expedition zur Erforschung der Chemie der antarktischen Atmosphäre, die Einrichtung eines neuen Labors auf der Station *Halley* im Südsommer 2002/2003 und die Auswertung von Daten einer ganzen Reihe wissenschaftlicher Instrumente während eines 18-monatigen Aufenthalts in *Halley* 2003–2005. Seit Mai 2006 ist Rhian Koordinatorin der Bildungs- und Öffentlichkeitsarbeit beim zentralen Büro des *Internationalen Polarjahres* in Cambridge, Großbritannien. Sie betrachtet sich als Wissenschaftlerin mit besonderem Interesse für die Polarwissenschaften, die Bildungsarbeit und die Sensibilisierung der Öffentlichkeit für die gegenwärtigen Umweltprobleme.

Lucia Simion: Seit wann interessieren Sie sich für die Antarktis? Sind Sie von jemandem persönlich, von der Lektüre eines Buches oder von einem Dokumentarfilm inspiriert worden?

Rhian Salmon: Als Jugendliche habe ich zum ersten Mal von einer Reise in die Antarktis geträumt. Ich erinnere mich, dass ich mir mit ungefähr 14 Jahren von meiner Patentante ein Buch über den Eiskontinent gewünscht habe. Ich weiß nicht, woher dieses Interesse kommt, ich weiß nur, dass ich immer schon von diesem Erdteil fasziniert war und mir immer sehnlichst gewünscht habe, dort hinfahren zu können. Als ich noch Studentin an der Universität war, stand ich auch im Briefwechsel mit einem »echten Bergsteiger«, der in der Antarktis überwinterte. Er hat mich davon überzeugt, dass es möglich ist, dort zu leben und zu arbeiten. Dieser Wunsch hat dann auch die Wahl meiner Fächer beeinflusst, sowohl auf der Schule als auch an der Universität (ich wollte entweder Chemie studieren oder Schauspielerin werden), was letztlich meinen Werdegang bestimmt hat.

LS: Was ist Ihnen von Ihrer ersten Expedition in die Antarktis besonders in Erinnerung geblieben?

RS: Die Weite. Ein hoher Himmel. Die Leere. Ein Gefühl des Friedens. Und dann die Geräusche des Eises, der Eisberge, des Meeres. Große Maschinen, Bulldozer, Arbeiter mit Helmen, die Sonne, die anders herum wanderte, als ich es gewohnt war ... die Mitternachtssonne, die Sastrugi (Schneewellen), die Fata Morganen, Nebensonnen (helle Flecken neben der Sonne) und Nebelbögen (Phänomene, die durch Brechung und Reflexion von Lichtstrahlen in Eiskristallen und Wassertröpfchen in der Luft entstehen, A. d. R.).

> „Eine kleine Gruppe von Demonstranten protestierte gegen das Herbeireden des Klimawandels. Das hat mich völlig verstört. Mich ärgerte die schlechte Kommunikation zwischen Wissenschaftlern und Öffentlichkeit."

LS: Was sind die wichtigsten Erfolge Ihrer Forschungen?

RS: Die Teilnahme an dem Projekt *CHABLIS*, eine Abkürzung, die auf Englisch *CHemistry of the Antarctic Boundary Layer and the Interface with Snow* bedeutet. Ein Projekt, das auf der Forschungsstation *Halley* durchgeführt und vom *NERC* finanziert wurde und an dem sieben britische Universitäten sowie der *British Antarctic Survey* beteiligt waren. Wir untersuchten die chemischen und physikalischen Phänomene an der Schnittstelle zwischen Luft- und Schneeoberfläche, von der einige Moleküle in die Atmosphäre gelangen. Schnee ist nämlich chemisch nicht inaktiv. Zwischen der dünnen Luftschicht direkt über dem Schnee (der Grenzschicht) und den Zwischenräumen in der Schneedecke können Gasmoleküle ausgetauscht werden und fotochemischen Reaktionen unterliegen, vor allem während des antarktischen Frühlings, wenn die Sonne zurückkehrt. Die Luftmoleküle, die sich ungefähr 20 bis 50 Jahre lang im Schnee befinden, werden danach in Form von Luftblasen im Eis eingekapselt – Schnappschüsse gewissermaßen, Momentaufnahmen der Atmosphäre aus einer vergangenen Zeit. Man muss also wissen, was in der Luft geschieht, bevor die Blasen endgültig von Eis und Zeit eingeschlossen werden. Zur Durchführung dieses Projektes mussten wir mehr wissenschaftliche Instrumente in die Antarktis bringen als je zuvor, doch damit konnten wir Phänomene erforschen, die bisher noch nie analysiert worden waren.

LS: Wie und warum sind Sie von der Wissenschaft zu Bildung und Erziehung umgeschwenkt?
RS: Bei meiner Rückkehr aus der Antarktis habe ich in den Vereinigten Staaten an einer Konferenz teilgenommen, bei der 12 000 Wissenschaftler die neuesten Ergebnisse ihrer Forschungen zum Klimawandel, zum System Erde und seinen Modellen vorstellten. Ein ziemlich umwerfendes Erlebnis, vor allem weil ich gerade 18 Monate mit nur 17 anderen Menschen isoliert am Ende der Welt verbracht hatte. Bei dieser Konferenz verstand ich plötzlich, welchen Platz unsere Messungen und Untersuchungen in dem riesigen Klimapuzzle einnahmen. Vor dem Gebäude, in dem die Konferenz stattfand, protestierte eine kleine Gruppe von Demonstranten gegen das »Herbeireden des Klimawandels«. Das hat mich völlig verstört. Denn es besteht keinerlei Möglichkeit und auch kein Grund für die Wissenschaftsgemeinde, ein solches Komplott zu schmieden. Mich ärgerte die schlechte Kommunikation zwischen Wissenschaftlern und Öffentlichkeit, für die wir ebenso verantwortlich sind wie die Medien. Wenn wir uns diesem Kampf verschrieben haben, so doch weil viele von uns sich Sorgen über die Umweltveränderungen machen und wir uns wünschen, dass die heutigen, für Menschen und Ökosysteme angenehmen Lebensbedingungen auf unserem Planeten auch noch für die kommenden Generationen erhalten bleiben. Ich persönlich fand, dass es keinen Sinn hatte weiterzuforschen, wenn Öffentlichkeit und Regierungen nicht auf uns hören und nicht handeln. Deswegen habe ich mich der Bildungs- und Öffentlichkeitsarbeit zugewandt. Das *Internationale Polarjahr* ist eine hervorragende Gelegenheit, den neuesten Stand der Wissenschaft vorzustellen, und zwar in einer ganzen Palette von Disziplinen. Zu erklären, warum die Wissenschaftler bestimmte Untersuchungen anstellen, wie sie arbeiten, welche Ergebnisse sie erzielen. Die Veränderungen in den Polargebieten erfolgen schneller als anderswo auf der Erde, und es ist von entscheidender Bedeutung, dass wir sie gerade jetzt erfassen, denn sie zeigen uns, was uns in Zukunft erwartet.

Im Winter können die Temperaturen bis auf −50 °C absinken. Ein Foto von Rhian Salmon bei der Rückkehr aus ihrem Labor, das 1,5 km von der Station *Halley V* entfernt liegt. Auf dieser Station, die sich auf dem Brunt-Schelfeis in Coats Land befindet, verbrachte sie 18 Monate.

LS: Was bedeutet die Antarktis für Sie?
RS: Für mich ist die Antarktis der magischste aller Kontinente, und das wird auch immer so sein. Trotzdem verspüre ich nicht das Bedürfnis, dorthin zurückzukehren, jedenfalls nicht jetzt sofort. Es genügt mir vollauf zu wissen, dass es diesen Erdteil gibt. Ich glaube, er symbolisiert alles, was wir nicht wissen – über die Erde, über uns selbst, all diese Rätsel … Die Antarktis ist ein Ort, den man leicht vergisst und vielleicht sogar ignoriert – und doch ist sie von höchster Bedeutung für jegliches Leben auf unserem Planeten.

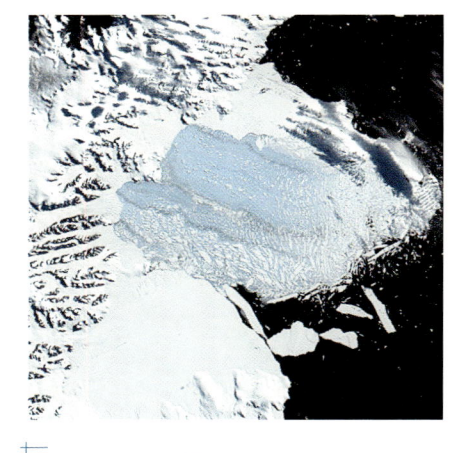

Der deutsche Eisbrecher POLARSTERN (ganz oben).

Das Larsen-B-Schelfeis schmolz, bevor es zusammenbrach; die blaue Oberfläche ist das flüssige Wasser (oben).

Die POLARSTERN und die Erforschung neuer Gefilde unter dem Eis

Anfang des Jahres 2002 (zwischen dem 31. Januar und dem 7. März) zerbrach unter den »Augen« des *NASA*-Satelliten *Terra* an der Ostküste der Antarktischen Halbinsel ein großes Schelfeis, das seit mindestens 12 000 Jahren existiert hatte und 3250 km^2 maß (doppelt so viel wie die Fläche von London). Alle Phasen dieses katastrophalen Zerfalls, der 35 Tage dauerte, wurden aufgenommen, und die Fotos des auseinanderbrechenden Eisschelfs gingen um die ganze Welt. Zum ersten Mal zeigten sich die Auswirkungen der Klimaerwärmung in ihrer ganzen Heftigkeit: Denn schon seit den 1940er-Jahren hatte man auf der Antarktischen Halbinsel eine durchschnittliche Erwärmung um 2,5 °C verzeichnet (eine der höchsten auf der Erde). Das abgebrochene Schelfeis (Larsen B) war klein im Vergleich zum riesigen Ross- oder Ronne-Schelfeis; und doch zeigte die Schnelligkeit, mit der es zerfiel, wie brutal der Klimawandel wirkte.

Einige Jahre zuvor (1995) hatte sich bereits ein anderer Teil des Larsen-Schelfeises (Larsen A) aufgelöst. Plötzlich wurden Meeresgründe, die Jahrtausende unter einer dicken Eisdecke verborgen waren, zugänglich. Zwischen November 2006 und Januar 2007 konnte ein Team von 52 Wissenschaftlern aus 14 verschiedenen Ländern zweieinhalb Monate lang diese geheimnisvolle Welt vom Eisbrecher POLARSTERN aus erforschen, dem Forschungsschiff, das dem deutschen Polarinstitut *AWI (Alfred Wegener Institut)* gehört. Das war eine regelrechte Premiere – denn die Beobachtung von Leben unter dem Schelfeis ist äußerst schwierig. Die Ergebnisse sind verblüffend: Es wurden mehr als 1000 Arten gesammelt, von denen einige bis dahin völlig unbekannt waren. Ziel der Expedition unter der Leitung des deutschen Meeresökologen Julian Gutt vom *AWI* war es, zu beobachten, wie sich das Ökosystem im Meer nach dem Zusammenbruch der beiden Schelfeisplatten anpasst und verändert, die lokale biologische Vielfalt zu erforschen und die Schäden zu untersuchen, die auf Grund laufende Eisberge auf dem Meeresboden verursachen. Mithilfe eines ROV (*Remotely Operated Vehicle*, einen ferngesteuerten Unterwasserroboter) konnten die Wissenschaftler beobachten, fotografieren, filmen und in ungefähr 850 m Tiefe Tiere oder

Bodenproben entnehmen. Diese Expedition ist Teil eines umfassenderen Projektes namens *Census of Antarctic Marine Life (CAML)*, einem der Hauptprojekte des *Internationalen Polarjahres*. Unter anderem wurden 15 neue Amphipodenarten entdeckt (Flohkrebse, garnelenartige Krebstiere), darunter eine 10 cm lange Art, der größte jemals beobachtete Flohkrebs. Und ein Kuriosum: Eine Vielzahl von Seegurken wurde im Bereich von Larsen B auf dem schlammigen Meeresboden fotografiert – sie weisen alle in dieselbe Richtung. Der ROV hat auch einen Haufen von Muschelschalen aufgespürt, und zwar in einem Bereich, in dem es wahrscheinlich einmal eine hydrothermale Quelle gab, eine Art Schlot, aus dem Methan und Schwefel austritt. Solche sogenannten Smoker lassen am Meeresboden Biotope entstehen, die wieder verschwinden, wenn die Quelle versiegt. Derzeit werden die Muschelschalen auf ihr Alter untersucht.

2004 entdeckte eine amerikanisch-kanadische Expedition im selben Gebiet einen 850 m hohen unterseeischen Vulkan, dessen Spitze sich 300 m unter dem Wasserspiegel befindet.

Ebenfalls während des Südsommers 2006/2007 wurden die Meeresgründe auf der Westseite der Antarktischen Halbinsel von einem anderen ROV erforscht: von Isis, einem Roboter-U-Boot, das vom *National Oceanography Centre* (*NOC*) in Southampton in Großbritannien in Zusammenarbeit mit der *Woods Hole Oceanographic Institution* in den Vereinigten Staaten entwickelt und gebaut wurde. Isis kostete 6,6 Millionen Euro, ist 2,70 m lang, 1,50 m hoch, wiegt drei Tonnen und kann bis zu 6500 m tief tauchen. Zehn Kilometer Kabel verbinden den ROV mit der JAMES CLARK ROSS, dem Schiff des britischen Polarprogramms *British Antarctic Survey* (*BAS*), auf dem er transportiert wird. Im Januar 2007 hat Isis seine ersten Erkundungen auf dem Meeresboden der Marguerite Bay aufgenommen; so konnten die Wissenschaftler von früheren Gletschern transportierte Sedimente studieren, Proben davon entnehmen sowie verschiedene Lebensformen beobachten.

Ein Antarktischer Eisfisch oder Weißblutfisch (*Pagetopsis macropterus*), aufgenommen vom ROV der POLARSTERN in 295 m Tiefe. Das Foto wurde von Julian Gutt vom *AWI* gemacht, dem Leiter der Expedition (oben).

Isis, der ROV auf dem englischen Schiff JAMES CLARK ROSS, kann bis auf 6500 m hinabgelassen werden. Im Januar 2007 erforschte er in 3500 m Tiefe den Meeresboden in der Marguerite Bay an der Westküste der Antarktischen Halbinsel (links).

Klimatologie ANDRILL

»Drilling back into the future« – »Zurück in die Zukunft bohren«. Ein dummer Spruch? Doch genau das ist die Devise von ANDRILL *(Antarctic Geological Drilling)*, einem internationalen Projekt, bei dem in den Meeresablagerungen unter dem Ross-Schelfeis in der Nähe der Stationen *McMurdo* (Vereinigte Staaten) und *Scott* (Neuseeland) geologische Bohrungen durchgeführt werden. Mit einem Budget von 30 Millionen Dollar (davon zwei Drittel für Forschung und Bildungsarbeit und ein Drittel für die technischen Arbeitsvorgänge) ist ANDRILL eines der wichtigsten Projekte des *Vierten Internationalen Polarjahres*. 200 Wissenschaftler (Geologen, Paläontologen, Vulkanologen, Mikrobiologen) arbeiten daran mit, dazu kommen Lehrer und Fachleute für populärwissenschaftliche Darstellungen aus vier verschiedenen Ländern: aus den Vereinigten Staaten, Neuseeland, Deutschland und Italien. Hauptsitz des Projektes ist die *University of Nebraska-Lincoln* (USA); die Technik steht unter der Leitung von *Antarctica New Zealand*, dem neuseeländischen Polarprogramm.

Ziel von ANDRILL – dem Folgeprojekt der Bohrungen von Cape Roberts in den Jahren 1997–1999 – ist es, Sedimentkerne aus dem Meeresboden zu erbohren, um die klimatische, tektonische und glaziale Geschichte der Antarktis in den letzten 65 Millionen Jahren zu erforschen. Die Bohrkerne, die alle möglichen Elemente enthalten: Kieselalgen, Vulkanasche, Gestein, Muschelschalen, Pollen …, liefern äußerst wichtige Daten zu Bildung, Ausdehnung und Rückgang der früheren, alten Eisschilde. Diese Informationen zeigen uns, wie das Eis auf Zeiten reagiert hat, in denen sowohl die Temperaturen 2 bis 3 °C höher lagen und vor allem die CO_2-Konzentration in der Atmosphäre zwei- bis viermal höher war als heute. Gab es damals Schelfeis? War der Eisschild der Westantarktis abgeschmolzen? Wie hoch war der Meeresspiegel? Wie schnell ging das Eis zurück? Nur wenn wir verstehen, wie der Kontinent in der

Ein Land des Friedens und der Wissenschaft

Vergangenheit reagiert hat, können wir abschätzen, wie er auf den gegenwärtigen Klimawandel reagieren wird, welchen Einfluss die Antarktis auf den Anstieg des Meeresspiegels und auf die planetare atmosphärische Zirkulation hat. Darum ist die Devise »Zurück in die Zukunft bohren« völlig legitim und gar nicht so dumm. Mit der bisherigen Technik kam man an die Ablagerungen, die die Gletscher im Laufe von Millionen Jahren vom Kontinent abgeschliffen und um ihn herum angehäuft haben, nicht heran, denn diese Sedimente befinden sich rund ums Jahr unter Eis (Packeis oder Schelfeis). Aber aus den Erfahrungen früherer Projekte (dem *Dry Valley Drilling Project*, dem Projekt *CSIRO* oder dem *Cape Roberts Project*) sind neue Bohrtechniken entwickelt worden, die nun die in den Meeresablagerungen begrabenen Informationen zugänglich machen.

Dem ANDRILL-Team von neuseeländischen Bohrleuten und Technikern ist übrigens bereits ein Durchbruch in die geheimnisvolle Vergangenheit der Antarktis geglückt: Ende Dezember 2006, nach zehn Wochen unermüdlicher Arbeit rund um die Uhr, an sieben Tagen in der Woche, waren sie bis zu einer Tiefe von 1284,87 m in die Meeresablagerungen vorgedrungen. Ein Rekord, denn das war schon im ersten Bohrjahr. (Zum Vergleich: das *Cape Roberts Project* hatte in drei Jahren und an drei verschiedenen Stellen 1600 m Sedimentkerne erbohrt.) Ende 2006 war also die erste Etappe von ANDRILL erreicht (*McMurdo Ice Shelf Project, MIS*); eine zweite, das *Southern McMurdo Sound Project* (*SMS*), wurde im Oktober 2007 gestartet.

Die von ANDRILL verwendete Bohrmaschine wurde in Neuseeland entwickelt und gebaut (dieses Land hat 35 Jahre Erfahrung mit geologischen Bohrungen in der Antarktis) – sie ist eine sehr komplexe Anlage, die auf dem Ross-Schelfeis steht und mit vielen Schwierigkeiten zu kämpfen hat. Um bis zu den Sedimenten vorzudringen, wird zunächst unter Verwendung von warmem Wasser ein Schacht durch das 100 m dicke Schelfeis gebohrt. Durch diesen Schacht wird dann ein *Sea riser*, ein Rohr von 15,2 cm Durchmesser durch Eis und Meerwasser heruntergelassen und auf dem Meeresboden mit einem umweltfreundlichen Material einzementiert. Der *Sea riser* wiegt 24 Tonnen. In diesem Rohr befindet sich der eigentliche Bohrer, der aus mehreren aneinandergeschraubten Elementen besteht. Am Ende dieser Rohre wird der 3 m lange Bohrkopf befestigt. Sein Durchmesser variiert zwischen 45 und 62 mm. Das Innere des Kopfes nimmt den Bohrkern auf, wobei es mehrere Arten von Bohrköpfen gibt – je nach Zusammensetzung der Sedimente. Ein weiteres Problem war die Bewegung des Ross-Schelfeises, das jeden Tag 50 cm in Richtung Meer fließt; die Rohre neigen sich also allmählich. Die Ingenieure von ANDRILL haben sie so konzipiert, dass sie eine Verschiebung von maximal 50 m gestatten, was etwa 100 Arbeitstagen entspricht. Erst danach muss das Bohrsystem versetzt werden. Mit den Gezeiten schwankt das Ross-Schelfeis auch in vertikaler Richtung (viermal am Tag bei einem maximalen Tidenhub von 1,5 m). Der Bohrturm steht daher 3 m über dem Eis, um die Schwankungen der Gezeiten ausgleichen zu können.

Schnitt durch einen Bohrkern, der aus den akkumulierten Meeresablagerungen unter dem Ross-Schelfeis gezogen wurde. Untersuchung und Analyse der verschiedenen Schichten ermöglichen es, die geologische, glaziale und klimatische Geschichte der Antarktis 30 bis 60 Millionen Jahre zurückzuverfolgen. Auch die Aktivität der Vulkane in diesem Gebiet lässt sich durch die Untersuchung der Vulkanascheschichten rekonstruieren (ganz oben).

Mitarbeiter des ANDRILL-Projektes (Amerikaner, Deutsche, Neuseeländer und Italiener) betrachten in zwei Hälften geteilte Sedimentbohrkerne (oben).

Das Bohrzelt um den Bohrer auf dem Ross-Schelfeis in der Nähe der Station *McMurdo* (linke Seite).

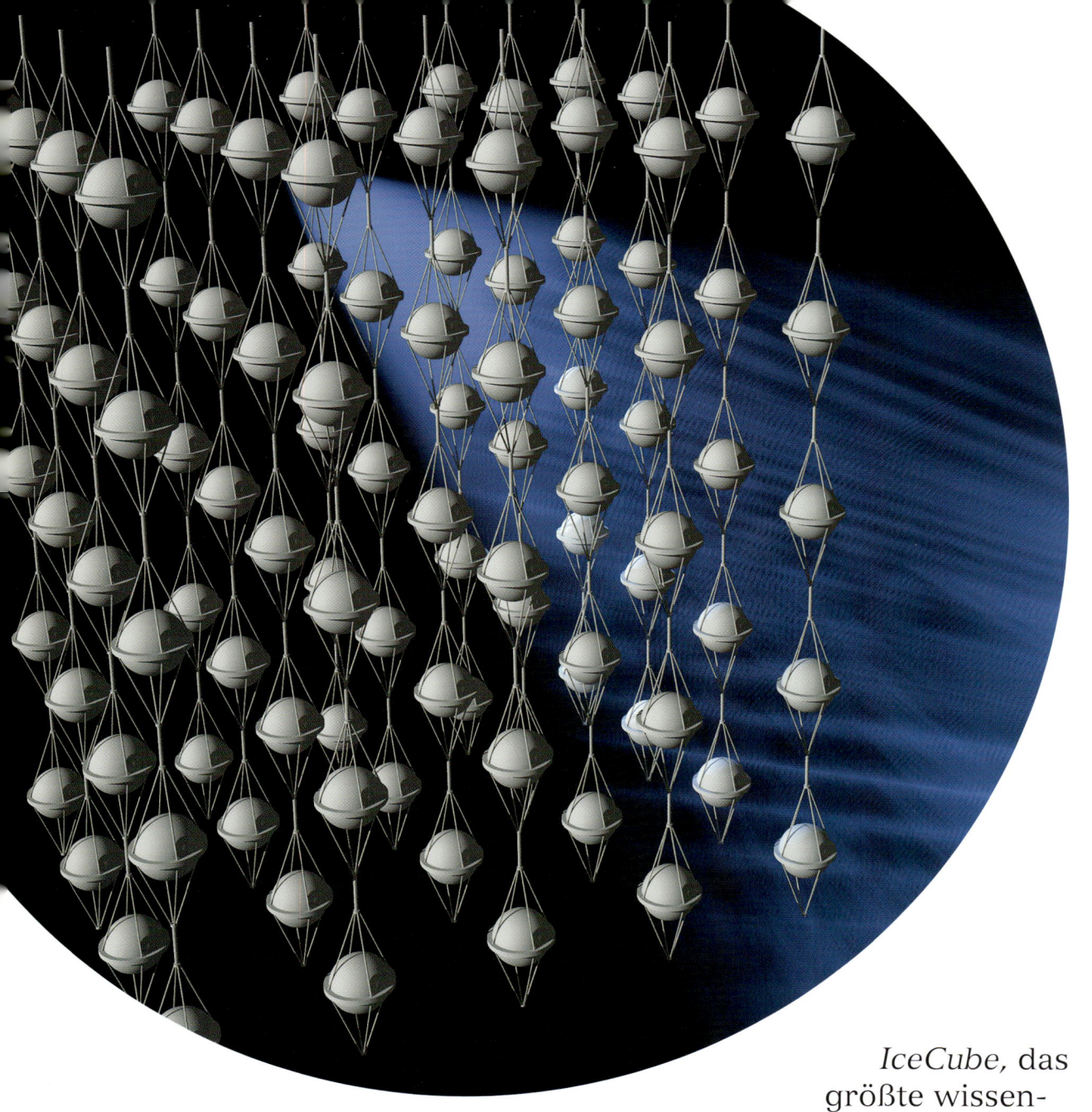

Tief im Eisschild des Südpols beobachten die »Augen« von IceCube die sogenannten *Digital Optical Modules (DOM)*, die bläuliche Lichtspur, die indirekt von einem Neutrino im Eis hervorgerufen wird.

Das Projekt *IceCube* wird als Projekt OPP-0236449, University of Wisconsin-Madison, von der *National Science Foundation* finanziert.

IceCube, das größte wissenschaftliche Instrument der Erde

Es misst 1 km³, was 405-mal der Cheopspyramide entspricht, befindet sich am geografischen Südpol in der Nähe der neuen amerikanischen Station *Amundsen-Scott* und wird mit seinen 4800 in den Eisschild eingelassenen Augen Jagd auf Neutrinos machen, die geheimnisvollsten und unfassbarsten Elementarteilchen des Universums. *IceCube* ist nämlich ein Teleskop, das speziell dafür entwickelt wurde, Neutrinos im Eis nachzuweisen. Frederik Reines, der 1995 den Nobelpreis für Physik erhielt, bezeichnet sie als »die kleinste Masse an Materie, die ein Mensch sich je hat vorstellen können«. Eis ist ein sehr festes und reines Element, in dem die Neutrinos am besten aufzuspüren sind.

Entstanden bei kosmischen Kataklysmen wie dem Urknall oder den Gammasprüngen, ähneln diese Teilchen den Elektronen, haben aber keine elektrische Ladung und so gut wie keine Masse; sie sausen nahezu mit Lichtgeschwindigkeit (299 792 458 m/s) durch das All, dringen durch Sterne, schwarze Löcher, durch Galaxien und Planeten, als ob es nichts wäre. Auch durch uns dringen in jedem Augenblick Milliarden und Abermilliarden solcher Neutrinos hindurch, ohne dass wir etwas davon merken und ohne dass es in irgendeiner Weise gefährlich ist. Warum aber sind die Neutrinos wichtig, und warum investiert die amerikanische *National Science Foundation* in Zusammenarbeit mit europäischen, japanischen und neuseeländischen Universitäten 272 Millionen Dollar, um den gigantischen Detektor *IceCube* zu bauen? Warum im Eis und warum am Südpol?

Da Neutrinos nicht mit Materie reagieren, kommen sie direkt aus den Quellen, aus denen sie entstanden sind. Sie sind Boten, die uns neue Informationen von sehr weit her aus Raum und Zeit bringen (über Supernovae, schwarze Löcher, den Urknall), ohne dass an ihnen eine Veränderung stattgefunden hätte. Francis Halzen zufolge, dem amerikanischen Physiker flämischer Herkunft von der *University of Wisconsin-Madison*, Erfinder des *IceCube* und seines Vorgängers *AMANDA*, öffnet dieser Detektor »ein neues Fenster zum Universum«. Was sehen nun die »Augen« von *IceCube*, diese 60 cm großen Glaskugeln, die an Strängen befestigt und zwischen 1450 m und 2450 m tief ins Eis hinabgelassen werden? Im Innern jeder dieser »optische Mo-

Ein Land des Friedens und der Wissenschaft

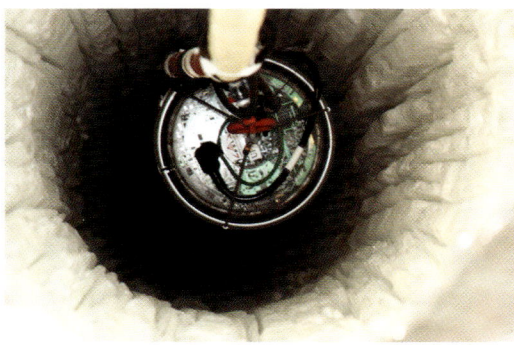

dule« genannten Kugeln befindet sich ein Detektor, der extrem schwache bläuliche Lichtblitze nachweisen kann. Diese entstehen, wenn ein Neutrino im Eis auf den Kern eines Atoms trifft und dadurch ein anderes Teilchen entsteht, ein sogenanntes Myon. Das Myon bewegt sich im Eis fort und zieht jene bläuliche Lichtspur hinter sich her, die von allen optischen Modulen, an denen es vorbeikommt, erfasst wird. Wenn die Wissenschaftler nun die Bewegungsrichtung des Myons beobachten, können sie errechnen, aus welchem Winkel des Himmels (und demnach des Weltalls) das Neutrino gekommen ist. Und so zum Beispiel herausfinden, ob es bei einer Supernova entstanden ist.

Ein bisschen kompliziert, aber es geht noch weiter: Wie werden die Strings mit ihren 60 optischen Modulen überhaupt ins Eis hinabgelassen? Ein Schacht von 60 cm Durchmesser und 2450 m Tiefe wird mittels zweier verschiedener Bohrer mit einem 90 °C heißen Wasserstrahl ins Eis »gegraben«. Dazu wird zuerst Wasser aus einem im Eis angelegten Reservoir gepumpt, erhitzt und mit einem – eigens für Ice-Cube entwickelten und hergestellten – 3 km langen Schlauch aus der Spezialfaser Kevlar zum Bohrer geleitet. Ein solcher Arbeitsgang dauert mehrere Stunden; dennoch muss es schnell gehen, da das Eis sich bald wieder fest um jedes Objekt schließt. Ein so komplexes Verfahren erfordert eine moderne und bestens ausgerüstete Station wie Amundsen-Scott auf einem sehr dicken Eisschild. Bisher ist ein Drittel des Teleskops installiert. 2011 soll es fertiggestellt sein, aber es hat bereits jetzt seine Augen geöffnet, und die ersten Neutrinos sind schon aufgespürt worden.

Der Aufbau von Ice-Cube wird 2011 abgeschlossen. Dann werden die 80 Strings mit ihren 4800 DOM auf immer im Eis festgefroren sein. Im unteren Bildbereich trifft ein Tscherenkow-Lichtblitz auf einen Teil des Detektors (oben).

Eine Gruppe von Technikern befestigt eines der 60 DOM, mit denen jeder der 80 Strings von IceCube bestückt wird (links oben).

Ein DOM verschwindet in der Tiefe des Eisschildes (links Mitte).

Der drei km lange, speziell für Ice-Cube entwickelte Schlauch zusammengerollt auf seiner Winde (links unten).

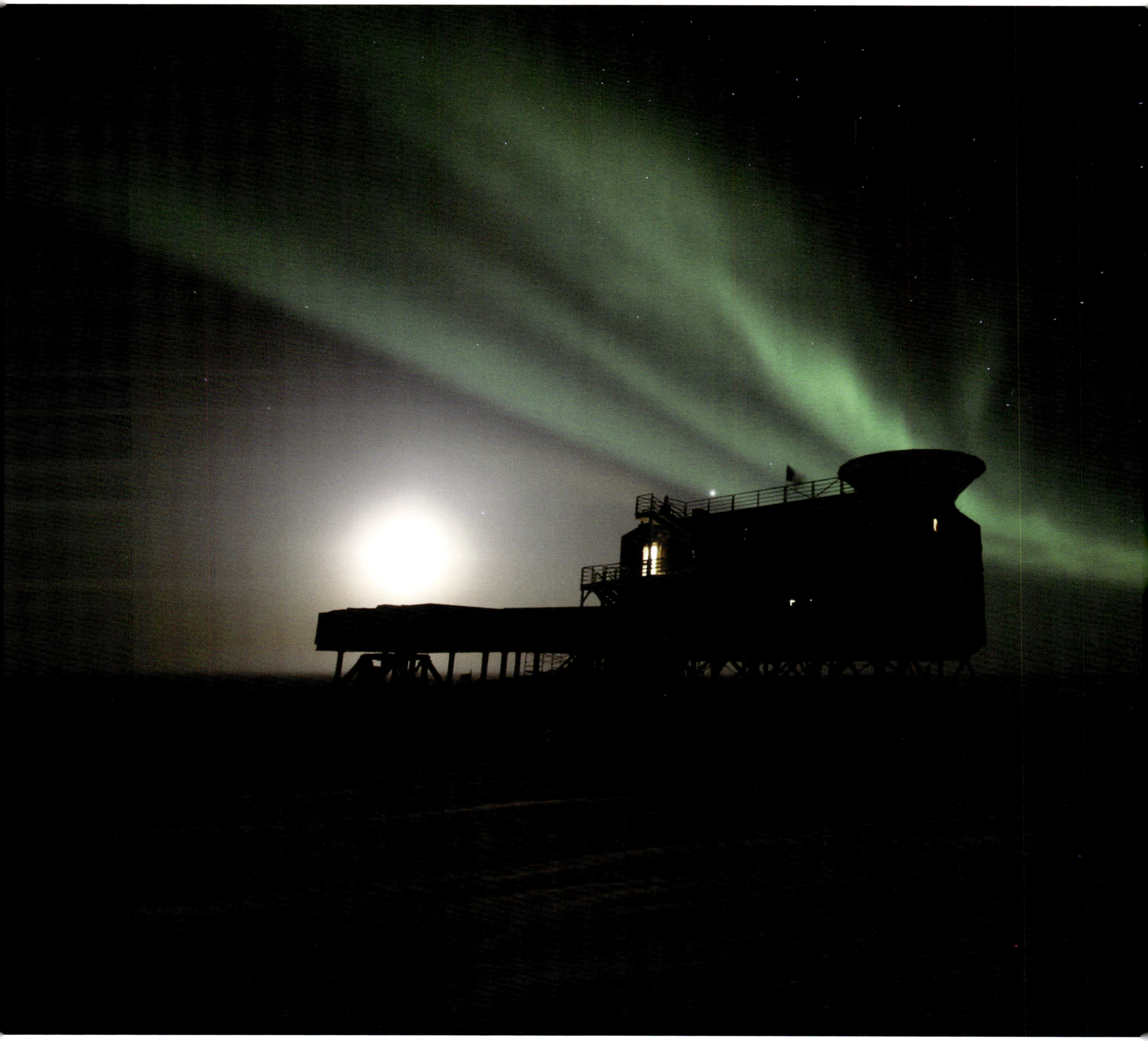

Der Himmel über dem Südpol

Das prächtigste Himmelsphänomen – das Südpolarlicht – entsteht durch das Zusammenspiel zwischen dem Sonnenwind (einem Strom von Ionen und Elektronen, die mit sehr hoher Geschwindigkeit – 400 bis 800 km/s – von der Sonnenoberfläche ausgestoßen werden) und Atomen in der irdischen Ionosphäre (der äußersten Schicht der Erdatmosphäre mit elektrisch geladenen Molekülen). *Aurora australis* und *Aurora borealis* treten vor allem in den Polarregionen auf, weil dort der Schutzschild der irdischen Magnetosphäre (der große Bereich um Planeten, die ein eigenes Magnetfeld besitzen) dem Sonnenwind Zugang gewährt. Durch dieses »Tor« dringt der Sonnenwind ein und ionisiert die in der Ionosphäre vorhandenen Atome. Um zu einem neutralen Zustand zurückzukehren, geben die Ionen ein Photon ab – also Licht – und auf diese Weise schmückt der Himmel sich mit den faszinierenden Lichtgirlanden. Farben und Formen der Polarlichter hängen von der Art der ionisierten Atome ab (Wasserstoff, Stickstoff, Sauerstoff) sowie davon, auf welcher Höhe in der Atmosphäre sie sich befinden. Polarlichter wurden auf allen Planeten des Sonnensystems beobachtet, die eine Magnetosphäre besitzen: Erde, Saturn und Jupiter.

Am geografischen Südpol, wo das nebenstehende Bild aufgenommen wurde, gibt es mehrere Teleskope. Das auf dem Foto heißt *BICEP* und dient nicht zur Beobachtung von Polarlichtern, sondern zur Erforschung fossiler Spuren des Urknalls. Ein weiteres, seit Februar 2007 am Südpol installiertes Teleskop ist das *South Pole Telescope* (*SPT*) mit einem Durchmesser von 10 m, finanziert von neun amerikanischen Universitäten und der *NSF*. Sein Spiegel ist so hoch wie ein dreistöckiges Haus! Es wurde konzipiert, um das All nach Millimeter- und Submillimeterwellen zu durchsuchen und die kosmische Hintergrundstrahlung zu erforschen. Dank der gleichbleibend trockenen und klaren Luft ist die Antarktis ein Eldorado für Astronomen und Astrophysiker, insbesondere für Studien im Bereich der Infrarotforschung (Suche nach extrasolaren Planeten) und der Submillimeterwellen (Untersuchung fossiler elektromagnetischer Strahlung, einem Überrest des Urknalls). Der Südpol und die französisch-italienische Station am Dome C sind die beiden bei Astronomen und Astrophysikern beliebtesten Orte – so lange, bis die neue chinesische Station am Dome A fertiggestellt ist, einem Ort, der das Nonplusultra der irdischen Observatorien zu werden verspricht. Danach kommt nur noch das Weltall.

> Am geografischen Südpol stehen die meisten Teleskope abseits der Station *Amundsen-Scott*, um der Lichtverschmutzung aus dem Weg zu gehen. Der Teleskop-Bereich heißt *The dark sector* (der dunkle Sektor). Hier ist das neue Teleskop *BICEP*, eine Abkürzung für *Background Imaging Cosmic Extragalactic Polarization*, während der langen, sechs Monate dauernden Polarnacht in Mond- und Polarlicht getaucht.

Begegnung

Luigi Folco – auf der Jagd nach antarktischen Meteoriten

Geologe

Luigi Folco wurde am 21. September 1965 in Rom (Italien) geboren. 1991 machte er seinen Bachelor in Geologie an der Universität Siena, 1997 promovierte er über Planetarwissenschaften in Großbritannien. Er verfügt über eine langjährige Erfahrung in diesem Fachbereich ebenso wie auf dem Gebiet der Meteoriten und arbeitet mit zahlreichen Instituten überall in der Welt zusammen, wie dem *Muséum national d'histoire naturelle* in Paris und dem *Natural History Museum* in London im Rahmen des Projektes *Marie Curie Actions ORIGINS*: Aufklärung über die Ursprünge unseres Sonnensystems. Seit 1998 ist er Kurator für die Sammlung antarktischer Meteoriten am *Museo Nazionale dell'Antartide* in Siena (1100 Exponate). Seit 2003 lehrt er Mineralogie an der Universität Siena, und seit 2005 arbeitet er als Gastforscher am *CEREGE* der *Université d'Aix-Marseille III*. Luigi Folco leitet das Forschungsprojekt über antarktische Meteoriten des italienischen Polarprogramms (*PNRA*), das nach den Vereinigten Staaten, Japan und China die meisten Meteoriten zusammenträgt. Er hat an sechs Expeditionen in die Antarktis teilgenommen und 40 wissenschaftliche Artikel veröffentlicht. Im Jahre 2006 wurde ihm zu Ehren der 1981 entdeckte Asteroid 7006 »Folco« genannt.

Lucia Simion: Wie ist Ihre Begeisterung für die Antarktis entstanden?

Luigi Folco: 1985, als ich in Siena Geologie studierte, war ich bei einer Konferenz, auf der die Ergebnisse der ersten Expeditionen des italienischen Antarktisprogramms (*PNRA*) vorgestellt wurden. Die Fotografien dieser weiten Landschaften und endlosen Eisflächen haben mich sofort fasziniert, und von da an war es mein Traum, einmal dort hinzufahren. Aber die Gelegenheit dazu hat sich erst nach meinem Bachelor ergeben. Ich war gerade in Großbritannien, als mein Professor, Marcello Mellini, sich mit mir in Verbindung setzte und mir mitteilte, dass beim *PNRA* ein Forschungsprojekt über antarktische Meteoriten gestartet würde. »Hättest du Interesse daran?«, fragte er mich. Ich habe zugesagt. Und so hat mein »antarktisches Meteoritenabenteuer« begonnen.

LS: Welche Erinnerungen haben Sie an Ihre erste Expedition?

LF: Die Reise in die Antarktis hat mich tief beeindruckt, weil sie lange gedauert hat – 19 Tage – und ich dabei sehr viel erlebt habe. Das war 1993. Von Lyttleton in Neuseeland hatten wir uns an Bord der *Italica*, dem Versorgungsschiff der italienischen Station *Baia Terra Nova im* Rossmeer (die inzwischen *Mario Zucchelli* heißt) auf eine 3000 km lange Reise gemacht. Gleich zu Anfang gerieten wir schon fünf Tage lang in einen Sturm der Windstärke 7, dann fuhren wir in das Eis, und ich habe die ersten Eisberge gesehen. Das Schiff kam nur langsam voran; von einem Helikopter gelotst, musste es sich seinen Weg durch das Packeis bahnen. Ich konnte mich

> *Ich war so glücklich, einen Stein gefunden zu haben, der so alt war wie unser Sonnensystem!*

an dem Packeis und seinen verschiedenen Farben gar nicht sattsehen: türkis der Teil unter Wasser oder ockergelb die Schichten, die Plankton enthalten. Auf der Fahrt hörte ich oft den Erzählungen von Kollegen zu, die schon öfter an Expeditionen in die Antarktis teilgenommen hatten, und dabei habe ich viel gelernt. Dann kam endlich der Kontinent in Sicht, das Transantarktische Gebirge. Ich war wie verzaubert von dieser strahlend weißen, lichtdurchfluteten Welt. Meine Sinne nahmen lauter neue Dinge wahr: die extreme Kälte, die Reinheit der Luft, die Stille …

LS: Und dann?

LF: Wir verbrachten ein paar Tage auf der italienischen Station und brachen dann gleich zu einem Ort namens Frontier Mountain auf, der 230 km von der Station entfernt liegt, am Rand des riesigen Polarplateaus (73° S – 160° 30′ E). Die Twin Otter, die uns dort hingebracht hatte, hatte gerade wieder abgehoben, und wir hatten soeben das Lager aufgebaut, als der Himmel sich verdunkelte und ein Sturm losbrach. Fünf Tage lang konnten wir das Zelt nicht verlassen. Draußen pfiff der Wind mit Böen von 80 Knoten. Das war der Empfang, den die Antarktis mir bereitete! Ich habe sofort verstanden, dass die Natur unendlich viel stärker ist als der Mensch. Trotzdem hat dieser Sturm uns sehr genutzt, denn der Wind hatte den Schnee weggefegt, sodass wir viele Meteoriten sammeln konnten: Im Allgemeinen sehen sie nämlich aus wie kleine Kiesel, so groß wie eine Nuss, und wenn sie unter einer dünnen Schneeschicht liegen, sind sie kaum zu erkennen.

LS: Wann haben Sie Ihren ersten Meteoriten gefunden?
LF: An Weihnachten! Als der Sturm sich gelegt hatte, habe ich ein wenig frische Luft geschnappt und die Umgebung erkundet. Nach kurzer Zeit stand ich vor einem zitronengroßen Stein und traute kaum meinen Augen – das war mein erster Meteorit. Ich bin schnell ins Lager zurückgelaufen, habe sterile Instrumente geholt und ihn mitgenommen. Ich war so glücklich, einen Stein gefunden zu haben, der so alt war wie unser Sonnensystem … Seither hat das italienische Polarprogramm mehr als 700 Meteoriten gefunden, was einem Gewicht von etwa 30 kg entspricht.

LS: Was ist Ihre bisher wichtigste Entdeckung?
LF: Das Wichtigste war, an dem Fund der mehr als 700 Meteoriten beteiligt gewesen zu sein und sie der internationalen Gemeinschaft zur Verfügung stellen zu können. Seither ist das *Museo Nazionale dell'Antartide* in Siena weltweit für seine Meteoritensammlung bekannt. Ich freue mich auch sehr, dass meine Untersuchungen der antarktischen Meteoriten zum Wissen über die Entstehung des Sonnensystems beigetragen haben. Und persönlich freue ich mich, einen der ältesten Meteoriten gefunden zu haben, der je auf die Erde gefallen ist: Er ist vor drei Millionen Jahren eingeschlagen. Außerdem hat unser Team bei der letzten Expedition im November 2006 eine außergewöhnliche Entdeckung gemacht: Auf den Gipfeln der Transantarktischen Berge im Norden von Viktoria Land haben wir winzige Glaskügelchen mit einem Durchmesser von 0,5 mm gefunden, sogenannte Tektiten. Sie sind der Beweis für einen katastrophalen Meteoriteneinschlag – wahrscheinlich vor vielen Millionen Jahren –, von dem man noch nicht weiß, ob er in der Antarktis oder anderswo stattgefunden hat. In Zusammenarbeit mit den Universitäten Pisa und Marseille III versuchen wir herauszufinden, wann dieser Aufprall war und wo sich der Krater befindet. Das wäre eine großartige wissenschaftliche Entdeckung, die wichtige Aufschlüsse über die Erdgeschichte geben könnte.

LS: Was bedeutet die Antarktis für Sie?
LF: Eine Grenze, denn ihre Erforschung ist noch nicht abgeschlossen. Manchmal, wenn ich über das Polarplateau gehe oder auf die Gipfel der Transantarktischen Berge steige, überläuft mich ein Schauer bei dem Gedanken, dass meine Spuren die ersten sind, die von einem Menschen in dieser abgelegenen Gegend hinterlassen werden. Ich bin überzeugt, dass die Antarktis noch lange besonders günstige Bedingungen für wissenschaftliche Funde bieten wird. Der Eisschild, der den Kontinent überzieht, birgt noch viele Geheimnisse – allein schon wenn man bedenkt, welche Entdeckungen mit einem Zugang zu den subglazialen Seen möglich wären … fantastisch!

> Eine Gruppe von Wissenschaftlern sucht an einem Ort namens Miller Butte im nördlichen Viktoria Land in 2000 m Höhe nach Meteoriten. An diesem Ort, auch bekannt unter dem Namen Outbacks Nunataks, haben Luigi Folco und sein Team vier Meteoriten gefunden.

Die Forschungsstationen in der Antarktis

Derzeit gibt es 37 Ganzjahresstationen (einschließlich der Stationen auf King George Island und den Süd-Shetlandinseln) und 16 Sommerstationen. Die erste wissenschaftliche Station war nur eine winzige Holzhütte – 1899 von der Expedition *Southern Cross* am Cape Adare errichtet. Diese Expedition wurde von dem Norweger Carsten Borchgrevink geleitet, der mit einer kleinen Gruppe von Männern dort überwinterte. Man kann noch vier weitere wissenschaftliche »Stationen« aus dem heroischen Zeitalter der Polarforschung besichtigen: drei auf Ross Island (zwei von Scott und eine von Shackleton) sowie die Hütte von Douglas Mawson am Cape Denison in Adélie Land. Bei *Dumont-d'Urville* stehen noch die Marret-Hütte einer Expedition von 1952/1953 sowie das erste Gebäude der *Scott-Base*, das von Teilnehmern einer Expedition von Edmund Hillary errichtet wurde und inzwischen eine historische Stätte ist, zu der es nur beschränkt Zugang gibt.

Viele Forschungsstationen sind im Rahmen des *Internationalen Geophysikalischen Jahres 1957/1958* gebaut worden; einige von ihnen sind immer noch in Betrieb, andere sind inzwischen wieder abgebaut worden.

1. Aboa, Finnland, 1989
2. Amundsen-Scott, USA, 1956
3. Arctowski, Polen, 1977
4. Artigas, Uruguay, 1984
5. Arturo Prat, Chile, 1947
6. Belgrano II (1), Argentinien, 1955
7. Bellingshausen, Russland, 1968
8. Casey, Australien, 1969
9. Commandante Ferraz, Brasilien, 1984
10. Concordia (2), Frankreich & Italien, 2005
11. Davis, Australien, 1957
12. Dome Fuji, Japan, 1995
13. Druzhnaya 4, Russland, 1987
14. Dumont-d'Urville, Frankreich, 1956
15. Escudero, Chile, 1994
16. Esperanza, Argentinien 1952
17. Frei, Chile, 1969
18. Gabriel de Castilla, Spanien, 1990
19. Große Mauer, China, 1985
20. Halley, Großbritannien, 1956
21. Juan Carlos Primero, Spanien, 1989
22. Jubany, Argentinien, 1982
23. King Sejong, Südkorea, 1988
24. Kohnen, Deutschland, 2001
25. Law-Racovita, Australien & Rumänien, 1987
26. Machu Picchu, Peru, 1989
27. Maitri, Indien, 1989
28. Maldonado, Ecuador, 1990
29. Marambio, Argentinien, 1969
30. Mario Zucchelli, Italien, 1986
31. Mawson, Australien, 1954
32. McMurdo, USA, 1955
33. Mirny, Russland, 1956
34. Molodeshnaya, Russland
35. Neumayer, Deutschland, 1981
36. Novolazarevskaya, Russland, 1961
37. O'Higgins, Chile, 1948
38. Ohridiski, Bulgarien, 1988
39. Orcadas, Argentinien, 1904
40. Palmer, USA, 1965
41. Progress 2, Russland, 1989
42. Rothera, Großbritannien, 1976
43. San Martín, Argentinien, 1951
44. SANAE IV (3), Südafrika, 1962
45. Scott Base, Neuseeland, 1957
46. Signy, Großbritannien, 1947
47. Syowa, Japan, 1957
48. Tor, Norwegen, 1985
49. Troll (4), Norwegen, 1990
50. Vernadsky, Ukraine, 1996
51. Vostok, Russland, 1957
52. Wasa, Schweden, 1989
53. Zhongshan, China, 1989

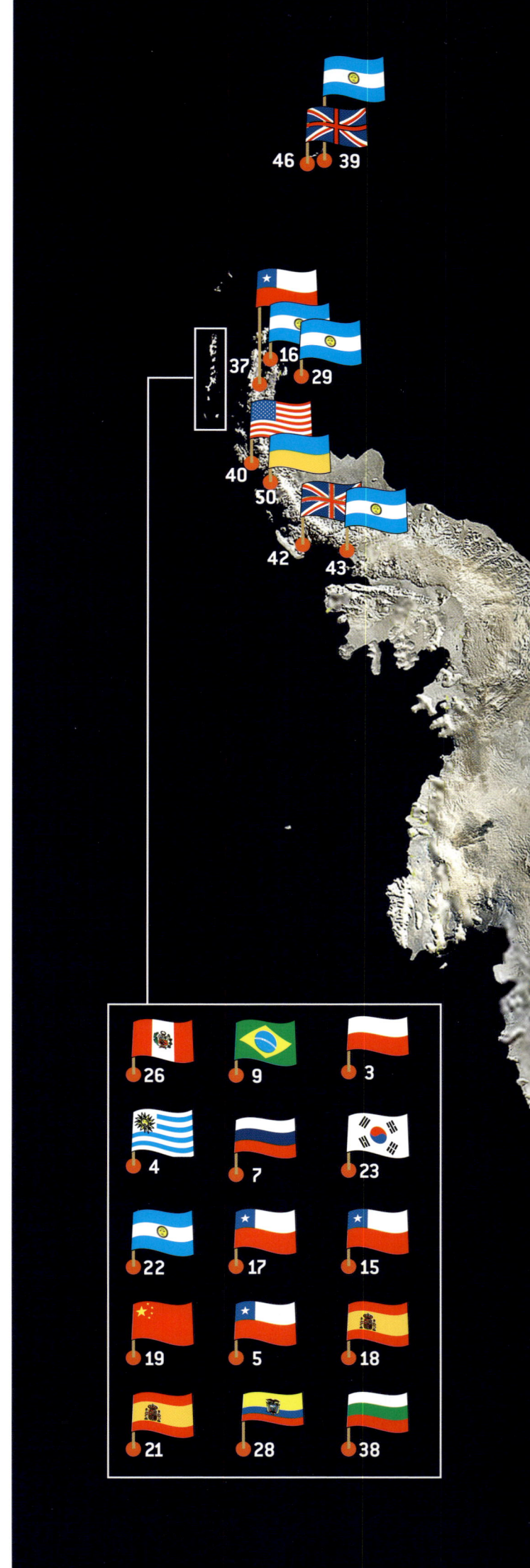

35
44
27
36
49
48
1
52
24
47
34
20
6
12
31
13
41
25
53
11
2
33
51
10
45
32
8
30
14

Ein Land des Friedens und der Wissenschaft

Diese Kugel auf dem Eisschild vor der neuen amerikanischen Forschungsstation *Amundsen-Scott* zeigt den geografischen Südpol an. Auf dem Eis ändert sich dessen Position ständig, da der Eisschild 10 m pro Jahr auf das Meer zufließt. Die Kugel, die 90° S anzeigt, wird also jedes Jahr entsprechend versetzt.

Die Verwaltung und das *Antarktische Vertragssystem*

Ein einzigartiger Kontinent, der niemandem gehört und auf dem die Umwelt ohne jede Einschränkung geschützt wird, erfordert auch ein einzigartiges Verwaltungssystem. Das ist das *Antarktische Vertragssystem (Antarctic Treaty System, ATS)*, eine Reihe von Abkommen, die die internationalen Beziehungen zwischen den Staaten in der Antarktis regeln. Zu Beginn gab es »einfach nur« den Antarktisvertrag: Er wurde am 1. Dezember 1959 von zwölf Ländern, die am *Internationalen Geophysikalischen Jahr 1957/1958* teilgenommen hatten, unterschrieben und trat am 23. Juni 1961 in Kraft; er gilt für die Gebiete südlich des 60. Breitengrades einschließlich der Inseln und der Schelfeisflächen. Hauptziel dieses ersten Vertrages war die Garantie, dass die Antarktis für alle Zukunft nur friedlichen Zwecken dienen, also ein entmilitarisierter Kontinent sein sollte, wo die Stationierung von Truppen und der Gebrauch von Waffen (insbesondere Atomwaffen) verboten waren wo keine Gebietsansprüche gestellt werden durften, sondern wo im Gegenteil die internationale Zusammenarbeit in der Forschung sowie der Austausch wissenschaftlicher Daten in höchstem Maße unterstützt werden sollten.

Inzwischen haben 45 Länder das *Antarktische Vertragssystem* unterschrieben, und 28 davon sind Konsultativstaaten, das heißt Länder mit Stimmrecht. Entscheidungen werden nach dem Konsensprinzip getroffen. Im Laufe der Jahre sind mehrere Übereinkommen und ein Protokoll zum Originalvertrag hinzugekommen: 1962 die *Vereinbarten Maßnahmen zur Erhaltung der antarktischen Fauna und Flora*; 1972 das *Übereinkommen zur Erhaltung der Antarktischen Robben*; 1980 die *Übereinkommen über die Erhaltung der lebenden Meeresschätze in der Antarktis* (bekannt unter dem Kürzel *CCAMLR*, gelenkt wird es von Hobart in Tasmanien, Australien aus); 1991 das *Umweltschutzprotokoll zum Antarktisvertrag* oder *Protokoll von Madrid*.

Artikel 2 dieses Protokolls bezeichnet die Antarktis als ein »dem Frieden und der Wissenschaft gewidmetes Naturreservat«. Artikel 7 verbietet jede Tätigkeit »im Zusammenhang mit mineralischen Ressourcen« mit Ausnahme wissenschaftlicher Forschung – allein dieser Artikel 7 ersetzt ein ganzes unter der Abkürzung *CRAMRA* bekanntes Übereinkommen zu allen Bergbauaktivitäten in der Antarktis – ein Übereinkommen, an dem sechs Jahre lang gearbeitet wurde, das aber niemals in Kraft getreten ist. Das *Umweltschutzprotokoll* und das *CCAMLR* sind die beiden wichtigsten Elemente des *Antarktischen Vertragssystems*. Das *CCAMLR* besteht aus verschiedenen Abkommen, die den Fischfang und die Erhaltung der lebenden Meeresschätze im Südpolarmeer regeln; das Protokoll führt eine lange Reihe von Regeln zum Umweltschutz auf und zieht die Auswirkung jeder menschlichen Tätigkeit auf die Umwelt in Betracht, ganz gleich ob diese Tätigkeit nun wissenschaftlicher Art ist (Bau einer neuen Station, eines Lagers für Forschungsexkursionen oder Installation eines neuen Instruments, zum Beispiel eines Teleskops), logistischer Art (ein Konvoi mit Kettentraktoren) oder natürlich auch touristischer Art. Jede mögliche Auswirkung auf die Umwelt muss abgeschätzt werden, damit die Unversehrtheit des Kontinents bewahrt und seine Ausbeutung verhindert wird.

Obwohl Gebietsansprüche untersagt sind, fordern mehrere Länder die Hoheit über bestimmte Teile der Antarktis: Diese Länder sind Frankreich, Großbritannien, Australien (das Anspruch auf ein Drittel des Erdteils erhebt), Argentinien, Norwegen, Chile und Neuseeland. In manchen Fällen, wie zum Beispiel bei Argentinien, Chile und Großbritannien, überschneiden sich große Teile der beanspruchten Gebiete. Bis jetzt ist es noch zu keinem ernsthaften Zwischenfall gekommen, abgesehen von dem Angriff Argentiniens auf die englische Station auf South Georgia während des Falklandkrieges 1982 (wobei South Georgia nördlich des 60. Breitengrades liegt). Bis jetzt ist also noch niemals gegen den Vertrag verstoßen worden. Jedes Jahr findet eine zweiwöchige Konsultativtagung der Mitgliedstaaten statt, das *ATCM – Antarctic Treaty Consultative Meeting*. 2007 wurde sie in Neu-Delhi in Indien abgehalten. An dieser Tagung nehmen auch Verbände teil wie *IAATO (International Association of Antarctica Tour Operators)* oder *ASOC (Antarctic and Southern Ocean Coalition)*, eine Umweltschutzorganisation, die Mitgliedsverbände in über 40 Ländern hat. Zwei weitere Institutionen, die in enger Verbindung zum Antarktisvertrag stehen, sind *SCAR (Scientific Committee on Antarctic Research)* und *COMNAP (Council of Managers of National Antarctic Programs)*.

2006 fand die jährliche Mitgliederversammlung des Antarktisvertrages im schottischen Edinburgh statt. Die englische Prinzessin Anne, die selbst zweimal in der Antarktis war, eröffnete die Tagung vor einem Saal voller Delegierter aus der ganzen Welt.

Die Gebäude der amerikanisch-neuseeländischen Station an Cape Hallett wurden anlässlich des *Internationalen Geophysikalischen Jahres 1957/1958* errichtet, dann aber aufgegeben. Lange standen sie noch vor dem Mount Herschel (3335 m), den Sir Edmund Hillary 1967 bestieg. Inzwischen ist die Station abgebaut und das Gelände vollkommen gereinigt. Die Pinguine sind wieder Herr des Ortes (folgende Doppelseite).

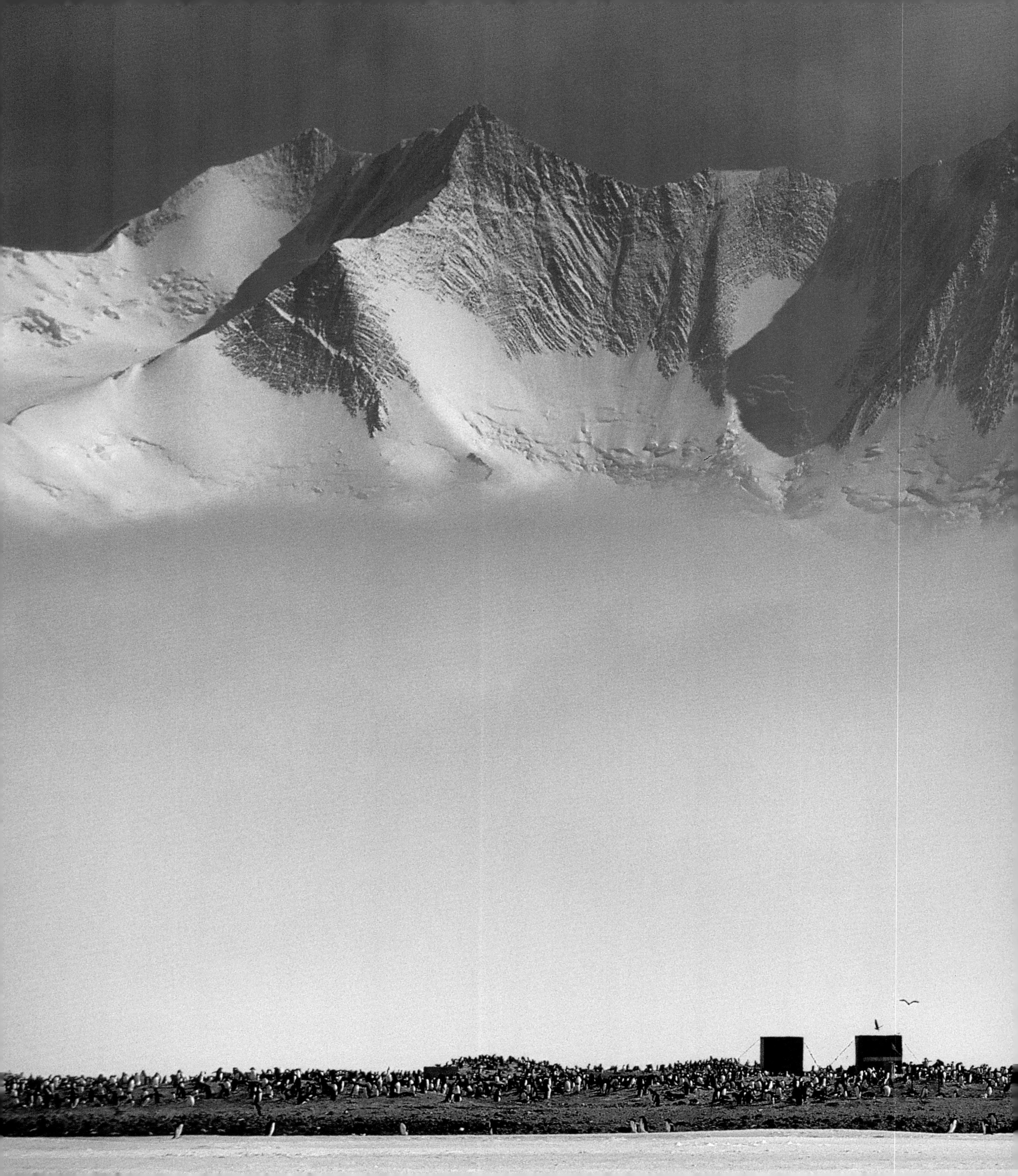

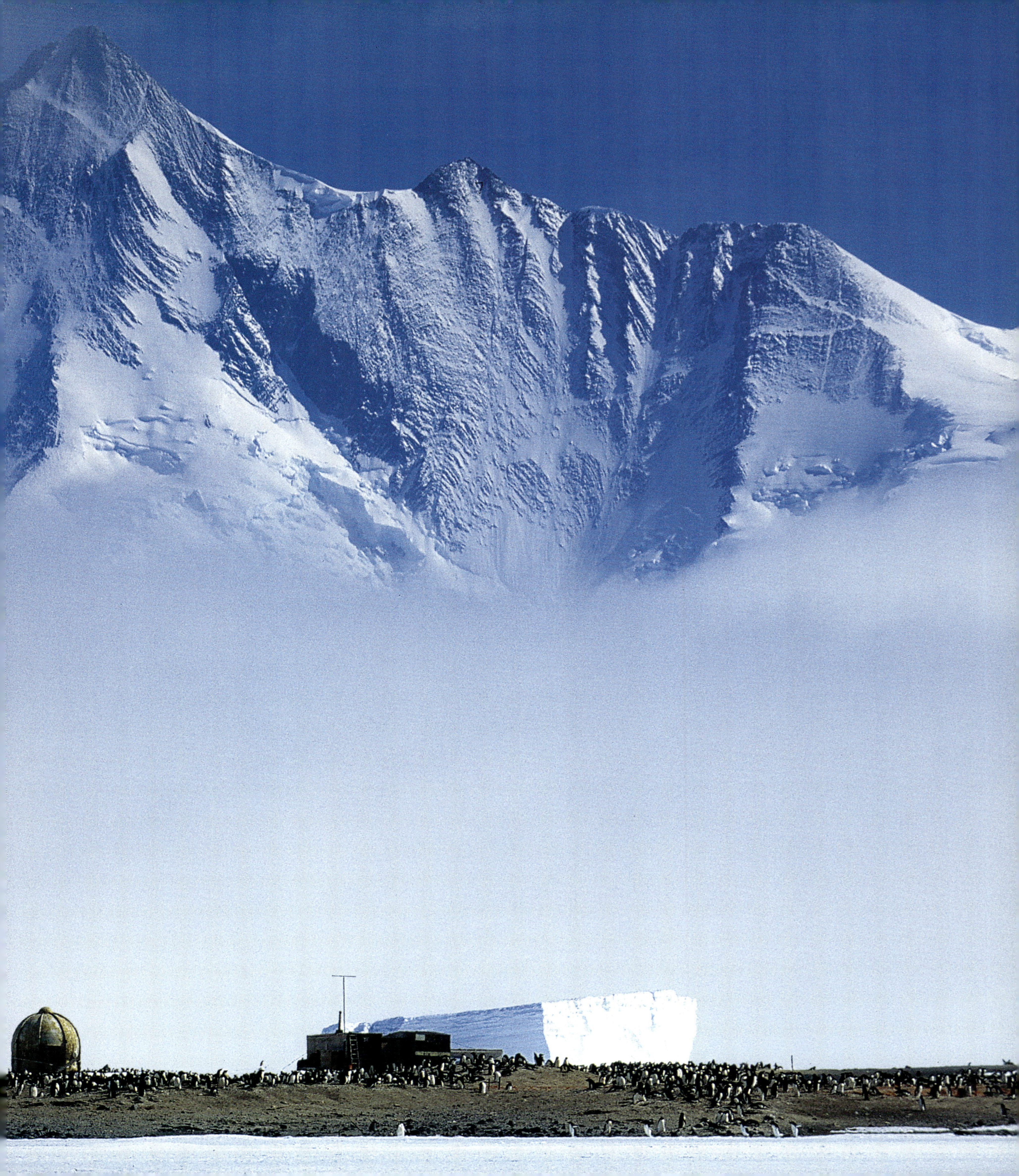

Die Montage der Station *Concordia* dauerte fünf Jahre, da in jedem Jahr nur ungefähr 90 Tage während des antarktischen Sommers zur Verfügung standen. Dennoch mussten die Arbeiter bei Temperaturen zwischen – 20 °C und – 40 °C bauen. Das Stahlgerüst (270 Tonnen Material) wurde in Frankreich entwickelt und produziert; die 16 cm dicken, feuersicheren Isolierplatten wurden in Italien hergestellt (oben).

Die Station *Concordia* im Bau. Die beiden Hauptgebäude stehen auf Stützen (um die Bildung von Schneeverwehungen zu verhindern) und sind durch eine geschlossene Brücke miteinander verbunden. Jedes Gebäude hat eine Fläche von 750 m²; im rechten befinden sich die Zimmer, Toiletten, Duschen, das Krankenrevier, die Labore und der Funkraum; im linken Küche, Speiseraum, Bibliothek, Gymnastikraum und Lagerräume. In einem dritten Gebäude sind die Energiezentrale, die Heizung und die Aufbereitungsanlage für das Abwasser untergebracht (rechte Seite).

Concordia, die französisch-italienische Entente

Von 2000 bis 2003 hatte ich das Glück, mitten in der Antarktis den Aufbau der Forschungsstation *Concordia* mitzuerleben. Es ist ein französisch-italienisches Projekt, und genau aus diesem Grund liegt es mir besonders am Herzen: Ich bin Italienerin, und Frankreich, wo ich aufgewachsen bin, ist meine Wahlheimat. Dieses Projekt verkörpert eine wunderbare Zusammenarbeit »meiner« beiden Länder, und die erste und einzige wissenschaftliche Station in der Antarktis, die von zwei Ländern gemeinsam betrieben wird. Frankreich und Italien wollten eine wissenschaftliche Station im Landesinnern einrichten, in 3233 m Höhe, denn Dome C (75° 06' S, 123° 23' E) ist für viele Disziplinen ein besonders geeigneter Ort: für die Astronomie, Astrophysik, Glaziologie (das Projekt *EPICA* wurde hier durchgeführt), Seismologie, Suche nach Mikrometeoriten, Medizin, Psychologie, Erforschung der oberen Atmosphäre ebenso wie der subglazialen Seen, von denen es allein 14 in der Umgebung von Dome C gibt. Ein einzigartiger Ort.

Die Geschichte von *Concordia* begann 1993. Damals hatte Frankreich bereits die ganze Station konzipiert, aber nicht die Geldmittel, um das Projekt auch umzusetzen. Die Station sollte ungefähr 30 Millionen Euro kosten – ohne Kosten für die Logistik, um das ganze Material an Ort und Stelle zu bringen, ans andere Ende des Globus, rund 16 000 km von Paris und Rom entfernt. Die französische Regierung suchte also einen Partner, und Italien schloss sich diesem wunderbaren Projekt an. Beide Länder hatten bereits eine Station an der Küste: die französische Station *Dumont-d'Urville* (*DDU*, 1100 km weiter nördlich) und die italienische Station *Baia Terra Nova* (heute *Mario-Zuchelli*, *MZS*, 1200 km weiter im Nordosten gelegen). *Concordia* sollte neben der amerikanischen Station *Amundsen-Scott* am Südpol und der russischen Station *Vostok* die dritte Station im Herzen des Kontinents werden. Alle anderen 34 permanenten Stationen verteilen sich an den Rändern des Erdteils. Der Bau von *Concordia* wurde 1999 begonnen und 2005 fertiggestellt, gerade rechtzeitig für die erste »Probe«-Überwinterung. Mehr als 3000 Tonnen Material wurden zum Dome C geschafft, das meiste per *raid* – einem Konvoi von Traktoren, die speziell für die polaren Bedingungen ausgestattet sind. Der Konvoi fuhr während des südlichen Sommers dreimal zwischen *DDU* und Dome C hin und her. Auch die Astrolabe und die Italica, die Versorgungsschiffe für *DDU* und *MSZ*, transportierten Material für *Concordia*.

Ein Land des Friedens und der Wissenschaft

Die italienische Station *Mario Zucchelli* in der Terra Nova Bay am Rossmeer, im Hintergrund der 2700 m hohe Vulkan Mount Melbourne (oben).

Die französische Station *Dumont-d'Urville* auf Petrel Island in Adélie Land (rechts).

Dumont-d'Urville, Mario Zucchelli

Die permanente französische Forschungsstation *Dumont-d'Urville (DDU)* ist ein kleines Dorf auf Petrel Island im Geologie-Archipel; sie liegt auf 66° 40′ S, 140° 01′ E. Man erreicht sie über den Seeweg (sechs Tage an Bord der Astrolabe von Hobart in Tasmanien aus). Dank der Twin Otter besteht eine Luftverbindung zur italienischen Station *M. Zucchelli* und zur französisch-italienischen *Concordia*. Das antarktische Festland ist 5 km entfernt, dort befindet sich eine kleine Nebenstation namens *Cap Prud'homme*, Ausgangspunkt für die Konvois zum Dome C.

Seit 1959 ist *Dumont-d'Urville* ununterbrochen besetzt. Die Station bietet Platz für 80 Personen im Sommer und ungefähr 25 im Winter. Es werden Studien in sehr unterschiedlichen Bereichen durchgeführt: Untersuchungen des Erdmagnetfeldes (Aufzeichnung der Variationen), Seismologie, Gravimetrie (Vermessung des Schwerefeldes der Erde), Glaziologie, Ichthyologie (Fischkunde) der Küstengewässer, Ozeanografie, Ornithologie, Ökologie, Geophysik und Psychologie. Auf der Station gibt es sogar eine von den TAAF betriebene Post. Das Trinkwasser wird durch Meerwasserentsalzung gewonnen.

Die italienische Station *Mario Zucchelli (MZS*, Position: 74° 41′ S, 164° 07′ E) in der Terra Nova Bay ist fünf Flugstunden von *Dumont-d'Urville* entfernt. Sie wurde 1986 gegründet, ist von Mitte Oktober bis Mitte Februar geöffnet und hat Platz für 80 bis 90 Personen. Die Station ist entweder auf dem Seeweg oder auf dem Luftweg zu erreichen: mit einer Hercules C-130 von Christchurch in Neuseeland aus oder mit einer Twin Otter von *McMurdo* aus (350 km). Forschungsbereiche: Geologie, Vulkanologie, Seismologie, Astronomie, Meeresbiologie, Medizin, Ornithologie, Ozeanografie, Glaziologie, Geodäsie und Geomagnetismus.

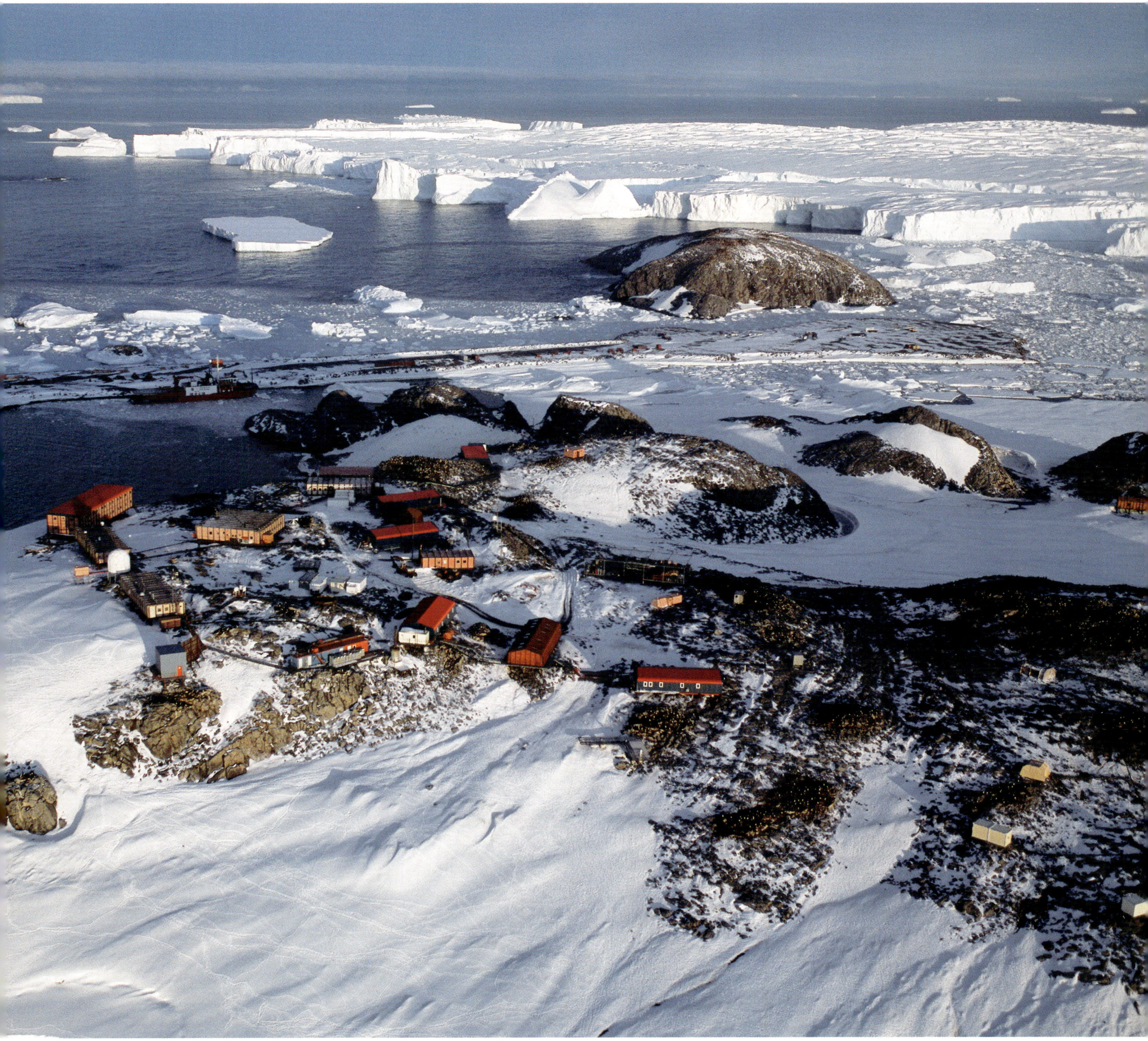

Ein Land des Friedens und der Wissenschaft

Die Station *McMurdo* mit dem Observation Hill, der sie von der 3 km entfernten neuseeländischen Station *Scott* trennt. Oben auf dem Hügel steht ein Kreuz zur Erinnerung an Scott und seine vier Gefährten (oben links).

Eine Hercules LC-130 der *New York Air National Guard* landet bei der neuen Forschungsstation *Amundsen-Scott* am geografischen Südpol. Amundsen hatte 99 Tage gebraucht, um von der Bay of Whales am Rande des Ross-Schelfeises zum Südpol und wieder zurück zu gelangen; heute muss man von *McMurdo* aus mit einer Hercules LC-130 ungefähr drei Stunden dafür veranschlagen (oben rechts).

McMurdo und *Amundsen-Scott*

Im Lokaljargon heißt sie *McTown*, denn sie ist eine richtige kleine Stadt mit einem Krankenhaus, einer Kapelle, einer Post, einem Pub, einer Kantine, einer Bibliothek, einer Feuerwehr, einem Geschäft, Unterkünften, einem großen Labor, einem Hotel (dem Hotel California!) … Das kann nur die amerikanische Station *McMurdo* sein (77° 50′ S, 166° 40′ E), die größte Forschungsstation der Antarktis (zwischen 1000 und 1200 Bewohner im Sommer und 200 im Winter auf einer Fläche von 4 km²). Sie befindet sich auf Ross Island und trägt den Namen des Leutnant Archibald McMurdo, einem der Teilnehmer an der Expedition des englischen Seefahrers James Clark Ross. Die Station wurde 1955 eingerichtet. Die meisten Bewohner von McMurdo kommen mit dem Flugzeug aus Christchurch in Neuseeland: in acht Stunden mit einer Hercules LC-130, in viereinhalb Stunden mit einer C-141. In McMurdo gibt es drei Flugplätze auf dem Eis. Jeden Tag starten mehrere Hercules LC-130 von McMurdo und landen nach etwa drei Stunden und 1300 km am Südpol in 2800 m Höhe auf einer Eispiste. Die erste Station dort wurde anlässlich des Internationalen Geophysikalischen Jahres 1957/1958 eingerichtet; bis dahin hatte noch nie jemand am Pol überwintert, und es gab keinerlei meteorologische Daten. Deshalb lagen die ersten Bauten unter dem Schnee. Es folgten weitere Gebäude, unter anderem der berühmte, 1975 errichtete Dome. Sie alle wurden von Schneeverwehungen beschädigt. Die neue, 2006 fertiggestellte amerikanische Station Amundsen-Scott wurde daher auf ausfahrbaren Stelzen errichtet. Sie wurde von einem Architektenbüro in Hawaii geplant und hat eine Fläche von 7400 m² auf zwei Ebenen. Kosten: 150 Millionen US-Dollar.

Im Sommer kann Amundsen-Scott 200 Personen beherbergen, im Winter etwa 60. Mit der französisch-italienischen Station Concordia am Dome C ist sie die modernste Inlandstation des Kontinents. Wissenschaftliche Aktivitäten finden vor allem im Bereich der Astronomie, Astrophysik und der Ozonuntersuchungen statt.

Halley VI, die neue Station des *British Antarctic Survey,* auf dem Brunt-Schelfeis (unten).

Die deutsche Station *Georg von Neumayer III* auf dem Ekström-Schelfeis (rechte Seite oben).

Die belgische Station *Prinzessin Elisabeth* nutzt ausschließlich erneuerbare Energien (rechte Seite Mitte).

Neue antarktische Stationen 2007/2008

Zum *Internationalen Geophysikalischen Jahr 1957/1958* wurden viele Forschungsstationen in der Antarktis und auf den subantarktischen Inseln gegründet, unter anderen die französische Station *Dumont-d'Urville*. Während der 24 Monate des *Vierten Internationalen Polarjahres 2007/2008* wurden drei neue europäische Stationen in der Antarktis in Betrieb genommen.

So auch die britische Station *Halley VI* auf dem Brunt-Schelfeis in Coats Land (75° 35′ S, 26° 39′ W). Seit 1956 hat es fünf verschiedene, zu Ehren des Astronomen Edmund Halley nach ihm benannte Stationen gegeben. Das Brunt-Schelfeis ist 150 m dick, schwimmt auf dem Meer und fließt jedes Jahr 400 m in Richtung Nordwesten. Im Laufe der Jahre wurden die *Halley*-Stationen durch die Eisbewegungen beschädigt oder gingen sogar verloren, wenn ein Stück Schelfeis abbrach; folglich mussten sie immer wieder durch eine neue Station ersetzt werden. Die jetzige steht auf überdimensionalen Kufen, damit sie im Notfall mit Carterpillar-Traktoren versetzt werden kann. Sie bietet Platz für 16 Personen im Winter und 52 im Sommer. *Halley* ist eine legendäre Station. Hier haben 1985 drei Wissenschaftler des *British Antarctic Survey* das berühmte Ozonloch entdeckt. Ozonmessungen werden in *Halley* seit 1956 (also seit mehr als einem halben Jahrhundert!) durchgeführt. Die Station ist außerdem bekannt für ihre Studien zur Atmosphäre und Forschungen in den Bereichen Astronomie, Seismologie und Glaziologie.

Auch bei den Deutschen gibt es eine neue Station – mit einer Fläche von 4473 m^2: *Georg*

von *Neumayer III*. Sie steht auf dem 200 m dicken Ekström-Schelfeis im Dronning Maud Land und wurde auf hydraulisch ausfahrbaren Stützen gebaut. Die beiden ersten *Neumayer*-Stationen lagen unter dem Schelfeis, das 157 m pro Jahr wandert. Die Station *Neumayer III* wurde für eine Betriebszeit von etwa 25 Jahren konzipiert.

Die belgische Station *Prinzessin Elisabeth* knüpft an die große belgische Antarktis-Tradition an. Sie steht ebenfalls im Dronning Maud Land (Ostantarktis) in 1400 m Höhe und 180 km von der Küste entfernt. Sie kann im Sommer 20 Wissenschaftler beherbergen und ist die erste Station, die ausschließlich erneuerbare Energien verwendet (Sonnen- und Windenergie). Die Abfälle werden komplett recycelt – damit ist sie ökologisch betrachtet Vorreiter.

Eine winzige Schutzhütte, auf Englisch *Tomato hut* (Tomatenhütte) genannt, heißt bei Deutschen und Franzosen *Apfel*.

Wohnen und arbeiten in der Antarktis

Die Stationen des Kontinents beherbergen im Sommer rund 4000 und im Winter rund 1000 Bewohner. Also eine Dorfbevölkerung auf einem Gebiet, das 37-mal größer ist als Deutschland. Wer sind diese Leute? Was machen sie? Die meisten der 4000 Personen, die während des Südsommers in die Antarktis kommen, sind keine Wissenschaftler, sondern Techniker. Die amerikanische Station *McMurdo* zum Beispiel, die größte des Kontinents, nimmt im Sommer 1200 Leute auf, von denen nur 300 Wissenschaftler sind. Die übrigen 900 stellen den Betrieb der Station sicher, ermöglichen es also den Wissenschaftlern, ihre Arbeit zu tun. Zum Beispiel die Köche und Bäcker. Seit dem heroischen Zeitalter der Polarforschung kommt ihnen eine Schlüsselrolle zu. Des Weiteren gibt es Ärzte, Zahnärzte und Krankenpfleger, Mechaniker und Klempner, Zimmerleute, Bauarbeiter, Informatiker, Ingenieure, Elektriker, Feuerwehrleute (in *McMurdo* gibt es sogar zwei Feuerwachen mit Löschfahrzeugen!), Bibliothekare, Piloten (und die dazugehörigen Ingenieure) für die Helikopter und Twin Otter ... und, warum nicht, wie ebenfalls in *McMurdo* – einen Priester, der in der kleinen Kirche *Chapel of the Snows* Gottesdienste abhält.

Die Antarktisstationen, ob groß wie *McMurdo* oder klein (die italienische *M. Zucchelli* bietet Platz für 90 Personen, die japanische *Syowa* für 100 Personen im Sommer und zehn im Winter; die südafrikanische *SANAE* ebenso wie die neuseeländische *Scott* für 80 im Sommer und zehn im Winter) erinnern an einen Universitätscampus. Und auch für Unterhaltung ist gesorgt: Man kann Ski laufen, Langlauf ebenso wie alpin (in *McMurdo* gibt es sogar eine Piste mit einem richtigen Lift), man kann Wanderungen unternehmen, zu Fuß oder mit einem Schneemobil die Gegend erkunden, Volleyball spielen, im Internet Zeitung lesen. Manchmal ergibt sich auch die Gelegenheit, zu einer historischen Stätte zu pilgern und beispielsweise die Hütten von Scott oder Shackleton zu besuchen.

Ein Land des Friedens und der Wissenschaft

Ein Augenblick der Entspannung für Hélène Herbet-Jacquin auf der französischen Station *Dumont-d'Urville*, wo die Ornithologin 2002/2003 überwintert hat (oben links).

Lektüre der aus dem Internet heruntergeladenen Tageszeitungen auf der italienischen Station *M. Zucchelli* (oben rechts).

Das hydroponische Gewächshaus der italienischen Station, in dem Erdbeeren, Tomaten und Basilikum gezogen werden (unten links).

Ein Volleyballspiel am Dome C bei – 35 °C (unten rechts).

Ein Land des Friedens und der Wissenschaft

99 Kugeln in Yves-Klein-Blau auf dem jungfräulichen Ross-Schelfeis in der Nähe der auf Ross Island gelegenen amerikanischen Station *McMurdo*. Eingerahmt von den Vulkanen Erebus und Discovery sowie von White Island und Black Island. Dies sind keine großen Meteoriten oder geheimnisvolle, von Außerirdischen zurückgelassene Objekte, sondern das Projekt *Stellar Axis* der kalifornischen Künstlerin Lita Albuquerque aus Santa Monica. Lita ist international bekannt für ihre *Land-Art*-Werke, ihre Landschaftskunst.

Die zeitlich begrenzte Installation war nur eine Woche zu sehen, denn *Stellar Axis* ist der erste Teil eines ehrgeizigen Projektes an beiden Polen: die Nachbildung der hellsten Sterne und ihrer Konstellation am Firmament zuerst auf dem antarktischen Eis und dann auf dem Packeis am Nordpol. Die Möglichkeit, den ersten Teil dieses Projektes – mit einem Budget von 750 000 Dollar – umzusetzen, erhielt Lita Albuquerque von der *National Science Foundation*, einer unabhängigen Einrichtung der amerikanischen Regierung, die die wissenschaftliche Grundlagenforschung in den USA fördert und 1700 amerikanische Universitäten unterstützt (das Jahresbudget der *NSF* beträgt 5,9 Milliarden Dollar). Lita Albuquerque wurde von der *NSF* im Rahmen des Programms für bildende Künstler und Schriftsteller *(Antarctic Artists and Writers Program)* nach *McMurdo* eingeladen. Die 99 blauen Kugeln aus Fiberglas, die spiralförmig auf dem Ross-Schelfeis arrangiert wurden, stellen eine Karte der hellsten Sterne des Südhimmels am Tag der Sommersonnenwende dar, dem 22. Dezember 2006. Sie sind unterschiedlich groß, entsprechend der Helligkeit der Sterne, die sie darstellen: Die größte hat einen Durchmesser von 1,2 m und symbolisiert Sirius, einen der hellsten Sterne am Himmel. Am 22. Dezember 2006 war die Installation fertig; dann wurde die Himmelskarte von 51 Freiwilligen aus *McMurdo* zum Leben erweckt: Sie gingen langsam von innen nach außen die Spirale entlang. Vielleicht taten genau das auch die Schöpfer der Nazca-Linien in der gleichnamigen peruanischen Wüste. Erwähnen möchte ich noch, dass die Künstlerin Lita Albuquerque 1996 mit einer Installation auf dem Plateau von Giseh an der *Kairo Biennale* teilnahm: Mit blauen Pigmenten zeichnete sie Kreise in den Sand, auch dies eine Spiegelung des Himmels auf der Erde.

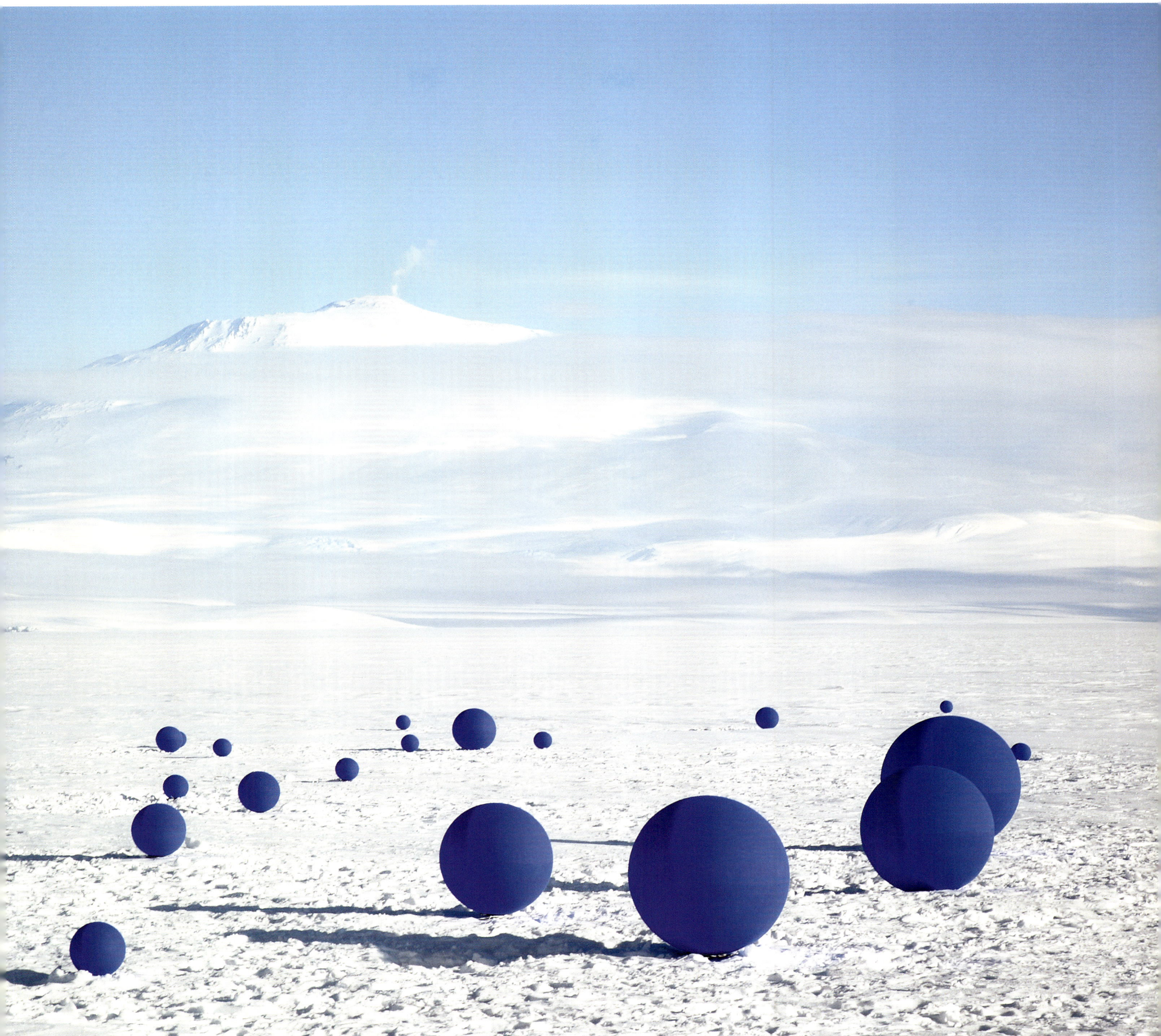

Begegnung

Roberto Dicasillati – Arzt in extremer Umgebung

Chirurg, Arzt auf der französisch-italienischen Station *Concordia* während der ersten Überwinterung 2005/2006

Roberto Dicasillati wurde am 27. August 1957 in Mailand (Italien) geboren. 1983 promovierte er in Medizin und Chirurgie an der Universität Mailand. Er absolvierte seinen Wehrdienst als Militärarzt bei den *Bersaglieri*. Anschließend spezialisierte er sich in vier verschiedenen Bereichen: Allgemeinchirurgie, Unfallchirurgie, Chirurgie und Endoskopie des Verdauungstraktes sowie Thoraxchirurgie. Gegenwärtig arbeitet er in der Chirurgie des *San Paolo Hospitals* in Mailand. Roberto Dicasillati war Schiffschirurg auf dem Versorgungs- und Forschungsschiff ITALICA und nahm an drei vom italienischen Polarprogramm (*PNRA*) organisierten Expeditionen zur Station *Mario Zucchelli* im Rossmeer teil. 2005 gehörte er zu der ersten Gruppe, die auf der französisch-italienischen Station *Concordia* mitten in der Antarktis überwinterte: Er war Chirurg und Arzt für ein Team von 13 Personen: elf Franzosen und zwei Italiener.

Lucia Simion: Wie ist Ihre Leidenschaft für die Antarktis entstanden?
Roberto Dicasillati: Das reicht sehr weit zurück. In den 1970er-Jahren startete von Mailand aus die erste und einzige italienische Privatexpedition in die Antarktis. Sie war von Renato Capparo zusammengestellt worden, einem Geschäftsmann mit einer großen Leidenschaft für die Forschung; er hatte Wissenschaftler sowie professionelle Bergsteiger und Taucher mitgenommen. Damals war ich ein junger Tauchlehrer, und zwei meiner älteren Kollegen – die auch Unterwasser-Dokumentarfilme drehten – wurden für diese Expedition ausgewählt. Bei ihrer Rückkehr zeigten sie mir spektakuläre Aufnahmen, die mich sofort faszinierten. Aber meine Chirurgenlaufbahn hat mich eine Zeit lang von diesem Traum abgelenkt. Dann habe ich eines Tages erfahren, dass das italienische Polarprogramm Ärzte und Chirurgen für seine Expeditionen suchte. Ich habe mich beworben und bin sofort genommen worden. Im Jahre 2000 habe ich an meiner ersten Expedition teilgenommen.

LS: Was hat Sie bei dieser ersten Expedition am stärksten beeindruckt?
RD: Ich war sehr beeindruckt von der Begegnung mit dieser unverseuchten, jungfräulichen, herrlichen Natur. Von dieser Welt ohne Grenzen. Eine Natur, die mir aber auch sehr schnell gezeigt hat, wie schwach der Mensch ist – trotz unserer ganzen Technik. Immer noch bewegt mich die Erinnerung an die Landschaften, die ich an Bord der Hercules C-130 der italienischen Luftwaffe, die uns dort hinbrachte,

> *„Manchmal ist die Wirklichkeit unglaublicher als die Fantasie, wenn man sich hartnäckig genug für seinen Traum einsetzt."*

durch die Flugzeugfenster entdeckt habe: Wir waren von Christchurch in Neuseeland gestartet, acht Stunden lang über das Südpolarmeer geflogen und dann auf dem Packeis in der Nähe der italienischen Station *Baia Terra Nova* gelandet.

LS: Welche war die wichtigste Expedition, an der Sie teilgenommen haben?
RD: Die erste Überwinterung auf der Station *Concordia* am Dome C auf dem Polarplateau. Diese Erfahrung war eine echte Herausforderung. Denn im Sommer 2005 war die Station nicht ganz fertig geworden. Zum ersten Mal wohnten wir in den beiden Türmen von *Concordia*, der Station, für deren Aufbau man fünf Sommerkampagnen gebraucht hatte. Ich werde mich immer an den 5. Februar 2005 erinnern, den Beginn unserer Überwinterung: Lange blickten wir dem letzten Flugzeug nach, das die Teilnehmer der Sommerexpedition abgeholt hatte und uns mitten in der Antarktis allein zurückließ. Wir wussten, dass uns bis zum 5. November – zehn Monate später! – niemand holen kommen konnte. Um uns herum gab es nur eine grenzenlose Eisfläche (1200 km bis *Dumont-d'Urville*). Wenn man an einer solchen Expedition teilnimmt, fühlt man sich wie ein Pionier angesichts des Unbekannten, denn wir mussten alles ausprobieren, alles überprüfen. Die kleine Krankenstation musste erst noch gebaut werden.

LS: Was waren Ihrer Meinung nach die wichtigsten Ergebnisse dieser Mission?
RD: Für mich als Arzt die Tatsache, dass das Team diese erste Überwinterung ohne jedes

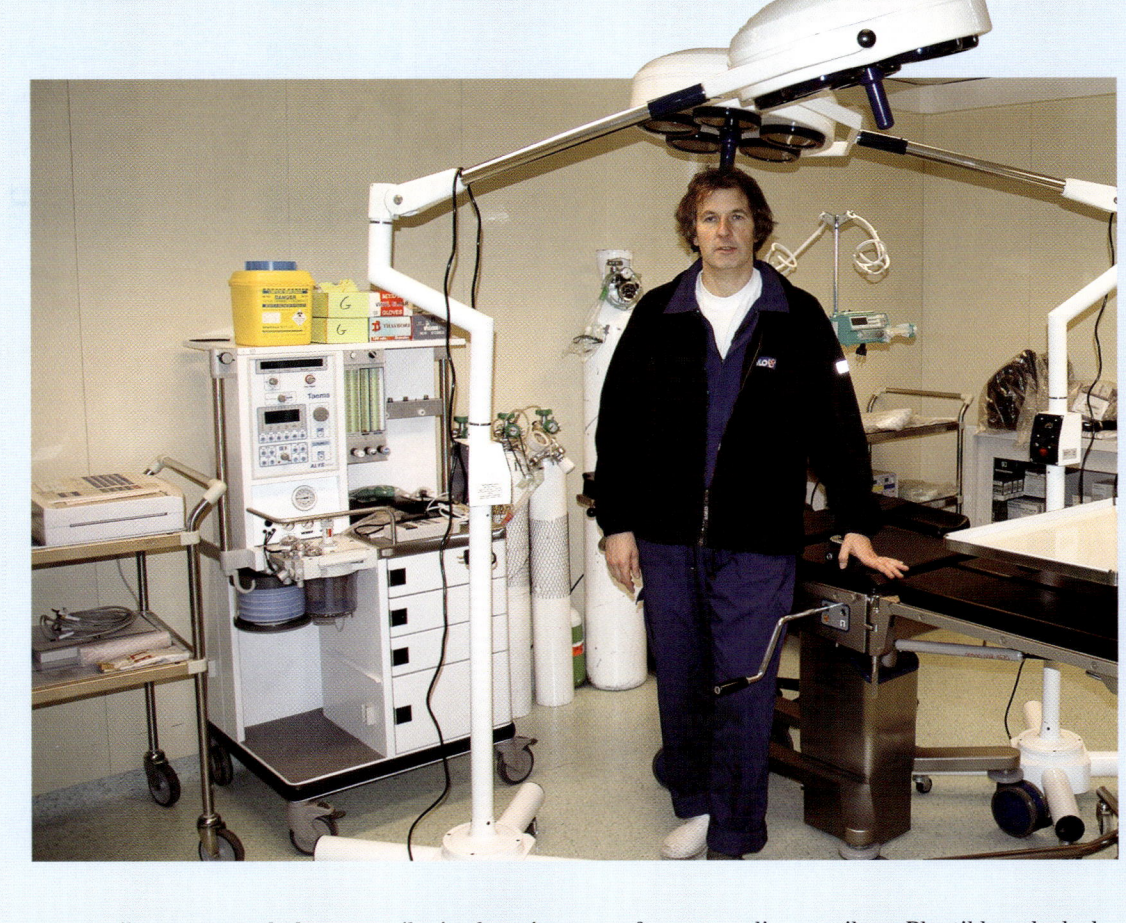

Problem, ohne Unfälle überstanden hat und dass alle gesund und munter wieder zu Hause angekommen sind. Darüber habe ich mich sehr gefreut. Und dann die Fertigstellung der Krankenstation auf *Concordia*, eine Teamleistung mit den anderen Mitgliedern aus Frankreich und Italien. In einer Forschungsstation wie *Concordia*, in der man viele Monate lang von der Umwelt abgeschnitten ist, ist die Krankenstation eine äußerst wichtige Einrichtung. So hatte ich auch ein Operationsteam zusammengestellt, das mir im Notfall helfen konnte – lauter Freiwillige. Der Koch und der Installateur waren »OP-Assistenten«; der Logistikchef und der Atmosphärenphysiker waren Anästhesisten, und der Elektriker und der Astrophysiker waren Helfer. Außerdem habe ich viele Daten für zwei Wissenschaftsprogramme gesammelt, die von der Europäischen Weltraumorganisation ESA finanziert wurden. Während des südlichen Polarwinters sind die Lebensumstände auf *Concordia* nämlich ähnlich extrem wie an Bord eines Raumschiffes auf dem Weg zum Mars. Das erste Programm hieß *Mistacoba (Microbial Study at Concordia Base)* und hatte zum Ziel, Bakterien aufzuspüren und zu untersuchen, wie sie in dieser geschlossenen Umgebung reagieren. Das Projekt *LTMS (Long Time Medical Survive)* sollte eine Reihe biomedizinischer Daten sammeln sowie psychologische Tests durchführen, um herauszufinden, wie der Mensch sich an so extreme Bedingungen anpasst.

LS: Und was hat Ihnen diese einzigartige Erfahrung in menschlicher Hinsicht gebracht?
RD: Einen Augenblick des Innehaltens, des Nachsinnens. Und auch, dass wir an einem für unsere jeweiligen Länder wichtigen Experiment teilgenommen haben; es gibt ja derzeit nur drei Inlandstationen in der Antarktis, und wir haben gewissermaßen den Weg bereitet, wenigstens in *Concordia*. Außerdem erinnere ich mich an ganz besondere, einzigartige Momente. Zum Beispiel habe ich immer den Glaziologen Emanuele Salvietti bei seiner täglichen Entnahme von Schneeproben begleitet. Jeden Tag liefen wir zu einer bestimmten Zeit, ausgerüstet mit einem Funkgerät und einer Taschenlampe, drei km. Eines Abends zeigte das Thermometer bei unserem täglichen »Spaziergang« – 73,78 °C an. An jenem Abend war die Polarnacht ganz außerordentlich klar. Der Mond stand fast voll am Himmel und strahlte ein helles, fast blendendes Licht aus. Unsere beiden Schatten ebenso wie der der Station zeichneten sich scharf auf dem Schnee ab, der unter unseren Schuhen knirschte. Direkt über uns konnte ich das Kreuz des Südens sehen, aber der Himmel war so hell, dass die Magellanwolke und die Milchstraße nicht zu erkennen waren. Ein Satellit flog über unsere Köpfe hinweg, und zu unserer Rechten zog eine Sternschnuppe eine lange schräge Bahn über den Himmel. Um die Schneeproben zu entnehmen, mussten wir eines der drei Paar Handschuhe ausziehen, die wir trugen. Und sehr aufpassen, die sterilen Plastikhandschuhe nicht zu zerreißen: Bei diesen Temperaturen werden sie brüchig wie Glas. Und wir mussten schnell machen, denn schon nach ganz kurzer Zeit spürten wir unsere Finger nicht mehr.

LS: Was bedeutet die Antarktis für Sie?
RD: Die Erfüllung eines Kindheitstraumes, ohne Zweifel. Das beweist, dass die Wirklichkeit manchmal unglaublicher ist als die Fantasie, wenn man sich hartnäckig genug für seinen Traum einsetzt. Und dann ist die Antarktis wirklich die letzte Grenze auf der Erde. An zahllosen Orten auf diesem Erdteil halten sich zum ersten Mal Menschen auf, wie zum Beispiel am Dome C bei dieser ersten Überwinterung. Und schließlich ist die Antarktis auch der Ort, wo die internationale Zusammenarbeit eine wirkliche Geisteshaltung ist, eine wahre Freude, jeden Tag.

Doktor Dicasillati in der Krankenstation von *Concordia*, die er während der ersten Überwinterung eingerichtet hat (oben).

Eine spezielle Schalmütze ist unerlässlich, damit es bei Temperaturen um – 80 °C keine Erfrierungen im Gesicht gibt (linke Seite).

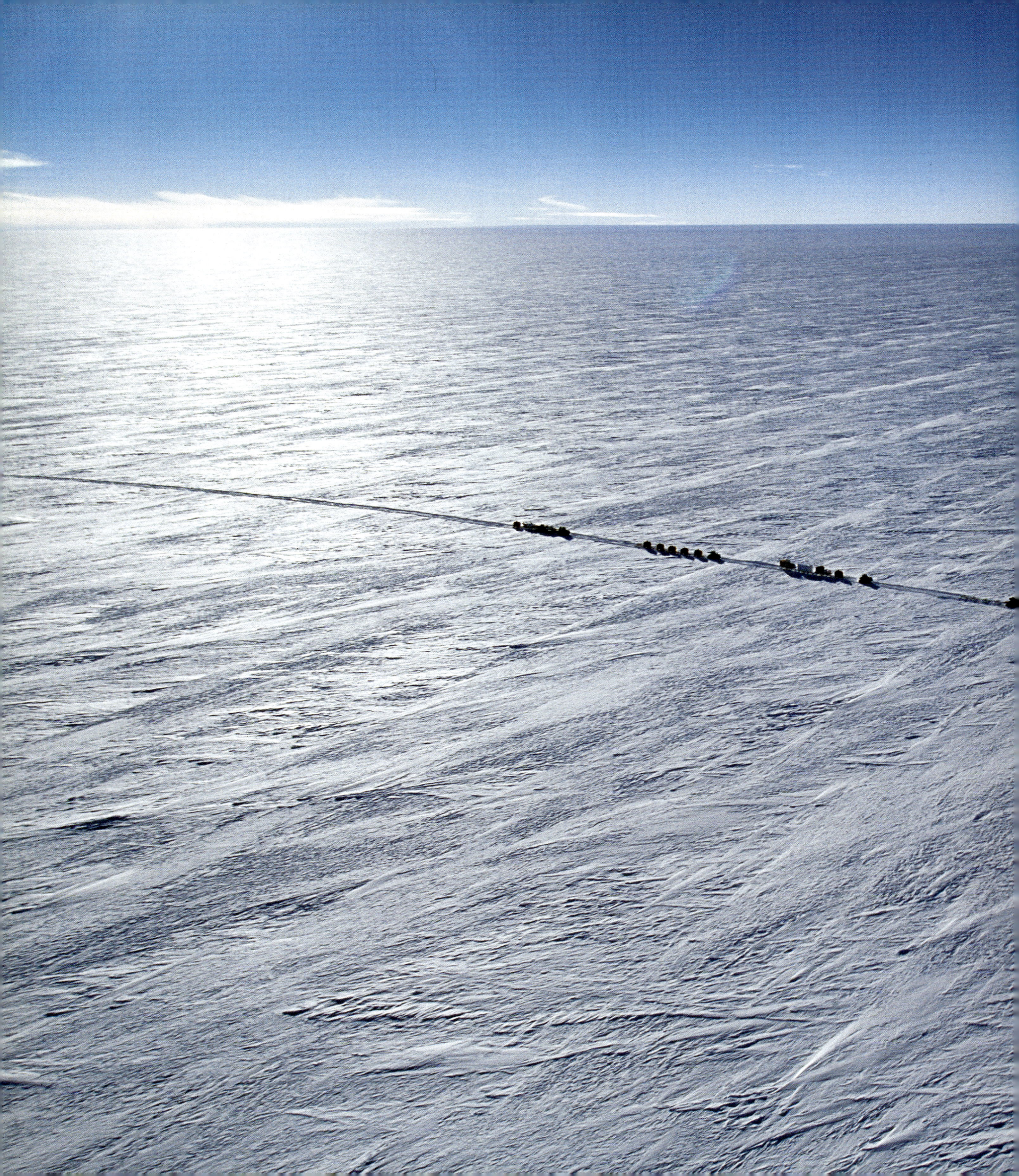

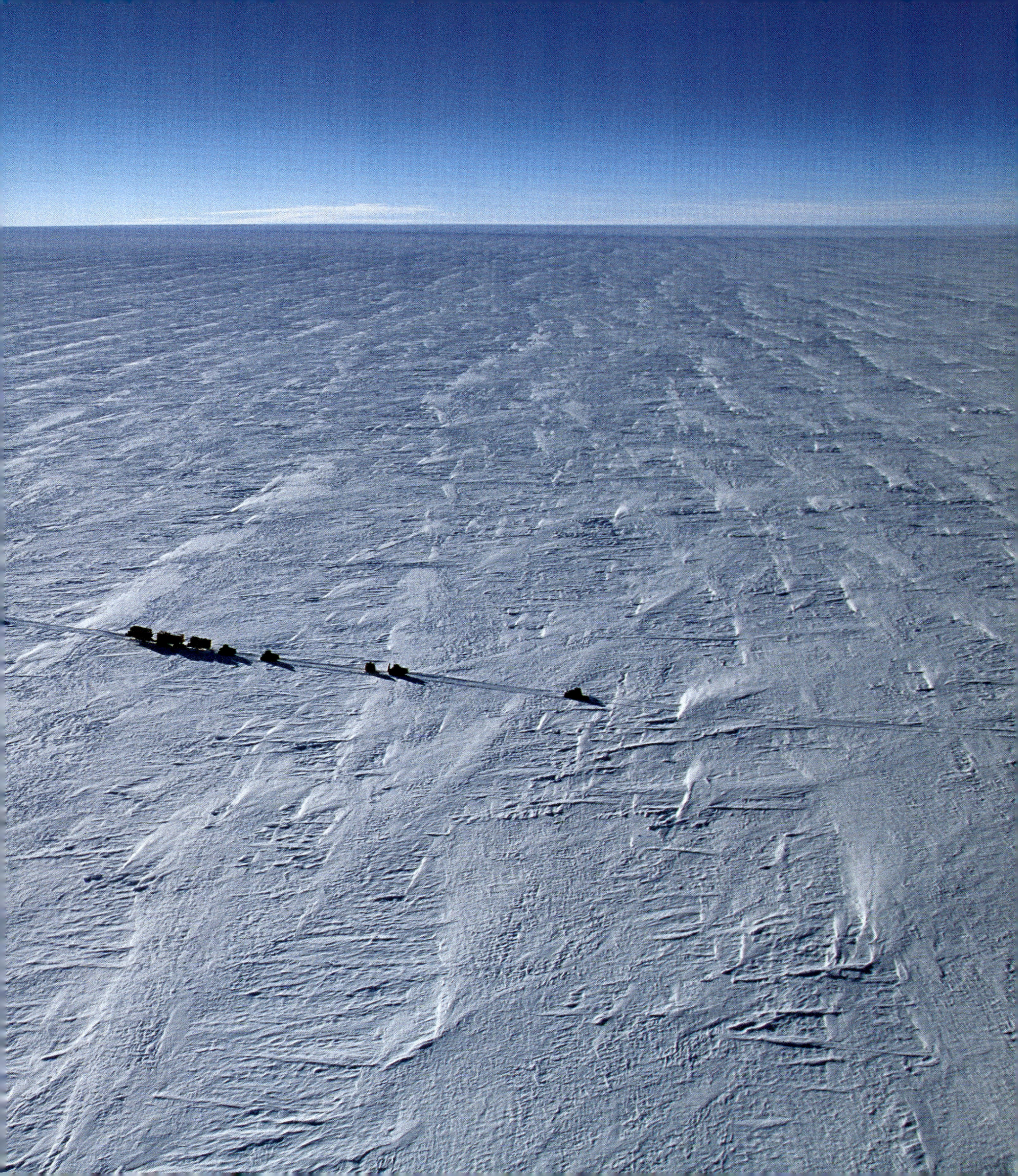

Eine neue Flugpiste in der Antarktis

Während des antarktischen Sommers 2005/ 2006 wurde 70 km südöstlich der australischen Forschungsstation *Casey* eine 4000 Meter lange Start- und Landebahn auf dem Plateau des Peterson-Gletschers angelegt (Eisdicke: 700 m). Zu Ehren des Polarforschers und Piloten Sir George Hubert Wilkins wurde die neue Piste *Wilkins* genannt. Im Dezember 2007, mitten im *Internationalen Polarjahr*, landete dort ein Airbus A 319, den die australische Regierung angeschafft hatte, um den Transfer in die Antarktis zu verbessern, wo das australische Polarprogramm drei Stationen unterhält. Um von Hobart in Tasmanien nach *Casey* zu gelangen, braucht man statt der zehn Tage an Bord des Eisbrechers AURORA AUSTRALIS mit dem Airbus A 319 (einer speziellen Version des Airbus A 300) nur noch viereinhalb Stunden. Der A 319 hat eine Reichweite von 6500 Meilen und kann den Hin- und Rückflug bestreiten,

Ein Land des Friedens und der Wissenschaft

ohne zwischendurch betankt werden zu müssen. Das Budget des neuen *Antarctic Air Service* beträgt 46 Millionen Dollar für vier Jahre. Pro Saison sind zehn bis 20 Flüge zwischen Hobart und *Casey* geplant. In der Ostantarktis haben sich mehrere Länder zusammengeschlossen und ein sehr effizientes inter- und intrakontinentales Flugnetz aufgebaut – das *Dronning Maud Land Network (DROMLAN)*, das Kapstadt in Südafrika mit der russischen Station *Novolazarevskaya* verbindet, in deren Nähe sich eine Eispiste befindet (historisch gesehen haben nämlich die Russen die größte Erfahrung mit der Logistik für Flüge in extremen Regionen). Folgende Länder gehören zum *DROMLAN*-Netzwerk: Deutschland, Großbritannien, Südafrika, Schweden, Indien, Japan und Norwegen. Bei der norwegischen Station *Troll* gibt es noch eine weitere Piste. Transportmaschinen vom Typ Iljuschin 76 TD starten in Kapstadt und landen in *Novolazarevskaya* (4119 km): Von dort geht es dann mit kleineren Flugzeugen weiter.

Die amerikanische Station *McMurdo* hat drei Eispisten, die Station am Südpol eine; je eine Piste auf dem Packeis und auf dem Nansen-Gletscher wird jedes Jahr im Südsommer in der Nähe der italienischen Forschungsstation *M. Zucchelli* im Rossmeer hergerichtet. Die britische Station *Rothera* verfügt ebenso wie die argentinische Station *Marambio* über eine Erdpiste.

Der Transfer per Flugzeug wird zweifellos die Arbeitsbedingungen der Wissenschaftler und Techniker in der Antarktis verbessern; bleibt abzuwarten, ob diese Flüge auch den Tourismus fördern werden.

In der Antarktis sind Hubschrauber unverzichtbar, um Wissenschaftler und Techniker zu befördern und Schiffe zu entladen (oben).

Ein amerikanischer Eisbrecher wartet auf den Trupp mit dem Tankschlauch (Mitte).

Diese seltsamen Autos mit Ketten statt Rädern gibt es in *McMurdo* (unten).

In der blendend weißen Weite des Polarplateaus, dessen Schneeverwehungen von den Stürmen gestaltet wurden, kann man sich ohne GPS kaum orientieren. Ein Konvoi, eine jener Karawanen von Caterpillar-Traktoren, die für die polaren Verhältnisse hergerichtet und mit GPS ausgerüstet sind, auf seinem Weg zwischen den Küsten des Adélie Landes und Dome C. Eine Strecke, für die man bei etwa 10 km pro Tag allein in eine Richtung 15 Tage braucht. Während des antarktischen Sommers halten drei Konvois die Verbindung zwischen Cape Prud'homme und Dome C aufrecht und transportieren etwa 350 Tonnen Material, Treibstoff und Lebensmittel für die Station *Concordia*. Ausgearbeitet und geleitet werden diese Fahrten von Patrice Godon vom *IPEV* (vorhergehende Doppelseite).

Der Konvoi nähert sich Dome C (linke Seite).

Begegnung

Sean Loutitt gelangt auch während des Polarwinters an den Südpol

Chefpilot der kanadischen Gesellschaft Kenn Borek Air Ltd. in Calgary (Alberta)

Sean Loutitt (geboren 1967) ist der erste und bis jetzt einzige Pilot auf der Welt, der das Kunststück fertiggebracht hat, zwei Mal im Polarwinter von Calgary bis zur amerikanischen Station *Amundsen-Scott* am geografischen Südpol und zurück zu fliegen. Er musste Temperaturen von – 60 °C trotzen, um einen erkrankten Überwinterer nach Amerika auszufliegen. Das erste Mal war im April 2001, das zweite Mal im September 2003, ein paar Tage bevor sich die Sonne nach einer sechsmonatigen Nacht wieder am Pol blicken ließ.

Sean Loutitt begann seine Laufbahn 1990 im Norden Kanadas und arbeitet seit 1994 für Kenn Borek Air. 1997 wurde er Chefpilot, zuständig für das Training von zweihundert weiteren Piloten. Im antarktischen Sommer 2006/2007 war er wieder in der Antarktis: mit einer DC3 und in Begleitung von zwei DHC-6 Twin Otter, kleinen Flugzeugen mit 19 Plätzen, die von den amerikanischen, italienischen und französischen Polarprogrammen gemietet worden waren.

Lucia Simion: Erinnern Sie sich an Ihren ersten Einsatz in der Antarktis?
Sean Loutitt: Das war 1997, ich hatte einen Vertrag mit dem amerikanischen Polarprogramm. In Christchurch in Neuseeland bin ich in eine Hercules nach *McMurdo* gestiegen, doch auf halbem Weg haben wir kehrtgemacht (wir nennen das einen Bumerang-Flug), weil für die Antarktis sehr schlechtes Wetter angekündigt wurde. Beim zweiten Versuch hat es geklappt: Ich bin in *McMurdo* angekommen und habe den Südpolarwinter an einem Ort namens Siple Dome verbracht. Ich habe noch nie so schlechte Wetterbedingungen gehabt wie in jenem Jahr, und wir haben nur sehr wenige Flugstunden absolviert. Selbst die Hercules-Maschinen mussten am Boden bleiben; die Flüge wurden 32-mal hintereinander abgesagt. Im Jahr darauf bin ich zu The Ice zurückgekehrt: Von Calgary aus bin ich mit einer Twin Otter in zehn Tagen nach *McMurdo* geflogen.

LS: Können Sie uns etwas über den abenteuerlichen Flug erzählen, über die 17 700 km durch Nordamerika, Südamerika und in der Antarktis, die drei Twin-Otter-Maschinen von Kenn Borek Air jedes Jahr hinter sich bringen? Sie selbst sind diese Strecke sogar zweimal im Winter geflogen …
SL: Ja, wir fliegen wirklich einmal von Norden nach Süden über die Erdkugel, um nach *McMurdo* zu kommen. Wir starten im Morgengrauen in Calgary, und am Abend des ersten Tages sind wir in Houston, Texas. In der zweiten Nacht legen wir einen – sehr

> *« Der Kontinent ist unermesslich, und es ist traumhaft, dort fliegen zu dürfen. Es ist so, als gehörte der Himmel mir. Als wäre es mein Himmel. »*

angenehmen – Zwischenstopp auf den Kaimaninseln ein. Dann fliegen wir über Panama nach Guayaquil in Ecuador, eine Stadt mit hoher Umweltverschmutzung. Die vierte Etappe, nachdem wir die peruanischen Küsten hinter uns gelassen haben, ist Arica in Chile. Am Tag danach fliegen wir neun Stunden nach Puerto Montt in Chile. Dann landen wir schließlich in Punta Arenas in Patagonien, wo wir etwa zwei Tage bleiben, um die nächste Etappe der Reise vorzubereiten: den Flug über die Drakestraße zwischen der äußersten Spitze Südamerikas und der Antarktis. Aus den fünf Flugstunden können auch schon mal neun werden, wenn wir auf Gegenwinde von 80–90 Knoten treffen. Treibstoff haben wir für zehneinhalb Stunden Flug.

LS: Wie organisieren Sie diese Etappe?
SL: Wir nehmen Verbindung auf mit dem Wetterdienst von Punta Arenas und dem der englischen Station *Rothera* auf der Antarktischen Halbinsel; wenn für die nächsten 48 Stunden eine stabile Wetterlage vorausgesagt wird, machen wir uns auf den Weg nach *Rothera*; stündlich gibt uns dann die britische Station per Funk die Wetterverhältnisse auf dem Kontinent durch. Je nach Treibstoffmenge und Geschwindigkeit können wir den *point of safe return* berechnen. Wenn das Wetter sehr schlecht ist, müssen wir umkehren; aber das ist noch nie vorgekommen. Klar, wenn beim Flug über die Drakestraße ein Problem auftaucht, können wir nirgendwo landen; aber wir beachten die Wettervorhersage in einem fast schon extremen Maß. Wir

fliegen mit einer halben Stunde Abstand voneinander auf einer Höhe zwischen 8000 und 16000 Fuß. Da es in einer Twin Otter keinen Druckausgleich gibt, brauchen wir oberhalb von 10000 Fuß Sauerstoffmasken.

LS: Und dann?
SL: Dann landen wir in *Rothera*, wo wir immer sehr herzlich aufgenommen werden und unsere Maschinen wieder auftanken können. Diese Station steht an einem der spektakulärsten Orte in der Antarktis. Während unseres Aufenthaltes nehmen wir die Räder der Twin Otter ab und ersetzen sie durch Kufen. Die nächste Etappe führt von *Rothera* nach *Amundsen-Scott* am geografischen Südpol: 1300 Seemeilen, zehn Stunden Flug. Dementsprechend wichtig sind die Wetterverhältnisse, und wir prüfen sie sehr sorgfältig. Wenn wir starken Gegenwind haben, können wir in *Patriot Hills* auftanken; ansonsten fliegen wir direkt zum Pol – eine lange Etappe über eine endlose weiße Fläche. Dort machen wir einen Tag Pause. Die Temperatur beträgt – 55 °C, und alles friert sofort ein. Die Motoren der Twin-Otter-Maschinen müssen also geschützt und warm gehalten werden, damit wir am Tag darauf wieder starten können. Und dann kommt der letzte Teil der Reise: der Flug vom Pol nach *McMurdo* und die Überquerung des Transantarktischen Gebirges. Zehn bis 15 Tage, nachdem wir Kanada verlassen haben, kommen wir bei der amerikanischen Station *McMurdo* an.

LS: Wie war es, als Sie im Winter losgeflogen sind, um Leben zu retten?
SL: Wir haben es genauso gemacht wie im Sommer, nur dass es dunkel war und sehr viel kälter! Es war schon etwas ganz Besonderes, dort zu sein, als der Kontinent im Prinzip von der Welt abgeschnitten war ... Das war Teamarbeit, eine gemeinsame internationale Kraftanstrengung. Alle waren einfach großartig: meine Mannschaft, die Überwinterer am Südpol, die eine Landepiste hergerichtet hatten ...

Die Twin Otter von Kenn Borek Air am Dome C. Diese kanadische Gesellschaft ist auf Flüge in die Polargebiete spezialisiert. Sie hat einen Vertrag mit dem italienischen Polarprogramm *PNRA*, dem französischen Polarinstitut *IPEV* und dem amerikanischen Polarprogramm *USAP-NSF*.

LS: Was bedeutet die Antarktis für Sie als Pilot?
SL: Die letzte Grenze. Es ist der letzte Ort auf der Erde, wo man Stunden um Stunden fliegen kann, ohne irgendjemandem zu begegnen, ohne irgendetwas zu sehen. Manchmal, wenn ich nach der Landung den Boden betrete, denke ich: Ich bin der Erste, der seinen Fuß auf diesen Schnee setzt. Der Kontinent ist unermesslich, und es ist traumhaft, dort fliegen zu dürfen. Es ist so, als gehörte der Himmel mir. Als wäre es mein Himmel.

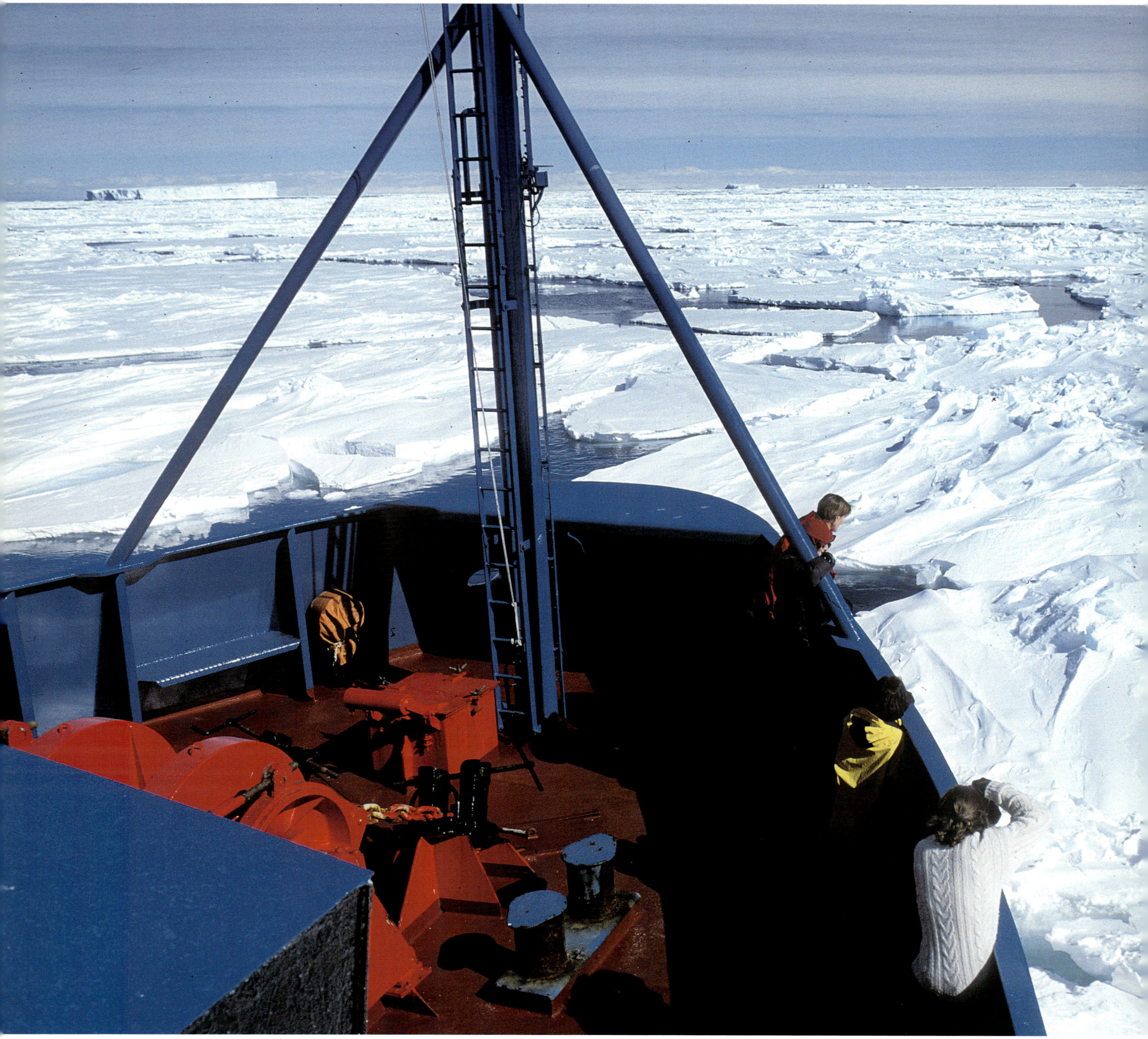

Die 65 m lange ASTROLABE ist das Versorgungsschiff der französischen Station *Dumont-d'Urville*. Sie wird vom *IPEV* und den *TAAF* an etwa 120 Tagen im Jahr in Anspruch genommen. Ihr Heimathafen ist Hobart in Tasmanien. Während des antarktischen Sommers von Oktober bis März fährt sie fünfmal die 1300 sm zwischen Hobart und *DDU* hin und her. Jede Einzelstrecke dauert ungefähr eine Woche. Manchmal ist das Packeis so fest, dass die ASTROLABE, die kein Eisbrecher ist, nicht durchkommt; dann werden Passagiere und Fracht per Helikopter weitertransportiert.

Ein vom Postamt in *Dumont-d'Urville* abgestempelter Briefumschlag; die Post wird von den *TAAF* verwaltet (ganz oben).

Der Briefkasten (oben links).

Jocelyne Le Bret, 1999/2000 Postbeamtin in *Dumont-d'Urville* (oben rechts).

Serge Marko, Maler in *DDU*. Er schuf die Seelandschaften für den Briefmarkensatz von Adélieland (rechts).

Ein Land des Friedens und der Wissenschaft

Reise eines Briefes ans Ende der Welt

Die ASTROLABE, das Versorgungsschiff der französischen Forschungsstation *Dumont-d'Urville (DDU)* in Adélieland, nähert sich langsam dem Archipel Pointe Géologie. Es hat eine lange Fahrt durch das Südpolarmeer hinter sich: 2700 km von Hobart in Tasmanien. Sieben Tage auf hoher See durch die »brüllenden Vierziger« und die »wilden Fünfziger« bis zu dem kleinen Dorf auf Petrel Island am Rand des endlosen Polarplateaus, das 5 km weiter beginnt.

Auf dem Hubschrauberlandeplatz der ASTROLABE liegt ein großer Haufen Postsäcke: *France Poste* mit roten Aufklebern *Terre Adélie – TAAF*. Das ist die Post für die Station *Dumont-d'Urville*, denn der Postdienst wird von den TAAF (*Terres Australes et Antarctiques Françaises*) organisiert. Zwei Seeleute hieven unter der aufmerksamen Kontrolle von Jean-Marie Jaguenaud, der bei den *TAAF* für Post, EDV und Kommunikationstechnik zuständig ist, die Säcke in den Hubschrauber. Traditionsgemäß wird zuerst die Post ausgeladen, noch bevor die Passagiere aussteigen dürfen. Wir sehen zu, wie der Hubschrauber abhebt. Sein Ziel: die Poststelle von *DDU*, genannt *Gérance Postale* (Postdirektion), im Lokaljargon *GP*. Es ist ein kleines, lachsfarbenes Gebäude, das Dach gespickt mit Antennen. Der Briefkasten – gelb wie die Briefkästen in der Hauptstadt – ist außen angebracht. Ich durfte dem *GP* von *DDU* einen Besuch abstatten, als der Postbeamte eine Beamtin war, also eine Frau: Jocelyne Le Bret aus Brest, eine der beiden ersten Französinnen, die in Adélieland überwintert haben (1999/2000).

Während des Südsommers von Oktober bis März befördert die ASTROLABE auf ihren fünf Touren etwa 35 jeweils 15 kg schwere Postsäcke mit Briefen und Päckchen. Das entspricht rund 10 000 Briefen pro Jahr. 90 % dieser Briefe kommen von Briefmarkensammlern aus der ganzen Welt, hauptsächlich Europa (Frankreich, Deutschland), aber auch aus Japan. Adélieland ist eines von insgesamt vier Gebieten der *Terres Australes et Antarctiques Françaises* und das GP erhält 25 % der Briefe meistens mit Anfragen aus dem Ausland. Zwischen 1950 und 2007 hat der philatelistische Dienst der *TAAF* 481 Briefmarken herausgebracht und vier Briefmarkensätze »Reisetagebücher«. Auf den ersten Sammlerumschlägen aus Adélieland wurden Briefmarken aus Madagaskar verwendet (1948).

Das Postamt in *Dumont-d'Urville* ist nicht das einzige in der Antarktis. Es gibt etwa zwanzig Postämter, zum Beispiel die auf den amerikanischen Stationen *McMurdo*, *South Pole (Amundsen-Scott)* und *Palmer*, das auf der russischen Station *Mirny*, auf *Syowa* (Japan), *Mawson*, *Casey* und *Davis* (Australien), *Arctowski* (Polen), *Rothera* und *Halley* (Großbritannien), *Belgrano* und *Jubany* (Argentinien), *Zhongshan* (China) und viele andere mehr. Zu den schönsten Briefmarken gehören die der *TAAF*, aber auch die der neuseeländischen *Ross Dependency*, diejenigen des *British Antarctic Territory* und die des australischen Gebiets. Mehrere Länder haben zum *Internationalen Polarjahr 2007/2008* Briefmarken herausgegeben.

Der Lauf der Sonne in *Dumont-d'Urville*: Am 21. Juni, der Wintersonnenwende, geht die Sonne kurz über dem Horizont auf und schon nach etwa zwei Stunden wieder unter. Dennoch leuchtet der Himmel hell. Die Briefmarke, hier in Originalgröße abgebildet, ist eine der längsten der Welt.

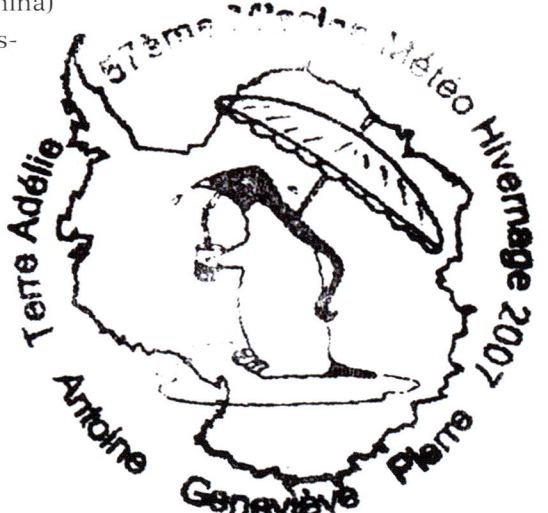

- Kleine Geschichte der Polarjahre
- Antarktisforscher
- Meteoriten und Mikrometeoriten
- Ozon
- Dinosaurier und Fossilien in der Antarktis
- Adéliepinguin
- Kaiserpinguin
- Eselspinguin

Alles auf

- Zügelpinguin
- Goldschopfpinguin
- Andere Vögel der Antarktis
- Robben
- Wale
- Krill
- Kopffüßer und Fische
- Tourismus

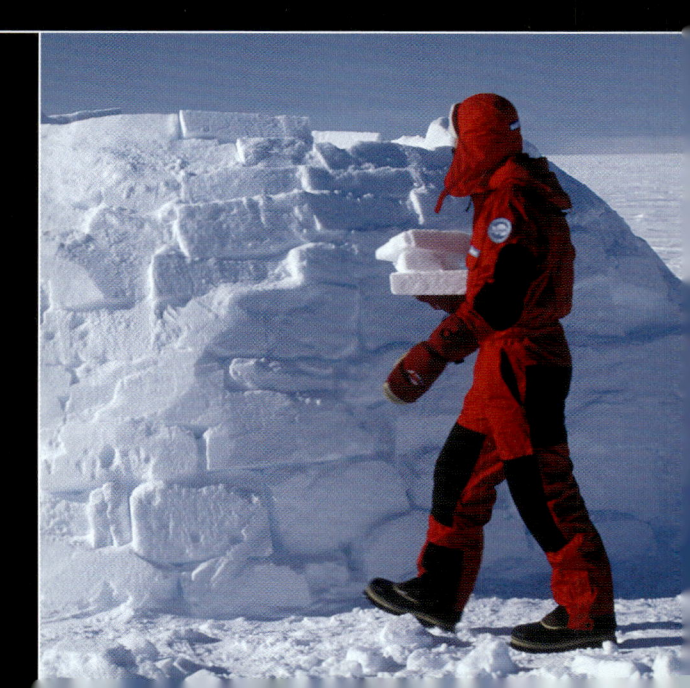

einen Blick

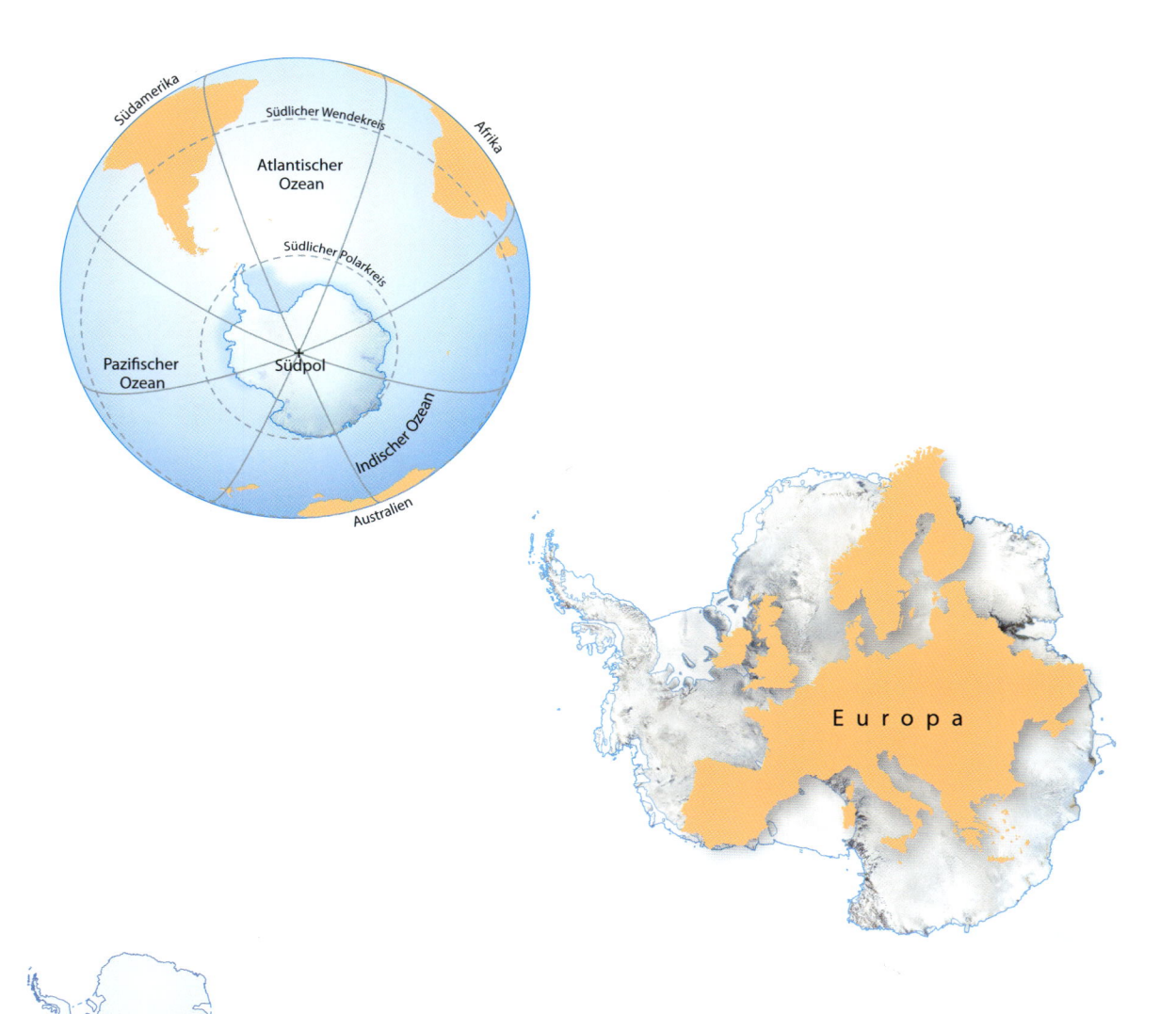

Schnitt durch den antarktischen Kontinent

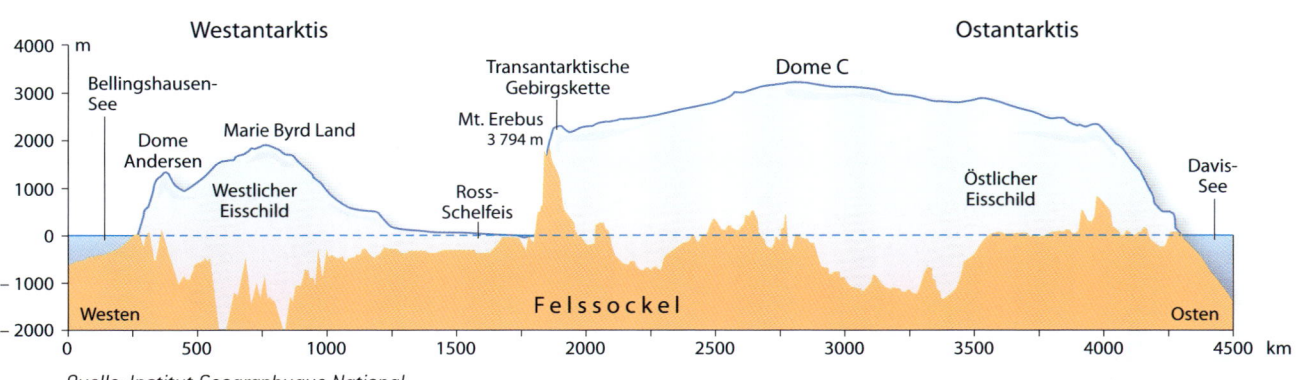

Quelle: Institut Geographyque National

Scotiameer

Inaccessible Islands
Süd-Orkneyinseln
Drakestraße
Süd-Shetlandinseln
Elephant Island
King George Island
Joinville Island
Livingston Island
Seymour Island
Smith Island
Brabant Island
Anvers Island
Antarktische Halbinsel
Graham Land
Larsen-Schelfeis
Cape Disappointment
Biscoe-Islands
Cape Bryant
Adelaide Island
Palmer Land
Marguerite Bay
Alexander Island
Cape Vostok
Wilkins-Schild
Charcot Island
Ronne Einfahrt
Latady Island
Robert-English-Küste
Ellsworth Land
Bellingshausensee
Peter-I. Island
Abbot Schelfeis
Eights-Küste
Cape Annawan
Cape Palmer
Walgreen
Thurston-Insel
Pine Island Bay
Amundsensee
Cape Herlacher
Cape Leahy
Pazifis

Wanderung des magnetischen Südpols

Seit dem Jahre 1600 hat sich der magnetische Südpol (der Punkt auf der Erdoberfläche, an dem die Kompassnadeln senkrecht stehen) jedes Jahr 10 bis 15 km nach Nordnordost verlagert: vom Ross-Schelfeis über das Landesinnere (wo Douglas Mawson, Edgeworth David und Alistair Mackay ihn 1909 bei 72° 24′ S, 155° 18′ E erreichten) bis zum offenen Meer vor der Küste von Adélie Land. Die Wanderung der Magnetpole ist noch nicht eindeutig geklärt, doch sie hat mit »Strömungen« im flüssigen Teil des Erdkerns zu tun.

Geomagnetischer Südpol

Er befindet sich im Landesinnern bei 75° 0′ S, 118° 4′ E, wo die Achse des Erdmagnetfeldes endet. Das ist der Ort, an dem alle Feldlinien des irdischen Magnetfeldes zusammenlaufen, wenn man davon ausgeht, dass die Magnetpole sich genau wie ein Stabmagnet verhalten. Der geomagnetische Südpol wird durch Berechnung bestimmt.

Pol der Unzugänglichkeit

Der Südpol der Unzugänglichkeit (85° 50′ S, 65° 47′ E) ist der Punkt in der Antarktis, der am weitesten von allen Küsten entfernt liegt. 463 km vom geografischen Südpol entfernt und auf einer Höhe von 3718 m, ist er einer der abgeschiedensten und unwirtlichsten Orte der Erde und wurde zum ersten Mal 1957 von einer sowjetischen Expedition erreicht.

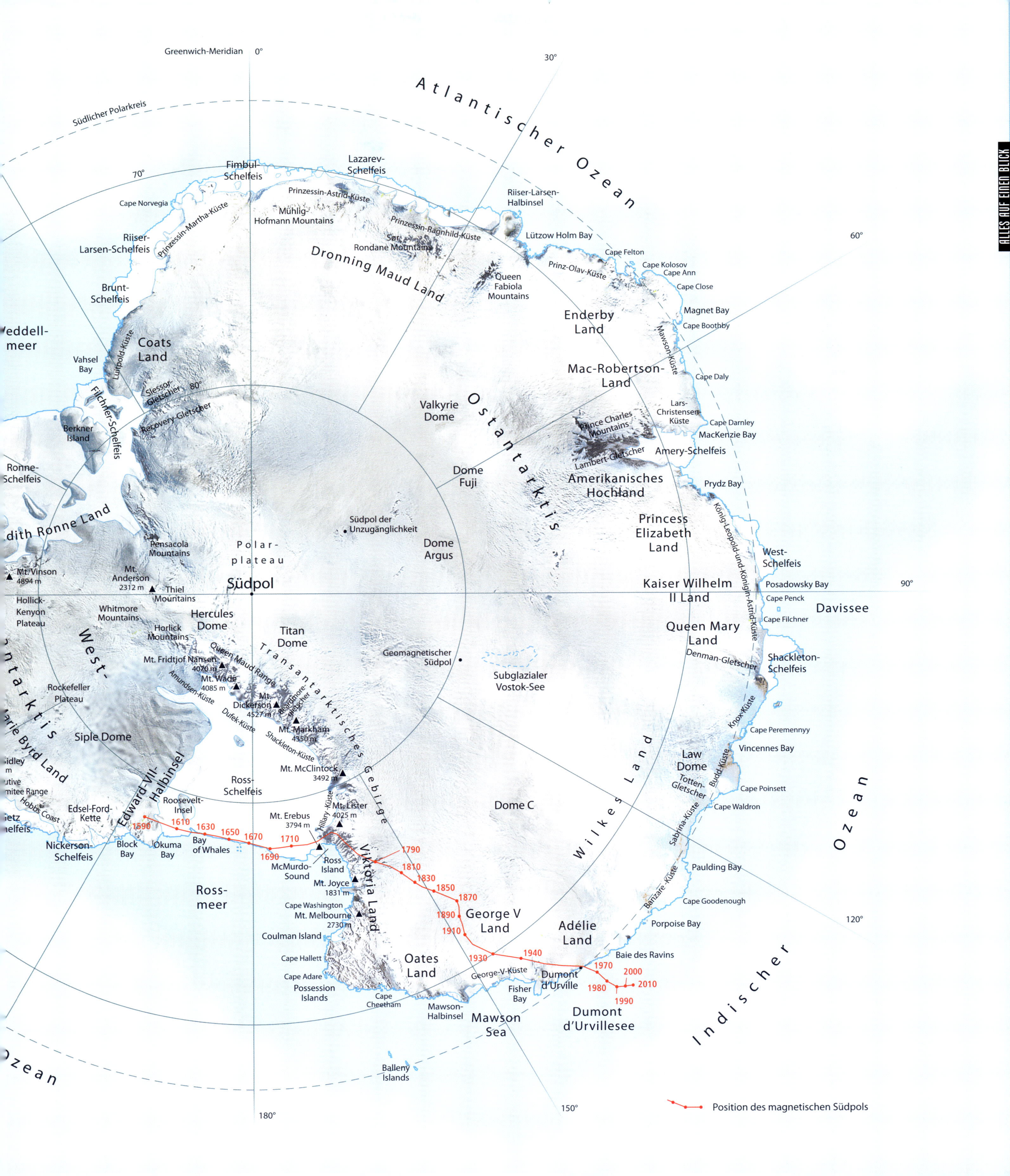

Greenwich-Meridian
0°
30°
60°
90°
120°
150°
180°
70°
80°
Südlicher Polarkreis
Atlantischer Ozean
Indischer Ozean
Ozean
Weddell-meer
Ross-meer
Davissee
Dumont d'Urvillesee
Mawson Sea
Fimbul-Schelfeis
Lazarev-Schelfeis
Prinzessin-Astrid-Küste
Mühlig-Hofmann Mountains
Prinzessin-Ragnhild-Küste
Sør Rondane Mountains
Riiser-Larsen-Halbinsel
Lützow Holm Bay
Cape Felton
Cape Kolosov
Cape Ann
Cape Close
Prinz-Olav-Küste
Queen Fabiola Mountains
Dronning Maud Land
Cape Norvegia
Prinzessin-Martha-Küste
Riiser-Larsen-Schelfeis
Brunt-Schelfeis
Coats Land
Luitpold-Küste
Vahsel Bay
Slessor-Gletscher
Recovery-Gletscher
Filchner-Schelfeis
Berkner Island
Ronne-Schelfeis
Edith Ronne Land
Pensacola Mountains
Mt. Vinson 4894 m
Mt. Anderson 2312 m
Thiel Mountains
Polar-plateau
Südpol
Südpol der Unzugänglichkeit
Enderby Land
Magnet Bay
Cape Boothby
Mawson-Küste
Mac-Robertson-Land
Cape Daly
Valkyrie Dome
Ostantarktis
Prince Charles Mountains
Lars-Christensen-Küste
Cape Darnley
MacKenzie Bay
Amery-Schelfeis
Lambert-Gletscher
Dome Fuji
Amerikanisches Hochland
Prydz Bay
Princess Elizabeth Land
König-Leopold-und-Königin-Astrid-Küste
Dome Argus
West-Schelfeis
Posadowsky Bay
Cape Penck
Cape Filchner
Kaiser Wilhelm II Land
Queen Mary Land
Denman-Gletscher
Shackleton-Schelfeis
Hollick-Kenyon Plateau
Whitmore Mountains
Hercules Dome
Horlick Mountains
Titan Dome
Geomagnetischer Südpol
Subglazialer Vostok-See
West-antarktis
Mt. Fridtjof Nansen 4070 m
Mt. Wade 4085 m
Queen Maud Range
Transantarktisches Gebirge
Amundsen-Küste
Mt. Dickerson 4527 m
Beardmore-Gletscher
Dufek-Küste
Mt. Markham 4350 m
Shackleton-Küste
Rockefeller Plateau
Siple Dome
Marie Byrd Land
Edward-VII-Halbinsel
Mt. McClintock 3492 m
Ross-Schelfeis
Roosevelt-Insel
Knox-Küste
Cape Peremennyy
Vincennes Bay
Law Dome
Totten-Gletscher
Budd-Küste
Cape Poinsett
Cape Waldron
Sabrina-Küste
Wilkes Land
Dome C
Hobbs Coast
Edsel-Ford-Kette
Getz Schelfeis
Nickerson-Schelfeis
Block Bay
Okuma Bay
Bay of Whales
Mt. Erebus 3794 m
Hillary-Küste
Mt. Lister 4025 m
McMurdo-Sound
Ross Island
Mt. Joyce 1831 m
Viktoria Land
Cape Washington
Mt. Melbourne 2730 m
Coulman Island
Cape Hallett
Cape Adare
Possession Islands
Cape Cheetham
Oates Land
George V Land
George-V-Küste
Mawson-Halbinsel
Fisher Bay
Dumont d'Urville
Adélie Land
Baie des Ravins
Paulding Bay
Banzare-Küste
Cape Goodenough
Porpoise Bay
Balleny Islands
1590
1610
1630
1650
1670
1690
1710
1790
1810
1830
1850
1870
1890
1910
1930
1940
1970
1980
1990
2000
2010
Position des magnetischen Südpols

Kleine Geschichte der Polarjahre

◀ Carl Weyprecht

Das *Internationale Polarjahr 2007/2008 (IPY)* ist nicht das erste. In den 124 Jahren davor haben Wissenschaftler auf der ganzen Welt drei Polarjahre organisiert. Das dritte, das *Internationale Geophysikalische Jahr (IGY)*, ist bis heute das wichtigste – nicht nur wegen der wissenschaftlichen und logistischen Aktivitäten, die damals stattgefunden haben, sondern vor allem, weil zum Abschluss das Verwaltungssystem für den Kontinent unterzeichnet wurde, der Antarktisvertrag. Auch das *wissenschaftliche Komitee für Antarktisforschung (SCAR)* ist aus dem *IGY* hervorgegangen. Die Idee, ein internationales Polarjahr zu organisieren, stammt von dem österreichischen Forscher und Marineoffizier Carl Weyprecht (1838–1881), der zweimal in der Antarktis war. Er hatte bereits eine sehr moderne Vorstellung und verstanden, dass die Polargebiete eine zentrale Rolle bei der Regulierung des Erdklimas spielen und eine internationale Zusammenarbeit in der Geophysik unerlässlich war.

▼ Ein Bild des Antarktischen Festlandes mit seinem Netz von 150 subglazialen Seen und Flüssen. Studium und Erforschung einiger dieser Seen gehören zu den Projekten des 4. IPY.

Durchschnittliche Dicke des Eises 2000 m

Seen · Flüsse · Unter dem Meeresspiegel · Vostok-See

■ Erstes IPY: 1882/1883

An diesem ersten Jahr nahmen zwölf Nationen teil, und 15 Expeditionen wurden organisiert (zwei in die Antarktis, 13 in die Arktis).

■ Zweites IPY: 1932/1933

Es fand unter der Ägide der *Weltorganisation für Meteorologie (WMO)* statt. 40 Nationen nahmen daran teil. Schwerpunktstudien in der Meteorologie, über das Erdmagnetfeld und die Atmosphäre (insbesondere über Phänomene in der Ionosphäre, was zu einem Fortschritt in Wissenschaft und Technik der Funkübertragung beitrug). Die *Bolling Advance Base* von Richard Byrd (bei 80° S) war die erste wissenschaftliche Station auf dem Festland der Antarktis.

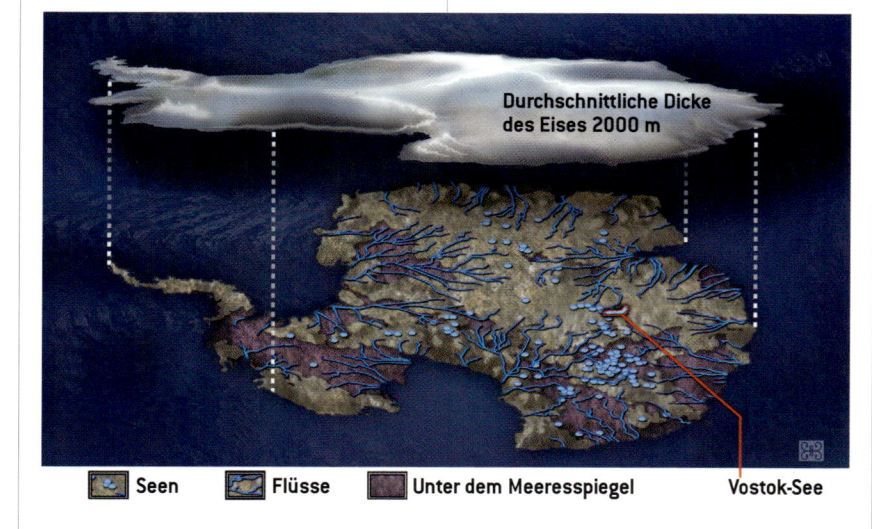

■ Drittes IPY: im Rahmen des *Internationalen Geophysikalischen Jahres (IGY)* 1957/1958

Dieses äußerst wichtige Jahr begann am 1. Juli 1957 und endete am 31. Dezember 1958. Es nahmen 67 Nationen und 80 000 Wissenschaftler daran teil. In der Antarktis wurden damals alle wichtigen Stationen, die es heute noch gibt, gegründet. Das Modell der Plattentektonik (auf der Grundlage von Alfred Wegeners Theorie der Kontinentalverschiebung) wurde endgültig akzeptiert; das antarktische Festland wurde von West nach Ost durchquert, und die ersten Vermessungen der Eisschilde wurden durchgeführt. In gewisser Weise musste die Geophysik der Erde aufgrund der Forschungsergebnisse neu geschrieben werden. Am Ende dieses *IGY* stand der 1961 in Kraft getretene Antarktisvertrag.

■ Viertes IPY: 2007/2008

Es brachte rund 60 Länder sowie Zehntausende von Wissenschaftlern und Forscher aus der ganzen Welt zusammen, die an mehr als 200 Projekten mitarbeiteten. Das *IPY* wurde weltweit vom *Internationalen Wissenschaftsrat (ICSU)* und der *Weltorganisation für Meteorologie (WMO)* koordiniert und von zahlreichen internationalen Organisationen wie dem *Arktischen Rat* und dem *Umweltprogramm der Vereinten Nationen (UNEP)* unterstützt. Mehr als 440 Millionen US-Dollar standen für die Forschungsprogramme zur Verfügung. Es gab sechs Hauptbereiche:

Thema 1 Den Polargebieten den Puls fühlen: Ermittlung des aktuellen Zustandes der polaren Umwelt.

Thema 2 Veränderungen verstehen: Vergangene und gegenwärtige Veränderungen von Mensch und Umwelt erfassen und verstehen, um bessere Zukunftsprognosen abgeben zu können.

Thema 3 Globale Zusammenhänge erfassen: die Verbindungen zwischen den Polargebieten und dem Rest der Erde besser verstehen.

Thema 4 Die Grenzen unseres Wissens erweitern: das Unbekannte in den Polargebieten erforschen (subglaziale Berge, Seen und Ökosysteme, die Tiefsee …).

Thema 5 Die besondere Lage der Polargebiete nutzen, um Observatorien zur Beobachtung des Erdinnern, des Erdmagnetfeldes, der Sonne und des Universums einzurichten oder weiterzuentwickeln.

Thema 6 Humanwissenschaften: kulturelle, historische und soziale Prozesse, aufgrund derer die arktische Bevölkerung überleben konnte, sowie ihr spezifischer Beitrag zu einer globalen kulturellen Vielfalt.

▼ Straßburg, Europäisches Parlament: Eröffnung des 4. IPY.

Antarktisforscher

Die Briefmarken mit den Polarforschern wurden 1995 von der neuseeländischen Post herausgegeben: www.nzpost.co.nz

■ James Cook

1728–1779. Engländer. Bei seiner zweiten Reise um die Welt mit der RESOLUTION und der ADVENTURE (1772–1775) überquert Cook am 17. Januar 1773 als Erster den Südpolarkreis (66° 33′ S). Er gelangt bis 71° 10′ S und umsegelt den ganzen Kontinent, ohne ihn je zu Gesicht zu bekommen. Jenseits des Packeisgürtels vermutet er Festland.

■ Fabian G. von Bellingshausen

1778–1852. Geboren in Estland, das damals zum russischen Reich gehörte. 1819 gibt Zar Alexander I. eine Expedition in Auftrag, die nach der *Terra australis incognita* suchen soll. Bellingshausen wird Kommandant der Korvette VOSTOK (600 Tonnen, 117 Mann Besatzung) und deren Begleitschiff MIRNYI (530 Tonnen, 72 Mann Besatzung). Die Expedition sticht im September 1819 von Portsmouth aus in See und erreicht im Dezember South Georgia. Am 26. Januar 1820 überquert er als Zweiter nach Cook den Südlichen Polarkreis und gelangt bis auf 20 Meilen an die Küsten des Kontinents, jedoch ebenfalls ohne ihn zu sehen (69° 21′ S, 2° 14′ W). Im Herbst 1820 kommt die Expedition nach Sydney. Im November 1820 sticht sie erneut in See und umsegelt zur Hälfte die Antarktis, wieder ohne Festland zu sehen. Bellingshausen entdeckt Peter I Island und das »Alexander Land« (Alexander I Island); auf den Süd-Shetlandinseln trifft er den amerikanischen Robbenjäger N. Palmer. Seine Entdeckungen und die Umsegelung des Kontinents werden mehr als 100 Jahre lang nicht beachtet. Heute ist ein Teil des Südpolarmeeres nach ihm benannt.

■ Nathaniel B. Palmer

1799–1877. Amerikaner. Robbenjäger, Forscher, Schiffbauer. Mit 21 Jahren verlässt er seine Geburtsstadt Stonington in Connecticut an Bord der HERO, einer 14 m langen Schaluppe. Ziel: die Antarktis im Süden von Kap Hoorn, wegen der Robbenfelle, die damals auf dem chinesischen Markt sehr begehrt waren (1820/1821). Vielleicht einer der Männer, die die Antarktische Halbinsel entdeckt haben. Nach ihm benannt sind das Palmer Land, eine amerikanische Forschungsstation und ein Eisbrecher der NSF. Besichtigung des Hauses von N. B. Palmer in Stonington, Connecticut:
www.stoningtonhistory.org/palmer.htm

■ Edward Bransfield

1785–1852. Engländer, geboren in Irland. Von ihm, der als einer der Ersten am 30. Januar 1820 die Trinity-Halbinsel im äußersten Norden des antarktischen Festlandes von seinem Schiff ANDROMACHE aus gesehen und beschrieben hat, gibt es kein Portrait. Zwei Tage vor ihm war Bellingshausen nur 20 Meilen entfernt gewesen. Bransfield nahm King George Island und Clarence Island für Großbritannien in Besitz. Die Berge der Trinity-Halbinsel und eine Meerenge tragen seinen Namen.

■ John Davis

1784–18??. Amerikaner, geboren in Großbritannien. Robbenjäger und Seefahrer. Er soll der Erste gewesen sein, der das antarktische Festland betreten hat (am 7. Februar 1821 in der Hughes Bay).

■ James Weddell

1787–1834. Vater Schotte, Mutter Engländerin. Forscher und Robbenjäger. Drei Reisen in die Antarktis an Bord der Brigg JANE (160 Tonnen). Bei der dritten Reise – in Begleitung der BEAUFOY (65 Tonnen) – nutzt Weddell den äußerst milden Südsommer und dringt in das Meer östlich der Antarktischen Halbinsel vor. Am 17. Februar 1823 erreicht er 74° 34′ S, 30° 12′ W ohne »auch nur das kleinste Stückchen Eis zu sehen«. Niemand war bisher so weit südlich und so nah an den Kontinent herangekommen.

■ John Biscoe

1794–1843. Engländer. Forscher und Robbenjäger im Dienste der Brüder Enderby. Auf der Suche nach neuen Robbenkolonien unternimmt er eine Expedition mit der TULA und der LIVELY (1830–1833). Er entdeckt Enderby Land – auf dem Festland zwischen 40° und 60° Ost – und umsegelt nach einem Zwischenstopp in Hobart zum dritten Mal nach Cook und Bellingshausen vollständig die Antarktis. Er entdeckt Adelaide Island, die Biscoe Islands und Graham Land.

Antarktischer Sommer 1820/1821

Etwa 55–60 Robbenfängerschiffe mit rund tausend Mann an Bord fanden sich bei den Süd-Shetlandinseln ein. Man kann von Glück sagen, dass die Pelzrobben und See-Elefanten nicht ganz ausgerottet wurden. Die Robbenjagd war eine der schlimmsten Schlächtereien, die je angerichtet wurden.

■ John Balleny

Ungefähr 1770–1842. Brite. Arbeitet wie J. Biscoe für die Firma Enderby. Bei seinen Streifzügen durch das Südliche Polarmeer südlich von Neuseeland und Tasmanien entdeckt er 1839 die Balleny Islands.

■ Jules Sébastien César Dumont d'Urville

1790–1842. Französischer Seefahrer und Forscher. Nach einer Expedition ins Schwarze Meer und zu den griechischen Inseln (1819/1820)

ASTROLABE, die Korvette des Forschers Dumont d'Urville im Packeis

Büste Dumont d'Urvilles in der gleichnamigen französischen Station in Adélie Land.

sowie einer weiteren in die Südsee (1826–1830) bricht er von Toulon aus mit zwei Korvetten, der ASTROLABE und der ZÉLÉE, zu einer Expedition ins Südpolarmeer auf. Zuerst erforscht er die nördliche Spitze von Graham Land, dann segelt er wieder in Richtung Pazifik. Am 1. Januar 1840 verlässt er den Hafen von Hobart in Richtung Antarktis. Am 16. Januar trifft er auf die ersten Eisberge und gerät in einen Schneesturm. Am 18. Januar verkündet der Ausguck »Land in Sicht«, aber der

Wind flaut ab, und den Korvetten gelingt es nicht, näher an die Küste heranzufahren. Am 21. Januar sind sie 7 km vom Festland entfernt: Dumont d'Urville lässt zwei Boote zu Wasser, und gegen 21 Uhr betreten die Männer den Rocher du Débarquement ganz in der Nähe des Festlandes. Zu Ehren von Dumont d'Urvilles Frau erhält diese Küste den Namen Adélie Land. Bei seiner Rückkehr nach Frankreich wird der Forscher zum Konteradmiral ernannt. 1842 kommt er mit Frau und Sohn beim ersten Eisenbahnunglück Frankreichs ums Leben. Er liegt auf dem Cimetière du Montparnasse. Die französische Station in Adélie Land trägt den Namen *Dumont d'Urville* (Adélie Land ist heute ein 432 000 km² großes, von Frankreich beanspruchtes Stück des antarktischen Festlandes).

■ Charles Wilkes

1798–1877. Amerikanischer Forscher und Seefahrer. 1838–1842 leitet er die erste wissenschaftliche Antarktis-Expedition der Amerikaner. Der Kongress hat die Reise finanziert und vier Schiffe zur Verfügung gestellt. 1839 und 1840 kommt Wilkes dem Festland nahe und segelt 1500 Meilen an der Küste entlang. Im Januar 1840 trifft eines seiner Schiffe vor der Küste von Adélie Land auf die Expedition von Dumont d'Urville, aber sie tauschen keine Zeichen aus. 1842 kehrt er nach New York zurück und erfährt, dass James Clark Ross (den er in Hobart getroffen hatte) die Gebiete erforscht hat, die er selbst nur gesichtet hat. Er liegt auf dem Friedhof *Arlington*.

■ James Clark Ross

1800–1862. Englischer Forscher und Seefahrer. Zwischen 1818 und 1831, dem Jahr, in dem er den magnetischen Nordpol ortet, erwirbt Ross bei mehreren Fahrten in die Arktis viel Erfahrung. 1839 bricht er mit der EREBUS und der TERROR (beide 370 Tonnen) zu seiner ersten langen Reise in die Antarktis auf. Er bleibt zwei Monate auf den Kerguelen, bevor er im August 1840 in Hobart eintrifft. Dort erfährt er, dass Wilkes und Dumont d'Urville den magnetischen Südpol suchen. Im Januar 1841 entdeckt Ross das Transantarktische Gebirge, Ross Island, die Possession Islands, Viktoria Land, das Ross-Schelfeis und den Mount Erebus während eines Ausbruchs. 1842 kehrt Ross ein zweites Mal in das Meer zurück, das nach ihm benannt ist, segelt dann weiter in Richtung Westen und erreicht 1842 die Falklandinseln. Ross versucht in das Weddellmeer vorzudringen, aber das Packeis ist zu fest.

▼ *Cape Adare, am östlichen Eingang zum Rossmeer, umgeben von Packeis.*

■ Adrien de Gerlache de Gomery

1866–1934. Forscher, Marineleutnant. 1897 bricht die BELGICA (ein früherer 30-Meter-Walfänger) von Antwerpen aus zur Antarktischen Halbinsel auf. An Bord ein polyglottes Team: Der Expeditionsleiter ist Belgier, der Arzt, Frederik Cook, Amerikaner; dann gibt es noch einen jungen Norweger, Roald Amundsen, und den polnischen Geologen Henryk Arctowski. Im Januar 1898 erforscht die BELGICA die Küsten von Graham Land entlang einer Meeresstraße, die später einmal den Namen Gerlache tragen wird. Anfang März wird das Schiff vom Eis eingeschlossen. Ein Jahr lang treibt es mit dem Eis nach Westen, wird jedoch nicht zerdrückt. Mitte März 1899 wird die BELGICA endlich aus ihrem Eisgefängnis befreit. Die erste Überwinterung in der Antarktis ist überstanden.

Während des *Internationalen Geophysikalischen Jahres* leitet Adriens Sohn Gaston de Gerlache (1919–2006) die belgische Expedition zur künftigen Station *Roi Baudouin* im Dronning Maud Land und entdeckt die Belgica Mountains.

■ Carsten Borchgrevink

1864–1934. Norweger, wandert nach Australien aus. 1893–1895 nimmt er an einer von Henryk Bull geleiteten Expedition teil; sie betreten als Erste bei Cape Adare das antarktische Festland. 1898 stellt Borchgrevink eine von einem reichen englischen Verleger finanzierte Expedition mit dem Ziel zusammen, auf dem antarktischen Festland zu überwintern. Er wendet sich auch an die *Royal Geographical Society*, erhält aber keine Unterstützung. Mit den Geldern seines Gönners kauft er ein Schiff, tauft es auf den Namen SOUTHERN CROSS um und fährt von London nach Hobart und ins Südpolarmeer. Mitte Februar 1899 erreichen die Forscher Cape Adare, bauen dort eine kleine Hütte inmitten einer großen Adéliepinguin-Kolonie und beginnen mit zehn Männern ihre Überwinterung. Die Hütte wird 1911/1912 auch von Scotts Männern benutzt. Sie wurde restauriert und kann heute besichtigt werden. Im Januar 1900 holt die SOUTHERN CROSS die Überwinterer wieder ab; bevor sie die Antarktis verlassen, erforschen sie noch die Possession Islands und Ross Island.

■ Otto Nordenskjöld

▲ *Die Hütte von Carsten Borchgrevink am Cape Adare.*

1869–1928. Schwedischer Geologe und Forscher. Seine Expedition ist eines der größten Abenteuer in der Antarktis, vergleichbar mit dem Shackletons und seiner ENDURANCE. 1901 fährt Nordenskjöld auf der ANTARCTIC (Kapitän: Carl Anton Larsen, nach dem das Larsen-Schelfeis benannt wurde) in Richtung Antarktische Halbinsel. Im Februar 1902 lässt er sich mit fünf Männern auf Snow Hill Island (64° 25′ S, 57° 15′ W) für eine Überwinterung absetzen. Die ANTARCTIC nimmt Kurs auf die Falklandinseln und soll im folgenden Sommer zurückkehren, um die Forscher wieder abzuholen. Während der Überwinterung stößt Nordenskjöld mit Hundeschlitten und zwei Männern 600 km weit nach Süden vor; dann erforscht er Seymour Island und entdeckt dort ungewöhnliche Fossilien (z.B. die Überreste eines 1,80 m großen, ausgestorbenen Pinguins).

Alles auf einen Blick

Paulet Island, Überwinterungsort der Männer, die den Untergang von Nordenskjölds Segelschiff überlebt hatten.

Doch das Packeis bricht nicht, und keine ANTARCTIC erscheint am Horizont. Nordenskjöld begibt sich auf Vega Island und steigt auf den Gipfel, um den Horizont abzusuchen: Drei schwarze Gestalten auf dem Packeis hält er zunächst für Pinguine, doch dann merkt er, dass es drei Mann von der ANTARCTIC sind – das Schiff war auf dem Rückweg zu den Falklandinseln im Eis eingeschlossen, zerdrückt worden und untergegangen. Die 17 Überlebenden schlugen sich in Rettungsbooten zu Paulet Island durch, bauten dort eine Hütte aus Steinen und überlebten dank des Fleisches von Adéliepinguinen. Im November 1903 sind alle Teilnehmer der Expedition wieder vereint und werden von der argentinischen URUGUAY gerettet.

■ Erich von Drygalski

1865–1949. Deutscher Geograf und Geophysiker. Er leitet die erste deutsche Südpolarexpedition an Bord der GAUSS, eines speziell für diese Reise angefertigten Schoners. Ein paar Monate nach der Abfahrt von Kiel (11. August 1901) macht die GAUSS halt auf den Kerguelen und auf Heard Island, bevor sie bei 90° E an die antarktische Küste gelangt. Drygalski nennt dieses Gebiet Kaiser Wilhelm II Land. Die GAUSS wird im Packeis eingeschlossen, aber das hindert die Wissenschaftler nicht, das Erdmagnetfeld zu beobachten, Exkursionen mit Hundeschlitten zu unternehmen und in 500 m Höhe Beobachtungen von einem Fesselballon aus anzustellen. Der Gaussberg, 50 km von der Küste entfernt, wird entdeckt und lässt darauf schließen, dass es unter dem Eis Festland gibt. Die GAUSS kommt wieder frei, im November 1903 kehren die Forscher nach Kiel zurück. Drygalski schreibt einen 20-bändigen Bericht über seine Entdeckungen. Im Rossmeer ist eine 70 km lange schwimmende Gletscherzunge nach ihm benannt; sie ist sogar vom All aus zu sehen.

■ Robert Falcon Scott

1868–1912. Englischer Forscher. Mit erst 32 Jahren wird er Leiter der *National Antarctic Expedition*, unterstützt von *der Royal Geographical Society* und ihrem Präsidenten Clements Markham. Die DISCOVERY wird speziell für diese Expedition entwickelt und gebaut. An Bord: Angehörige der *Royal Navy*, Wissenschaftler und ein Forscher namens Ernest Shackleton. Abfahrt: 6. August 1901. Scott erforscht die ganze Region von Cape Adare bis zur Bay of Whales. Exkursionen mit Hundeschlitten werden unternommen, und Scott steigt mit einem Fesselballon auf. Am 2. November 1902 macht Scott mit Shackleton und Doktor Wilson einen ersten Versuch, den Südpol zu erreichen. Sie kommen bis 82° 16′ S, müssen aber umkehren. Dennoch ist das der südlichste Punkt, der jemals von Menschen in der Antarktis erreicht wurde. Shackleton leidet schwer an Skorbut. Als das Versorgungsschiff MORNING wieder kommt, wird er nach Hause geschickt. Da die DISCOVERY nicht aus dem Packeis freikommt, müssen Scott und seine Männer einen zweiten Winter auf Ross Island verbringen. 1904 kehrt Scott nach England zurück.

Ende 1909 bis 1910 organisiert er eine neue Expedition mit dem Ziel, den Südpol zu erobern. Im Januar 1911 lässt er sich auf Ross Island an Cape Evans absetzen und errichtet dort eine Hütte mit einem kleinen Pferdestall daneben. Er hatte nämlich neben einigen Schlittenhunden auch mandschurische Ponys mitgenommen. Die Hütte an Cape Evans ist komfortabel; es gibt sogar eine Dunkelkammer, wo der Expeditionsfotograf Herbert Ponting seine Fotoplatten entwickeln kann. Das ganze Jahr 1911 über trainieren sie mit Hundeschlitten und Ponys, legen Lebensmitteldepots an und gehen verschiedenen wissenschaftlichen Studien nach. Ponting fotografiert und filmt alles. Doktor Wilson malt wunderbare Aquarelle. Mitten im

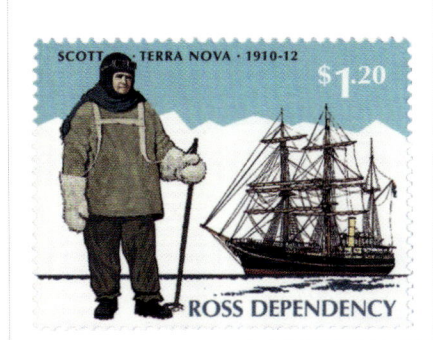

▲ Erinnerungskreuz für Scott auf dem Observation Hill, McMurdo.

antarktischen Winter machen sich Wilson, Henry Bowers und Apsley Cherry-Garrad zu Fuß und mit Schlitten, die sie selbst ziehen, auf zur Kaiserpinguin-Kolonie an Cape Crozier, um dort Eier einzusammeln und herauszufinden, ob diese Vögel das »fehlende Glied in der Kette« zwischen Dinosauriern und Urvögeln sind. Entfernung: 120 km bei Temperaturen von – 50 °C. Eine heldenhafte Tour. Völlig erschöpft kehren sie nach Cape Evans zurück.

Endlich, am 24. Oktober 1911, machen sich Scott, 14 Männer, zehn Ponys, zwei Motorschlitten und etliche Hunde, mit denen keiner so recht umzugehen wusste, auf den Weg zum Pol. Um auf das Polarplateau zu gelangen, wollen sie 200 km lang den Beardmore-Gletscher hinaufsteigen. Die Ponys kommen nur mühsam vorwärts und werden alle erschossen. Für den letzten Teil des Sturms auf den Pol wählt Scott vier Männer aus: Wilson, Oates, Edgar Evans und Bowers. Als sie am 17. Januar 1912 den Pol erreichen, sehen sie die norwegische Flagge und ein Zelt, in dem eine Nachricht von Amundsen liegt. Die Enttäuschung ist unbeschreiblich. Erschöpft machen die Männer sich auf den Rückweg. Sie alle kommen ums Leben; ihre Leichen werden acht Monate später in einem Zelt, 18 km von einem Lebensmitteldepot entfernt, gefunden.

Besichtigung der DISCOVERY:
www.rrsdiscovery.com

■ Jean-Baptiste Charcot

1867–1936. Charcot, von Scott als »Gentleman der Pole« bezeichnet, ist einer der größten Polarforscher. Er unternimmt zwei Expeditionen in die Antarktis und mehrere in die Arktis (s. Kap. »Das heroische Zeitalter der Polarforschung«). Am 15. September 1936 erleidet die POURQUOI-PAS? in einem Sturm vor Island Schiffbruch. Charcot verliert zusammen mit 43 Männern der Besatzung sein Leben. Er liegt auf dem Cimetière de Montmartre begraben.

■ Roald Amundsen

1872–1928. Norwegischer Forscher. Amundsen überwintert mit der Gerlache-Expedition in der Antarktis und nimmt an mehreren Expeditionen in die Arktis teil. Für seinen Sturm auf den Südpol überlässt ihm Fridtjof Nansen, der große norwegische Polarforscher, sein Schiff, die FRAM. Amundsen hat alles sorgfältig ausgewählt: Besatzungsmitglieder, Material und

Alles auf einen Blick

Grönlandhunde. Im Januar 1910 erreicht er die Bay of Whales im Ross-Schelfeis. Er errichtet sein Lager in 3 km Entfernung, und diese Stelle liegt 100 km näher am Pol als Scotts Ausgangspunkt Cape Evans. Im Laufe des Jahres 1910 legen sein Team und er Vorratsdepots an, richten Schlitten und Material her. Amundsen arbeitet einen genauen Plan aus. Am 20. Oktober 1911 Abmarsch zum Südpol mit vier Männern (Wisting, Hassel, Hansen und Bjaaland), vier Schlitten und 52 Hunden. Die schwächeren Hunde sollen nach und nach als Fressen für die kräftigeren erschossen werden, sodass sie nicht auch noch Hundefutter mitschleppen müssen. Das Ross-Schelfeis ist schnell überquert, und in nur vier Tagen steigen sie den Axel-Heiberg-Gletscher hinauf. Ihre Tage sind militärisch straff organisiert. Auf dem Plateau angekommen, töten sie 24 Hunde. Am 8. Dezember überqueren sie Shackletons südlichen Rekord: 88° 23′ S. Das schlechte Wetter erschöpft Männer wie Hunde, aber dennoch erreichen sie am 14. Dezember 1911 schließlich den geografischen Südpol. Bereits am 25. Januar, nach 99 Tagen, werden die fünf Norweger wieder an Bord der Fram begrüßt. Sie haben nicht den geringsten Fehler gemacht.

Amundsen war zudem der Erste, der im Mai 1926 zusammen mit Umberto Nobile und Lincoln Ellsworth in dem Luftschiff Norge den Nordpol überquerte. Bei einer späteren Suche nach Nobile, der mit seinem Luftschiff Italia

▲ *Zurückgelassene Rettungsboote auf Deception Island, wo J.-B. Charcot einen Halt einlegte.*

auf das Packeis gestürzt war, ist Amundsen 1928 auf dem Meer verschollen. Seine Leiche wurde nie gefunden.

■ Ernest Shackleton

1874–1922. Geboren in Irland. Nach der Teilnahme an Scotts Discovery-Expedition stellt Shackleton die unter dem Namen seines Schiffes Nimrod bekannt gewordene Expedition zusammen (1907–1909). Am 1. Januar 1908 verlässt er Lyttelton in Neuseeland, richtet sich Anfang Februar auf Ross Island an Cape Royds ein und baut dort eine 10 mal 5 m große Hütte. Hinter ihnen erhebt sich Mount Erebus, den im März 1908 einige von Shackletons Leuten, darunter Douglas Mawson und Edgeworth David, bezwingen. Ein paar Monate später erreichen Mawson, David und Alistair Mackay nach einem Gewaltmarsch von 3000 km den magnetischen Südpol. Während der Nimrod-Expedition versuchen Shackleton und drei seiner Kameraden den Südpol zu erobern, aber bei 88° 23′ S, nur 180 km vor dem Pol, stellt Shackleton den Union Jack auf und kehrt um, um das Leben seiner Männer nicht aufs Spiel zu setzen. Dennoch ist die Expedition ein großer Erfolg. 1913 stellt Shackleton eine neue Expedition zusammen, dieses Mal, um den Kontinent vom Weddellmeer bis zum Rossmeer zu durchqueren. Obwohl diese Expedition mit der Endurance scheitert, gilt sie als Erfolg, weil trotz Schiffbruchs alle Männer überleben (s. Kap. »Das heroische Zeitalter der Polarforschung«). 1921 organisiert Shackleton eine weitere Expedition an Bord der Quest, einem früheren Robbenjägerschiff. Mehrere seiner Gefährten fahren mit ihm. Bereits in South Georgia erliegt Shackleton am 5. Januar 1922 einem Herzanfall. Auf Wunsch seiner Frau wird er auf dem Seemannsfriedhof in Grytviken begraben.

■ Nobu Shirase

1861–1946. Forscher, Leutnant der japanischen Armee. Trotz zahlreicher Schwierigkeiten und mangelnden Interesses der japanischen Öffentlichkeit gelingt es Shirase, eine Polarexpedition zusammenzustellen. Am 7. Februar 1911 verlässt er Wellington in Neuseeland mit seinem Schiff Kainan Maru. Da der Südsommer schon fast zu Ende ist, erforschen die Japaner in jenem Jahr einen Teil des Viktoria Landes und des Rossmeeres, im Jahr darauf (1912) die Bay of Whales (wo sie der Besatzung der Fram einen Besuch abstatten), das Ross-Schelfeis und das Edward VII Land. Sie gelangen bis 80° S, bevor sie umkehren.

■ Douglas Mawson

1882–1958. Australischer Geologe und Forscher. Mit 26 Jahren bezwingt Mawson im Rahmen von Shackletons Nimrod-Expedition den Erebus und erreicht zu Fuß den magnetischen Südpol. 1910 stellt er eine eigene Expedition zusammen, nicht mit dem Ziel, zum Südpol zu gelangen, sondern weitere 2500 km

▲ *Shackletons Grab in Grytviken, South-Georgia.*

der antarktischen Küsten südlich von Australien zu erforschen. Er kauft ein altes Robbenjägerschiff, die Aurora, und sticht am 2. Dezember 1911 von Hobart aus in See. Auf Macquarie Island richtet er bei einem Zwischenstopp eine Funkstation ein. Dann fährt er weiter und baut bei Cape Denison in der Commonwealth Bay eine Hütte, um dort zu überwintern. Eine weitere Gruppe von acht Männern wird 2500 km weiter östlich abgesetzt. Diese *Australasiatische Antarktisexpedition* dauert zwei Jahre. Am 17. November 1912 macht Mawson sich mit zwei Männern auf eine lange Exkursion mit Hundeschlitten. Ninnis fällt mit einem Gespann in eine Gletscherspalte, Mertz stirbt auf dem Rückweg. Mawson gelingt durch seine Willenskraft und unter fürchterlichen Bedingungen die Rückkehr nach Cape Denison am 1. Februar 1913. Im Februar wird per Funk die Nachricht des Todes von Ninnis, Mertz und Scott durchgegeben.

■ Wilhelm Filchner

1877–1957. Deutscher Forscher. Mit der Deutschland fährt er 1911/1912 ins Weddellmeer, entdeckt die Luitpold-Küste, die Vahsel Bay und das Filchner-Schelfeis. Die Deutschland wird im Packeis eingeschlossen, kommt aber frei und kann das Weddellmeer verlassen.

■ Richard Evelyn Byrd

1888–1957. Amerikanischer Polarforscher und Flieger. Byrd stammt aus einer wohlhabenden

Alles auf einen Blick

Familie in Virginia und ist mit 13 bereits einmal um die Welt gereist. Mit 20 Marineakademie der USA. Während des Ersten Weltkrieges wird er Pilot und entdeckt seine Leidenschaft für die Fliegerei (1926 umstrittener Flug zum Nordpol, 1927 transatlantischer Flug). Byrd läutet eine neue Ära der Polarforschung ein: die systematische Erforschung und fotografische Erfassung aus der Luft. Erste Expedition 1928 – 80 Jahre nach Wilkes kommt wieder ein Amerikaner an der Spitze einer Expedition von 50 Mann mit drei Flugzeugen und 95 Hunden in die Antarktis. Er gründet die Station *Little America* auf dem Ross-Schelfeis in der Bay of Whales und unternimmt sofort Erkundungsflüge zum Festland. Am 28. November 1929 der berühmte Flug über den Südpol: 15 Stunden und 51 Minuten für den Hin- und Rückflug zwischen *Little America* und dem Südpol.
Zweite Expedition: 1934, Byrds Team errichtet eine winzige, 3 mal 4 m große Hütte bei 80° 05' S auf dem Ross-Schelfeis, die *Bolling Advance Base*, 200 km von *Little America* entfernt; dort überwintert Byrd allein und sammelt meteorologische Daten. Fast erstickt an einer Kohlenmonoxidvergiftung, wird er in letzter Minute von seinen Kameraden aus *Little America* gerettet.
1939–1941: *US Antarctic Service Expedition* – mit Unterstützung der US-Regierung.
Vierte Expedition: 1946, *Operation Highjump*.
Fünfte und letzte Expedition: *Operation Deep Freeze* findet 1955 statt und bereitet die Gründung der Forschungsstation *McMurdo* vor. Byrd stirbt 1957 und liegt auf dem Friedhof Arlington begraben.
Ein Polarforschungsinstitut in Columbus, Ohio ist nach Byrd benannt: http://bprc.osu.edu/

■ **Reinhold Messner**
Geboren 1944 in Bressano, Italien. Einer der größten Bergsteiger aller Zeiten; er besteigt 14 Achttausender, die Seven Summits (die sieben jeweils höchsten Berge der sieben Kontinente) und durchquert 1989/1990 zusammen mit Arved Fuchs zu Fuß und auf Skiern die Antarktis.

■ **Lincoln Ellsworth**
1880–1951. Amerikaner. Als Sohn eines amerikanischen Millionärs hat Ellsworth die Mittel, privat sehr ehrgeizige Expeditionen zu organisieren. 1926 überfliegt er in einem Luftschiff mit Nobile und Amundsen den geografischen Nordpol. Dann beschließt er 1934, die Antarktis von *Little America* bis zum Weddellmeer mit dem Flugzeug zu überqueren. Beim dritten Versuch (Ende 1935) gelangt er von Dundee Island mit zwei Zwischenlandungen bis nach *Little America*. 1939 fliegt er noch einmal in der Ostantarktis.

■ **Hubert Wilkins**
1888–1958. 13. Sohn eines Schafzüchters im Süden von Australien. Direkt vor dem Ersten Weltkrieg tritt er als Fotograf in die australische Armee ein. Sein Chef ist Frank Hurley, der Fotograf von Mawsons und Shackletons Expeditionen. Seit 1925 plant er, die Antarktis zu überfliegen und von oben zu fotografieren. Schließlich kann er dank der *American Geographical Society* und des schwerreichen Verlegers William R. Hearst zwei Lockheed-Vega-Flugzeuge kaufen. Im Herbst 1928 schlägt Wilkins sein Lager auf Deception Island auf. Von dort startet er im Dezember 1928 zu seinem ersten Flug über die Antarktis. Er überquert die Bransfield-Straße und erforscht, fotografiert und filmt 1300 Meilen unbekannten Landes entlang der Antarktischen Halbinsel. Bei einer zweiten Expedition setzt Wilkins seine Erkundungen aus der Luft fort.

■ **Sir Edmund Hillary**
1919–2008. Geboren in Tuakau in Neuseeland. Bergsteiger, Forscher, Philanthrop. Nach dem enormen Erfolg seiner Mount-Everest-Besteigung (am 29. Mai 1953 mit Tenzing Norgay) wird Edmund Hillary im Vorfeld des *Internationalen Geophysikalischen Jahres* von dem Engländer Vivian Fuchs die Teilnahme an der *Commonwealth Trans-Antarctic-Expedition* angeboten, jener Antarktis-Durchquerung, von der Ernest Shackleton 1914 geträumt hatte. Da Hillary weithin bekannt ist, gelingt es ihm, viele Gelder aufzutreiben; auch die neuseeländische Regierung finanziert einen Teil der Expedition. 1957 gründet Hillary die *Scott Base* auf Ross Island und erkundet von dort aus einen anderen Weg zum Pol als den von Scott, Shackleton und Amundsen. Er fährt mit vier Kettentraktoren den Skelton-Gletscher hinauf und legt Treibstoffdepots für Fuchs an. Eigentlich sollte Hillary nicht bis zum Südpol vordringen, aber er entscheidet sich anders und erreicht ihn am 3. Januar 1958. Fuchs kommt am 19. Januar dort an. 2007 fährt Sir Edmund Hillary im Alter von 88 Jahren noch einmal in die Antarktis, um das 50-jährige Bestehen der *Scott Base* zu feiern.

■ **Sir Vivian Fuchs**
1908–1999. Englischer Geologe und Forscher. 1958 bis 1973 Direktor des *British Antarctic Survey (BAS)* (s. Kap. »Das heroische Zeitalter der Polarforschung«).

■ **Paul-Émile Victor**
1907–1995. Französischer Ethnologe, Künstler und Forscher. Im Dezember 1933, nach seiner *Licence am Musée ethnographique du Trocadéro* (heute *Musée de l'Homme*) in Paris schreibt Paul-Émile Victor, genannt PEV, einen Brief an Charcot und bittet darum, bei der nächsten Expedition in die Arktis mitgenommen zu werden. Auf diesen Brief und ein Treffen mit Charcot hin fahren PEV und drei weitere Gefährten auf der *Pourquoi-Pas?* zur

PEV (mit Pfeife) während einer Grönlandexpedition 1949.

Ostküste Grönlands, wo sie ein Jahr bei den Inuit von Angmagssalik zubringen sollen. 1935 fährt PEV erneut nach Grönland, durchquert die ganze Insel mit Hundeschlitten und lebt – allein – 14 Monate bei einer Inuitfamilie. 1941 tritt er als Leutnant in die US Air Force in den Vereinigten Staaten ein und bildet Piloten und Fallschirmspringer aus. Ihm wird das Kommando über eine Rettungseinheit für in den Polargebieten verschollene Piloten anvertraut. 1946 gründet er die *Expéditions Polaires Françaises (EPF) – Missions Paul-Émile Victor*, die er bis 1976 leitet. Dank PEV und seiner Mitarbeiter macht Frankreich 100 Jahre nach Dumont d'Urville wieder seine Ansprüche in der Antarktis geltend. PEV führt zahlreiche Expeditionen nach Grönland und Adélie Land durch. 1957/1958 leitet er während des *IGY* das *Comité antarctique français*. Er stirbt 1995 auf Bora Bora (Pazifik), seinem Wunsch gemäß wird sein Körper im Meer versenkt. PEVs offizielle Homepage: www.paulemilevictor.fr/

■ **Arved Fuchs**
Geboren 1952 in Deutschland. 1989/1990 Marsch zum Nordpol und, zusammen mit R. Messner, Durchquerung der Antarktis; somit ist Fuchs der Erste, der beide Pole innerhalb eines Jahres zu Fuß erreichte. Durchsegelte die Nordwest- und die Nordostpassage. 2000 Wiederholung der Shackleton-Rettungsmission: mit kleiner Mannschaft im Nachbau der JAMES CAIRD von Elephant Island nach South Georgia gesegelt und dort das Gebirge überquert.

Meteoriten und Mikrometeoriten

■ Meteoriten

In *Wind, Sand und Sterne* schrieb Saint-Exupéry: »Eine Tischdecke, die man unter dem Himmel ausbreitet, kann nur Sternenstaub auffangen.« Er sprach von der Sahara. Am Ende unserer Welt spielt eine andere Wüste – eine 14 Millionen km² große Eiswüste – ebenfalls die Rolle einer riesigen, unter dem Himmel ausgebreiteten Tischdecke und fängt Körper himmlischen Ursprungs auf: die Meteoriten. In der Tat wurden hier, in der Antarktis, die meisten Meteoriten entdeckt: mehr als 30000. Der erste, rund 1 kg schwer, im Jahre 1912 von dem australischen Forscher Douglas Mawson. In der Antarktis wurden mindestens zehn von insgesamt nur 36 Meteoriten vom Mars gefunden. Jedes Jahr fallen 10000 bis 100000 Tonnen außerirdische Materie auf die Erde (größtenteils Mikrometeoriten). Die Analyse der Meteoriten gibt uns Aufschluss über den Ursprung und die Entwicklung unseres Sonnensystems. Aus mehreren Gründen ist die Antarktis ein besonders günstiger Ort, um Meteoriten zu sammeln: zum einen, weil die Meteoriten – die aus dem Asteroidengürtel, vom Mond oder vom Mars stammen – auf einer weißen Fläche gut zu sehen sind; zum zweiten, weil sie – zuerst im Schnee und dann im Eis eingeschlossen – fast perfekt erhalten sind; und schließlich, weil es in der Ostantarktis ein besonderes System der »Anhäufung und Konzentration« von Meteoriten gibt, nämlich die Eisschilde. Sie »schlucken« die Meteoriten und nehmen sie mit auf ihrem Weg zur Küste. Doch dann werden sie von einem riesigen Damm – der 3500 km langen Transantarktischen Gebirgskette – aufgehalten. Am Fuß der Berge ist das Eis heftigen Stürmen ausgesetzt, und durch die Erosion kommen die Meteoriten wieder zum Vorschein. Wie Murmeln werden sie über das Eis gefegt und sammeln sich an Orten, die von den Spezialisten »Meteoritenfallen« genannt werden. Nun gilt es, diese Fallen zu finden, die sich meistens auf »Blaueisfeldern« befinden (Eis, das durch Winde freigelegt worden ist). Diese Flächen werden zuerst auf Satellitenfotos identifiziert und dann an Ort und Stelle erforscht. So haben die japanischen, amerikanischen, chinesischen und italienischen Polarprogramme etwa 20000 Meteoriten gesammelt.

2005 hat der Rover *Opportunity* von der NASA einen Meteoriten auf dem Mars gefunden und fotografiert; es ist der erste Meteorit, der je auf einem anderen Planeten als der Erde beobachtet wurde.

▲ *Die Meteoriten müssen kalt gelagert werden, um eine chemische Veränderung zu verhindern. Frontier Mountain.*

◀ *Ein etwa 6 kg schwerer Steinmeteorit (Chondrit). Die schwarze Oberfläche ist die Schmelzkruste, die sich bei seinem Fall durch die Atmosphäre gebildet hat.*

◀ *Eisenmeteorit.*

■ Mikrometeoriten

Von ihnen sollen jedes Jahr ungefähr 6000 Tonnen auf die Erde fallen – das Gewicht von tausend afrikanischen Elefanten. Mikrometeoriten, Staub extraterrestrischen Ursprungs, sind zwischen 25 und 500 Mikrometer groß (1 Mikrometer = ein Tausendstelmillimeter; zum Vergleich: ein rotes Blutkörperchen misst 7,5 Mikrometer). Meteoriten (zwischen 0,5 g und 60 Tonnen) sind Überreste eines Planeten und stammen aus dem Asteroidengürtel zwischen Mars und Jupiter; die Mikrometeoriten dagegen kommen von sehr viel weiter her. Bei der Entstehung des Sonnensystems vor 4,5 Milliarden Jahren wurde Staub in Kometen eingeschlossen, jenen Kugeln aus Eis und Materieteilchen, die jenseits der Umlaufbahn des Jupiter entstanden. Mit diesem »Wirt« kreisten die Staubkörnchen um die Sonne, wobei sie in dem »natürlichen Kühlschrank«, den ein Komet bildet, gut erhalten blieben. Aber Kometen bestehen nicht ewig, und während ihrer Reise lassen sie hier und da Staubkörnchen fallen. Eines Tages kreuzen einige von diesen Körnchen die Umlaufbahn der Erde und dringen in die Atmosphäre ein; wenn die gefährliche Reise sie nicht zerstört, gelangen sie bis zum Erdboden und liefern den Wissenschaftlern äußerst wertvolle Informationen über die Ursprünge des Sonnensystems und die Bedingungen, unter denen Planeten sich bilden. Mikrometeoritenregen fällt überall auf der Erde: Wissenschaftler haben sie in Ablagerungen in

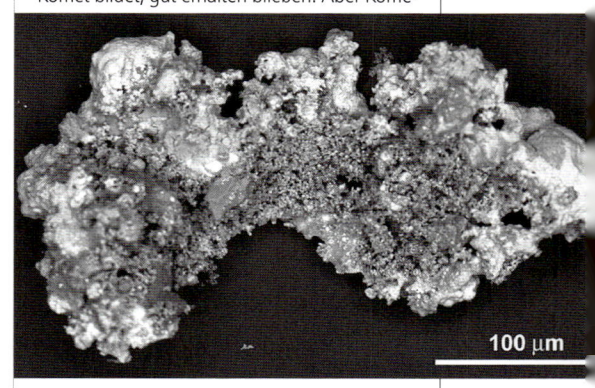

▲ *Ein bei Dome C gefundener Mikrometeorit. Größe: etwa zwölfmal so groß wie ein menschliches rotes Blutkörperchen.*

◀ *Französische Wissenschaftler entnehmen Schneeproben in einem Graben bei Dome C.*

Meeren und Seen (in Grönland) gesammelt, in Sedimentgestein und nicht zuletzt im Eis und Schnee der Antarktis. Eine der besten Stellen, um diesen Kometenstaub zu sammeln, ist das Landesinnere der Antarktis – vor allem die französisch-italienische Station *Concordia* am Dome C (75° S, 123° E). Hier ist der Schnee durch 3300 m Eis vom Felssockel getrennt und nicht mit irdischem, vom Wind herangetragenem Staub kontaminiert; deshalb findet man hier außergewöhnlich gut erhaltene Mikrometeoriten. Dazu wird der Schnee mit einer ganz bestimmten Technik steril geschmolzen und gefiltert. Am Dome C haben französische Wissenschaftler sogar Mikrometeoriten entdeckt, die noch nie woanders in der Antarktis gefunden wurden und sich durch eine besonders bröckelige Konsistenz auszeichnen. Der Ertrag 2006 betrug laut Jean Duprat vom *Centre de Spectrométrie Nucléaire et de Spectométrie de Masse (CSNSM-CNRS)* 1500 Körner mit einem Gesamtgewicht von etwa einem Milligramm. Dank der »Beute«, die von der Sonde *Stardust* zur Erde zurückgebracht wurde, können Wissenschaftler heute den direkt im Schweif eines Kometen gesammelten Staub mit dem vergleichen, der in der Antarktis gefunden wurde.

▲ *Die Kugel in der Mitte ist ein Mikrotektit, gefunden im Transantarktischen Gebirge.*

▲ *Ballonaufstieg zur Untersuchung der Ozonschicht, Station* **Dumont-d'Urville**.

Ozon

1985 bewies die Entdeckung des Lochs in der Ozonschicht einwandfrei, wie zerstörerisch menschliche Aktivitäten sowohl auf dem gesamten Planeten als auch in der Atmosphäre wirken, eben der Atmosphäre, die Leben auf der Erde erst möglich machte. Die etwa 3 mm dicke Ozonschicht in der Stratosphäre in ungefähr 32 km Höhe ist unerlässlich, um uns vor der UV-Strahlung zu schützen. Ohne sie wäre Leben auf der Erde unmöglich. Das Loch wurde in der Antarktis entdeckt; von Joseph Farman, Brian Gardiner und Jonathan Shanklin, drei Wissenschaftlern des *British Antarctic Survey*, die auf der Station *Halley* arbeiteten (75° 35' S, 26° 34' W). Das stratosphärische Ozon wurde auf *Halley* seit 1956 gemessen.

1987 verbot das *Protokoll von Montreal* die Verwendung von Fluorchlorkohlenwasserstoffen (FCKW), die in den 1950er-Jahren viel in Kühlschränken und Spraydosen verwendet wurden und für die Zerstörung der Ozonschicht verantwortlich sind.

2006, 20 Jahre nach dem FCKW-Verbot, war das Ozonloch so groß wie noch nie: Am 2. Oktober 2006 maß der Satellit *Envisat* der *Europäischen Weltraumorganisation ESA* einen Verlust von mehr als 40 Millionen Tonnen, während es 2000 nur ca. 39 Millionen Tonnen waren. Die Gesamtmenge Ozon in der Stratosphäre beträgt normalerweise 3 Milliarden Tonnen. Der Verlust wird dadurch berechnet, dass man die Dicke und die Fläche der Zone misst, in der das Ozon abnimmt. Es gibt kein eigentliches Loch, aber die Ozonkonzentration über der Antarktis liegt erheblich unter der Norm. Im Oktober 2006 betrug die Fläche des Lochs mit 28 Millionen km², doppelt so groß wie die Antarktis, 3,5-mal so groß wie Europa. Den Voraussagen der *World Meteorological Organization (WMO)* und dem *Umweltprogramm der Vereinten Nationen (UNEP)* zufolge wird es das Ozonloch bis 2065 geben.

Es gibt mehrere Gründe dafür, dass sich zwischen August und Dezember die Ozonkonzentration über der Antarktis verringert: die sehr niedrigen Temperaturen in der Stratosphäre über dem Kontinent während der Polarnacht; der antarktische Wirbel, der die Antarktis vom Rest der Welt isoliert; die in der Stratosphäre vorhandenen Fluorchlorkohlenwasserstoffe (chemische Verbindungen, die Fluor, Chlor, Kohlenstoffe und Brom enthal-

▼ *Darstellung des Ozonlochs ungefähr 35 km über der Antarktis.*

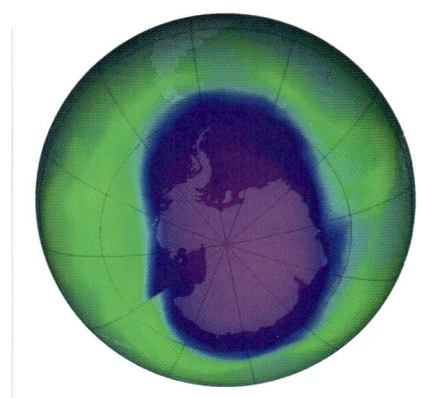

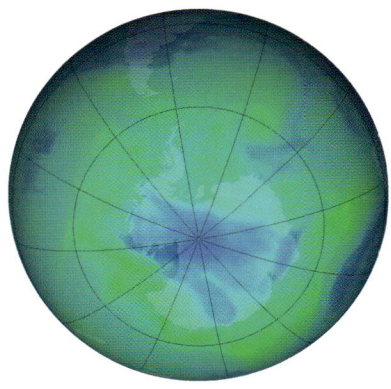

▲ *Im Südwinter erreicht das Ozonloch seine größte Ausdehnung (oben), im Südsommer regeneriert sich die Ozonschicht wieder.*

ten). Am Ende des langen Polarwinters, wenn die Temperaturen extrem niedrig sind, bilden sich über der Antarktis aus Nitritsäure und Eis zusammengesetzte Polare Stratosphärische Wolken (PSC). Auf der Oberfläche dieser Wolken finden die chemischen Reaktionen statt, die zur Zerstörung des Ozons führen.

Je niedriger die Temperaturen über der Antarktis sind, desto größer wird das Loch in der Ozonschicht (wie 2006). Während des Polarsommers schwächt sich der antarktische Wirbel ab; das Ozon aus anderen Breiten gelangt in die antarktische Stratosphäre und verkleinert das Loch.

Das stratosphärische Ozon wird sowohl von vielen Stationen auf der Erde (Aufstieg von Spezialballons mit Lidar-Systemen) als auch von Instrumenten an Bord der Satelliten von *ESA (Envisat, MetOP)* und *NASA (Aura)* gemessen.

Alles auf einen Blick

▲ *Rekonstruktion des Lystrosaurus. Er lebte vor 250 Millionen Jahren in der Antarktis.*

Dinosaurier und Fossilien in der Antarktis

■ Pinguine und Farne

Man würde die Antarktis nicht unbedingt für den besten Ort halten, um nach Dinosauriern und Fossilien zu suchen, denn Eis und Schnee bedecken 98 % des Kontinents, doch Paläontologen und Geologen schrecken vor nichts zurück. Und sie haben recht. Denn schon seit Langem weiß man, dass der Eiskontinent viele fossile Schätze birgt. Der schwedische Geologe und Forscher Otto Nordenskjöld hatte während seiner Expedition 1902/1903 bedeutsame Funde auf Seymour Island vor der Ostküste der Antarktischen Halbinsel gemacht: unter anderem den größten fossilen Pinguin *Anthropornis nordenskjoeldi*. Und Scott und seine Gefährten hatten Exemplare des fossilen Farns *Glossopteris* mit seinen zungenförmigen, bis zu einem Meter langen Blättern gefunden. Diese Farne gehörten vor 240 bis 290 Millionen Jahren zur Vegetation von Gondwana. Vor 200 Millionen Jahren, am Ende der Trias, starben sie aus. *Glossopteris* wurde auch in Indien (70 Arten), in Südafrika, Südamerika und Australien gefunden.

▼ *Der fossile Farn **Dicroidium**, der sich in der Trias in der Antarktis entwickelte.*

■ Erste Funde

Aber erst 1967 machte der junge Neuseeländer Peter Barrett eine sensationelle Entdeckung. Er barg ein Fragment der Mundwerkzeuge des *Austrobrachyops jenseni*: die erste in der Antarktis gefundene Spur eines fossilen Vierfüßlers aus der Trias. Fundort war das Transantarktische Gebirge in der Nähe des Beardmore-Gletschers, den Shackleton 1908 und Scott 1911 hinaufgestiegen waren, um auf das Polarplateau zu gelangen. 1969 entdeckte der amerikanische Paläontologe Edwin H. Colbert ein weiteres fossiles Wirbeltier: den Lystrosaurus, ein pflanzenfressendes Reptil von der Größe eines Schweins. Der Lystrosaurus hatte das Massenaussterben im Perm (vor 250 Millionen Jahren) überlebt und war in der Trias weit verbreitet. Fossilien des Lystrosaurus waren bereits in Indien und Afrika gefunden worden. Dieser Fund ist ein weiterer Beweis, dass es Gondwana wirklich gegeben hat und bestätigt Alfred Wegeners Theorie der Kontinentalverschiebung.

■ Dinosaurier

Und die Dinosaurier? Paläontologen haben sie an mehreren Stellen Tausende Kilometer voneinander entfernt auf dem Kontinent entdeckt. 1986 und 1989 fanden argentinische, amerikanische und britische Forscher bei der Antarktischen Halbinsel (James Ross Island und Vega Island) einen Anky-losaurus und einen Hypsilophodon, zwei Dinosaurier, die vor 70 Millionen Jahren in der Kreidezeit lebten. 1998 wurde ein 67 Millionen Jahre alter Hadrosaurus auf Vega Island geborgen, das erste Exemplar außerhalb des amerikanischen Kontinents. Es beweist, dass es eine »Brücke« zwischen der Antarktis und Südamerika gab.

Doch der spektakulärste Fund wurde 1991 gemacht, mitten im Transantarktischen Gebirge, in 4000 m Höhe und 650 km vom geografischen Südpol entfernt, wieder in der Nähe des Beardmore-Gletschers. William Hammer, ein amerikanischer Paläontologe, der schon an mehreren Expeditionen in diese Gegend teilgenommen hatte, entdeckte den ersten fleischfressenden Dinosaurier der Antarktis und taufte ihn *Cryolophosaurus ellioti*, was so viel wie »Reptil mit Eiskamm« bedeutet (er besaß einen seltsamen knöchernen Kamm in Form eines Diadems auf dem Nasenbein). Er war ein 7,5 m langer, theropoder Dinosaurier aus dem Unterjura (vor 195–189 Millionen Jahren). In der Umgebung des *Cryolophosaurus* fand Hammer auch die Zähne zweier anderer Theropoden (vielleicht Aasfresser, die ihn verschlungen hatten), Knochen weiterer Wirbeltiere sowie Baumstämme. 1994 veröffentlichte er die Beschreibung des *Cryolophosaurus ellioti* in dem amerikanischen Wissenschaftsmagazin *Science*. Mit Unterstützung der National Science Foundation (NSF) setzte er seine Studien fort und legte 2003 in der Nähe des Beardmore-Gletschers

▼ *William Hammer, der Entdecker des **Cryolophosaurus ellioti** (links ein Modell dessen Kopfes). In der Hand hält er das Fossil eines primitiven Reptils.*

das Becken eines Sauropoden frei, eines pflanzenfressenden Dinosauriers ähnlich den Riesen Brachiosaurus und Diplodocus. Das 1 m breite Becken lässt darauf schließen, dass der Dinosaurier etwa 30 m lang war. Ebenfalls 2003 entdeckten zwei andere amerikanische Paläontologen (Judd Case, James Martin und ihre Mitarbeiter) Überreste eines etwa 2 m großen, fleischfressenden Theropoden auf James Ross Island.

Adéliepinguin

■ Steckbrief

Merkmale Größe: 70 cm; Gewicht: zwischen 4 und 8 kg. Die Weibchen sind kleiner als die Männchen, ihre Flügel und Schnäbel sind kürzer.

Lebenserwartung 14 Jahre.

Bestand Mit 2,5 Millionen Paaren und acht Millionen nicht geschlechtsreifen Jungen sind die Adéliepinguine die häufigste ebenso wie die am besten untersuchte Art der antarktischen Pinguine.

Anpassung an das polare Milieu Adéliepinguine sind klein und gedrungen und haben daher keine Probleme mit dem Wärmeverlust. Ihr Gefieder ist sehr dicht und setzt sich aus kleinen Federn zusammen, die wie Dachziegel übereinanderliegen. Unter den Deckfedern, auf der Haut, befindet sich eine sehr warme Daunenschicht. Dieser »Mantel« ist dank eines speziellen Öls, das von einer Drüse am Schwanz produziert wird, vollkommen wasserdicht. Außerdem sorgt eine dichte Fettschicht unter der Haut für Schutz gegen die Kälte und stellt eine Energiereserve dar. Eine

▼ *Kolonie mit 25 000 Adéliepinguinen auf Inexpressible Island.*

Besonderheit: Der Schnabel des Adéliepinguins ist zur Hälfte gefiedert!

■ Ursprung des Namens

Sein wissenschaftlicher Name ist *Pygoscelis adeliae*; das erste Wort bedeutet »mit einem Pinselschwanz«, und das zweite, also den Artennamen, erhielt er von Dumont d'Urville zu Ehren seiner Frau Adèle.

■ Fortpflanzung

Die Adéliepinguine werden erst mit vier bis sechs Jahren geschlechtsreif. Dann kehren 96% der Tiere in die Kolonie zurück, in der sie geboren sind – ja sogar in die Nähe des Nestes, in dem sie das Licht der Welt erblickt haben. Diese Rückkehr zum eigenen Geburtsort nennt man Philopatrie. Auch bevor die Jungen geschlechtsreif sind, kehren sie »nach Hause« in die Kolonie zurück und halten sich in der Nähe ihres Nestes auf. Einige Pinguine »emigrieren« auch in andere Kolonien.

Die Brutzeit ist sehr kurz, sie dauert nur fünf Monate, von Oktober bis Februar. Als Erstes kommen die Männchen zur Kolonie zurück, vier Tage vor den Weibchen; am Nest – ein kleiner Steinhaufen – treffen sie sich wieder. Adéliepinguine sind monogam, doch wenn das Weibchen nicht kommt, vergeudet das Männchen keine kostbare Zeit, sondern tut sich mit einer neuen Gefährtin zusammen. Im Abstand von vier Tagen werden zwei Eier gelegt. Wenn das erste Ei gestohlen wird (von einer Skua) oder verloren geht, kann ein drittes Ei gelegt werden. Eine erstaunliche Besonderheit der Eier von Adéliepinguinen: Das Eigelb bildet sich Schicht für Schicht im Laufe von mehreren Tagen während der langen Strecke, die das Weibchen auf dem Weg zur Brutkolonie zurücklegt (bis zu 100 km). Während dieser Wanderung über das Packeis nimmt das Weibchen keine Nahrung mehr zu sich; die für die

▼ *Der Adéliepinguin legt zwei Eier, aber nur erfahrenen Erwachsenen gelingt es, auch zwei Küken aufzuziehen.*

Bildung des Eigelbs nötigen Proteine kommen also aus ihren eigenen Körperreserven, vor allem aus den Muskeln. Die ersten Eigelbschichten werden gebildet, während das Weibchen im Meer noch Nahrung aufnimmt: Sie sind dunkelgelb, fast orange aufgrund des im Krill enthaltenen Carotins; die folgenden Schichten sind sehr viel heller. Das Weibchen hat nur ein Ziel: wohlbehalten die Kolonie zu erreichen und zu brüten.

Zum Zeitpunkt der Eiablage haben beide Eltern drei Wochen lang nichts gefressen. Zuerst brütet das Männchen, das dicker ist und entsprechend mehr Reserven hat; das Weibchen kehrt zum Fressen ans Meer zurück. Danach wechseln Männchen und Weibchen sich während der Brutzeit (32 bis 37 Tage) und nach dem Schlüpfen der Küken am Nest ab. Die Jungen verlassen die Kolonie, wenn sie 41 bis 64 Tage alt sind. Nach zwei oder drei Wochen sammeln die Küken sich in sogenannten *Krippen*, sodass beide Eltern gleichzeitig auf Nahrungssuche gehen können. Die Aufzucht eines Kükens bedeutet für jeden Elternteil 40 Fischzüge zum Meer. Der Aufzuchterfolg beträgt 50%.

■ Natürliche Feinde

Die Adéliepinguine haben (abgesehen vom Menschen!) vier große Feinde: Raubmöwen (*Stercorarius maccormicki*), Seeleoparden, Orcas und Riesensturmvögel.

■ Kolonien

Eine Brutkolonie ist eine Gruppe von Pinguinen, die alle mehr oder weniger miteinander verwandt sind. 160 Brutkolonien sind bekannt, 40 davon im Rossmeer. Dort haben Geologen auch Überreste von verlassenen Adéliepinguinkolonien gefunden, die vor 12 000 Jahren bewohnt waren.

Manche Kolonien haben bis zu 250 000 Paare, wie an Cape Adare (in Viktoria Land), andere sind erheblich kleiner (100 Vögel). Weitere große Kolonien befinden sich auf den Possession Islands (162 000 Paare), am Kap Crozier (auf Ross Island, 130 000 Paare) und in der Ostantarktis bei den Vestfold Hills (132 000 Paare).

Eine Kolonie kann in Unterkolonien aufgeteilt sein, also in kleinere »Siedlungen« innerhalb eines riesigen Gebiets. Manche Kolonien bestehen aus mehreren Unterkolonien, andere dagegen nicht. Die Kolonien befinden sich in der Nähe von Polynien (permanent eisfreie Meeresflächen) oder in Auftriebszonen *(upwelling zones)* mit nährstoffreichen und damit sehr fischreichen Gewässern.

Alles auf einen Blick

Kaiserpinguin

■ Steckbrief

Der Kaiserpinguin trägt seinen Namen zu Recht, denn er ist der größte und kräftigste aller Pinguine und auch derjenige mit dem ungewöhnlichsten Fortpflanzungszyklus.

Merkmale Größe: 110–120 cm; Gewicht: 30–40 kg (Erwachsene). Die Weibchen haben kürzere Flügel und Schnäbel, aber einen längeren Schwanz als die Männchen.

Lebenserwartung Ungefähr 20 Jahre.

Bestand Wird auf ungefähr 400 000 Tiere geschätzt.

Anpassung an das polare Milieu Kaiserpinguine leben ausschließlich in antarktischen Gewässern südlich 65° S auf Packeis oder Schelfeis und bilden Kolonien. Der große, kräftige Vogel ist perfekt an ein Leben in der Kälte angepasst: Er hat ein sehr dichtes, vollkommen wasserdichtes Gefieder mit einer Daunenschicht und unter der Haut einer dicken Fettschicht. Die Federn sind klein und fest. Kaiserpinguine legen auf der Suche nach geeigneten Stellen auf dem Packeis etwa 1000 km zurück. Während der Wanderung und Brutzeit gehen sie vier Wochen lang nicht ins Wasser und können daher weder fressen noch trinken. Ihre Beine sind fast bis zu den Füßen gefiedert. Die jährliche Mauser nach der Fortpflanzung dauert 30 Tage. Kaiserpinguine sind außergewöhnlich gute Schwimmer (bis zu zehn km/h) und ebensolche Taucher (20–22 Minuten lang bis zu 500 m tief). Möglich ist dies aufgrund der Myoglobin-Reserven in den Muskeln (ein Protein, ähnlich wie Hämoglobin, das aber mehr Sauerstoff aufnehmen kann) und aufgrund der sehr hohen Blutmenge (100 ml/kg, im Vergleich dazu hat der Mensch 70 ml/kg). Der Sauerstoff wird zu 50 % in den Muskeln, zu 25 % im Blut und zu 25 % in der Lunge gespeichert. Die Sehkraft ist bestens an das Leben unter Wasser angepasst, auf der Netzhaut sitzen UV-Rezeptoren. Mit dem festen Skelett der Flügel kann er sozusagen unter Wasser »fliegen«.

■ Ursprung des Namens

Aptenodytes forsteri. Den wissenschaftlichen Namen *forsteri* erhielt er 1844 zu Ehren des deutschen Naturforschers J.-R. Forster, der während seiner Reise mit James Cook (1773–1775) vier neue Pinguinarten beschrieb.

■ Fortpflanzung

Die Fortpflanzungszeit beginnt mitten im Polarwinter Ende März/Anfang April. Zuerst kommen die Männchen, dann die Weibchen in die Kolonien auf dem Meereis. Es gibt keine Nester, keine Reviere. Die Paare bilden sich normalerweise für eine Saison, aber 15 % der Paare finden im Jahr darauf wieder zusammen. Es gibt mehr Weibchen als Männchen, und die Konkurrenz ist groß. Nach der Paarung legt das Weibchen ein einziges Ei von ca. 460 g, das vom Männchen in 62 bis 67 Tagen auf seinen Füßen in einer Bauchfalte ausgebrütet wird. Die Weibchen kehren in dieser Zeit zum Meer zurück, um zu fressen, und kommen wieder, wenn die Küken schlüpfen. Die Männchen hungern und verlieren 45 % ihres Gewichts; sie drängen sich dicht aneinander, wobei die Tiere langsam rotieren, damit alle sich in der Mitte der Gruppe

▲ Ein etwa zwei Monate altes Junges kurz vor dem Verlassen der Kolonie. Seine Mauser ist noch nicht abgeschlossen; trotz des Erwachsenen-Gefieders hat es immer noch einige Baby-Federn.

■ Ernährung

Die Nahrung der Adéliepinguine besteht zu 80 % aus Krill der Art *Euphausia chrystallorophias* und Antarktischen Silberfischen (*Pleurogramma antarcticum*). 20 % sind Krill der Art *Euphausia superba*. Die Beute wird zuerst gesichtet, dann gejagt und schließlich einzeln mit dem Schnabel gepackt. Unter Wasser können Adéliepinguine 15 km/h schnell schwimmen und bis 175 m tief tauchen, doch meistens jagen sie »nur« in einer Tiefe von 20 bis 40 m nach Beute. Um zu den Fischgründen zu gelangen, müssen die Pinguine manchmal 300 km weit schwimmen (Geschwindigkeit auf langen Strecken: vier bis sieben km/h).

▼ Zwei italienische Biologen, S. Olmastroini und F. Pezzo, in der Adéliepinguin-Kolonie auf Inexpressible Island. Sie versehen einen Pinguin mit einem Argos-Sender.

▲ Beide Kaiserpinguin-Eltern kümmern sich um die Aufzucht ihres Kükens. Das Kleine muss eindringlich betteln, damit sie Nahrung für es hochwürgen.

Alles auf einen Blick

▲ Ein Wissenschaftler fängt einen Kaiserpinguin. Er wird ihn studieren und dann wieder freilassen.

wärmen können. Solange das Weibchen nicht zurück ist, füttert das Männchen das Küken mit einem in der Speiseröhre produzierten Sekret. Bis zu 115 Tage kann das Männchen ohne Nahrung auskommen, doch danach muss es das Junge sich selbst überlassen. Wenn die Kleinen 150 Tage alt sind, verlassen sie die Kolonie und kommen nach vier oder fünf Jahren zur Fortpflanzung zurück.

■ Natürliche Feinde
Küken: Riesensturmvögel und Skuas; Erwachsene: Seeleoparden und Orcas.

■ Kolonien
40 bekannte Kolonien, aber es könnten noch weitere entdeckt werden. Die beiden größten befinden sich im Rossmeer: bei Coulman Island (23 000 Paare) und bei Cape Washington (20 000 Paare).

■ Ernährung
Fische (verschiedene Sorten antarktischer Fische aus der Familie der Bathydraconidae wie dem *Gymnodraco acuticeps*, aus der Familie der Notothenioidae wie dem pelagischen Fisch *Pleurogramma antarcticum* oder den benthischen Fischen *Trematomus spp., Pagothenia spp.* sowie den Channichthyidae, den Krokodileisfischen), Krustentiere (Krill und Flohkrebse) und Cephalopoden (Kalmare: *Psychroteuthis glacialis, Allurotheutis antarcticus* und *Kondakovia longimana*). Die Beute wird verfolgt und in unterschiedlichen Tiefen mit dem Schnabel gefangen.

■ Erhaltung der Art
Die Art ist nicht gefährdet.

▼ Eine der beiden größten Kaiserpinguin-Kolonien: An Cape Washington leben rund 20 000 Vögel.

Eselspinguin

■ Steckbrief
Merkmale Größe 75 bis 90 cm; Gewicht 4,5 bis 8,5 kg. Die Weibchen haben kürzere Flügel und Schnäbel und wiegen weniger als die Männchen. Typisch sind die korallenroten Schnäbel und Füße und der weiße Fleck über dem Auge.
Wesen Leben weniger in Gruppen als Adéliepinguine, scheu, kaum aggressiv.
Bestand Ungefähr 314 000 Paare; 25 % leben auf der Antarktischen Halbinsel und 75 % in der Subantarktis. Der antarktische Bestand wächst im Gegensatz zum subantarktischen – vielleicht wegen des industriellen Fischfangs.

■ Ursprung des Namens
Pygoscelis papua. Den wissenschaftlichen Namen erhielt er 1781 von dem Naturforscher J.-R. Forster. Dieser Pinguin soll auch von dem französischen Naturforscher und Entdecker Pierre Sonnerat in einem Reisebericht über Papua-Neuguinea (wo es gar keine Pinguine gibt!) beschrieben worden sein.

■ Fortpflanzung
Zwei bis drei Jahre in Folge monogam. Nisten auf dem Festland und bauen ein Nest aus Steinen (Antarktis) oder aus Zweigen, Erde, Gräsern, Federn und sogar kleinen Knochen (Subantarktis). Ablage der zwei Eier je nach Breitengrad und Brutstätte Juni/Juli, September/Oktober oder November/Dezember (Antarktis). Männchen und Weibchen wechseln sich während der 35-tägigen Brutzeit und bei der Aufzucht der Küken ab. Die Kolonien sind kleiner als die der Adélie- und Zügelpinguine, und die Nester liegen weiter auseinander. Manchmal bilden sich Mischkolonien mit Adélie- und Zügelpinguinen. Die Kolonien liegen zwischen 200 m und 8 km vom Meer entfernt. Die Küken sind hellgrau, Kopf und Rücken etwas dunkler als der Körper, der Schnabel ist korallenrot. Mit vier oder fünf Wochen bilden die Küken *Krippen*, mit drei Monaten werden sie flügge, und mit zwei Jahren sind sie geschlechtsreif.

■ Natürliche Feinde
Skuas, Riesensturmvögel, Seeleoparden. Manchmal zerdrücken See-Elefanten auf ihrem Weg Nester und Pinguine.

■ Ernährung
Krustentiere, Krill, Fische und Cephalopoden. Tauchen bis zu 100 m tief und entfernen sich bis zu 10 km von der Küste.

■ Erhaltung der Art
Die *IUCN (Weltnaturschutzunion)* stuft den Eselspinguin als »gefährdete« Art ein.

Zügelpinguin

■ Steckbrief
Merkmale Größe: 68 bis 75 cm; Gewicht: 3,3 bis 5,3 kg. Fast so groß wie ein Adéliepinguin.
Charakteristik Kopf mit einem schwarzen Federstreifen vom Kinn bis zum Oberkopf.

■ Ursprung des Namens
Sein wissenschaftlicher Name ist *Pygoscelis antarctica*, sein deutscher Name »Zügelpinguin« oder das englische »chinstrap« verdankt er dem kleinen schwarzen Federband am Kopf.

■ Verbreitung
Vor allem im Bereich der Antarktischen Halbinsel, der Süd-Shetlandinseln, der Süd-Sandwichinseln, der Süd-Orkneys, South Georgia, Bouvet Island und der Balleny Islands. Ich selbst habe sogar ein Exemplar in *Dumont d'Urville* in Adélie Land gesehen. Der Zügelpinguin ist der zweithäufigste Pinguin (nach dem Goldschopfpinguin): 7,5 Millionen Paare.

■ Fortpflanzung
Die Fortpflanzungszeit geht von November bis März. Zügelpinguine bilden besonders große Kolonien, und zwar in größerer Höhe als ihre Artgenossen. Sie sind monogam und legen zwei Eier in ein einfaches Nest aus Kieseln, Steinen, Federn und kleinen Knochen. Brutzeit: 31 bis 39 Tage. Männchen und Weibchen wechseln sich am Nest und bei der Aufzucht der Küken ab, die ein sehr hellgraues, fast silbriges Daunenkleid haben. Wenn die Jungen drei oder vier Wochen alt sind, bilden sie *Krippen*, zwischen März und April verlassen sie die Kolonie.

■ Natürliche Feinde
Raubmöwen, Seeleoparden.

■ Ernährung
Krustentiere und Fische in der Nähe der Wasseroberfläche.

Goldschopfpinguin

▲ *Ein Goldschopfpinguin-Paar.*

Eudyptes chrisolophus. Eine im Wesentlichen subantarktische Art, die auch auf den Inseln um die Nordspitze der Antarktischen Halbinsel herum brütet.
Merkmale Größe: 71 cm; Gewicht: 3 bis 6 kg.
Ernährung Krill, Fische und Kopffüßer. Taucht zwischen 20 und 100 m tief. Die am weitesten verbreitete Pinguinart: 1992 waren es 11,6 Millionen Paare.

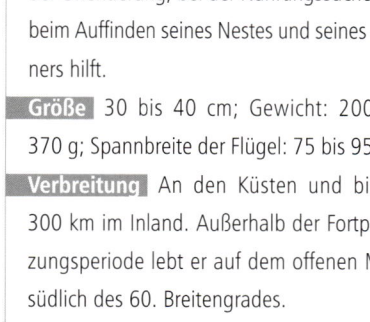

▼ *Ein Zügelpinguin taucht aus dem Wasser auf.*

◀ *Südpolarskua.*

Andere Vögel der Antarktis

Im Folgenden vier der wichtigsten Arten.

■ Schneesturmvogel
Wissenschaftlicher Name *Pagodroma nivea*. Er gehört zur Ordnung der Procellariiformes (wie die Albatrosse). Es gibt ihn in zwei Unterarten unterschiedlicher Größe: eine kleinere (*P. confusa*) und eine kräftigere (*P. nivea*), die auch zusammenleben können. Der Schneesturmvogel ist einer der schönsten Vögel der Antarktis: abgesehen von Füßen,

▲ *Ein Schneesturmvogel-Paar auf seinem Nest in einer Felsspalte auf Petrel Island bei* **Dumont-d'Urville**.

Augen und Schnabel ist er schneeweiß, so groß wie eine Taube und damit ein prächtiges Symbol für diesen Kontinent des Friedens. Sein Geruchssinn ist hoch entwickelt, was ihm bei der Orientierung, bei der Nahrungssuche und beim Auffinden seines Nestes und seines Partners hilft.
Größe 30 bis 40 cm; Gewicht: 200 bis 370 g; Spannbreite der Flügel: 75 bis 95 cm.
Verbreitung An den Küsten und bis zu 300 km im Inland. Außerhalb der Fortpflanzungsperiode lebt er auf dem offenen Meer südlich des 60. Breitengrades.
Fortpflanzung Im September zieht er auf den Kontinent und pflanzt sich zwischen November und Januar fort. Männchen und Weibchen bleiben lebenslang zusammen. Sie nisten auf Inseln, hoch in den Klippen, auf Nunataks (aus dem Eis ragenden Felsspitzen), in Felsspalten und -löchern. Sie verteidigen erbittert ihr Revier. Wie andere Sturmvögel spucken sie zu ihrer Verteidigung ein orangefarbenes, penetrant stinkendes Magenöl aus. Sie legen ein einziges Ei. Brutzeit: 41 bis 49 Tage; nach 42 bis 54 Tagen ist das Junge flügge.
Ernährung Krill, Fische und Kopfüßer.
Bestand Unbekannt.

▲ *Riesensturmvogel mit Küken.*

■ Riesensturmvogel
Wissenschaftlicher Name *Macronetes giganteus*.
Größe 85 bis 100 cm; Gewicht: 3,8 bis 5 kg; Spannbreite: zwischen 1,5 und 2 m. Seevögel von der Größe eines Albatros, aber gedrungener, mit kräftigeren Flügeln und größerem Schnabel. Die Männchen sind größer als die Weibchen. Manche Tiere sind weiß mit

▲ *Kapsturmvögel folgen, vor allem in Küstennähe, sehr oft den Schiffen (hier in Adélie Land).*

schwarzen Federn. Sie nisten in der Antarktis und auf den subantarktischen Inseln; sie kommen im ganzen Südpolarmeer vor.

Fortpflanzung zwischen Oktober und Januar. Die Jungen werden im April mit 104 bis 132 Tagen flügge.

Ernährung Aas- und Raubvogel. Frisst Pinguine, Robbenkadaver und Fische. Angelockt von den Ködern der Langleinenfischer, sind viele Riesensturmvögel ertrunken. Arterhaltende Techniken, bei denen die Leinen nachts zu Wasser gelassen werden, haben die Sterblichkeit erheblich reduziert.

Bestand Manchen Schätzungen zufolge 31 300 Paare.

■ Kapsturmvogel

Wissenschaftlicher Name *Daption capense*. Ordnung der Procellariiformes.

Größe 35 bis 42 cm (wie eine Taube); Gewicht: 440 g; Spannweite: 80 bis 90 cm.

Verbreitung Im ganzen Südpolarmeer, auf den subantarktischen Inseln, in der Antarktis.

Bestand 120 000 bis 300 000 Tiere.

Fortpflanzung Monogam, bildet lebenslange Paare. Brutzeit zwischen November und Januar, brütet in den Felsspalten von Klippen und Inseln und legt ein einziges Ei. Die Jungen schlüpfen nach 41 bis 50 Tagen und werden nach 45 bis 57 Tagen flügge.

Ernährung Kopffüßer, Krill, Fische.

▲ *Ein Kapsturmvogel bei seinem Nest in den Klippen.*

■ Südpolarskua oder Antarktische Raubmöwe

Wissenschaftlicher Name *Catharacta maccormicki*. Seevogel aus der Familie der Raubmöwen. Sehr intelligent, neugierig, mutig, zieht aus jeder Situation seinen Nutzen. Hat keine Angst vor dem Menschen, gewöhnt sich sehr schnell an ihn und seine Forschungsstationen. Skuas wurden mehr als 1000 km im Landesinneren gesichtet (Dome C).

Größe 55 cm; Gewicht: 600 g bis 1,6 kg; Spannbreite: 160 cm. Die Weibchen sind größer als die Männchen.

Fortpflanzung Fast überall an den Küstenstreifen rund um die Antarktis zwischen November und Januar. Sie leben in kleinen Kolonien immer in der Nähe einer Kolonie von Adéliepinguinen, deren natürlicher Feind sie sind. Die Nester liegen weit auseinander. Die Vögel verteidigen erbittert ihr Revier und greifen auch ohne zu zögern Menschen an, die in ihr Territorium eindringen. Ihre Fortpflanzungszeit entspricht ziemlich genau der der Adéliepinguine. Männchen und Weibchen bleiben lebenslang zusammen und kehren jedes Jahr zum selben Nest zurück. Allerdings bauen sie kein wirkliches Nest, sondern legen ein oder zwei Eier in eine kleine Geröllmulde. Beide Eltern brüten. Die Küken sind hellbeige und hüpfen nach ein bis zwei Tagen um das Nest herum. Oft tötet das zuerst geschlüpfte Küken das zweite oder jagt es aus dem Nest. Mit 35 bis 45 Tagen werden die Küken flügge.

Ernährung Fische (z. B. *Pleurogramma antarcticum*), Krill, Eier und Küken der Adéliepinguine. Am Ende des antarktischen Sommers ziehen die Südpolarskuas zur Nordhalbkugel. Manchmal sogar bis nach Alaska oder Grönland. Diese Art hat ein Verbreitungsgebiet von schätzungsweise 100 000 bis 1 Million km². 1996 lag der Bestand bei 10 000 bis 20 000 Vögeln.

▲ *Die Küken der Südpolarskua haben ein elfenbeinfarbenes Daunengefieder. Die Erwachsenen können mehr als 1000 km weit ins Inland fliegen.*

Robben

Das *CCAMLR* (1982) ist ein Übereinkommen, das die lebenden Meeresschätze in den Gewässern innerhalb der antarktischen Konvergenz schützt. Nicht dazu gehören die Robben und die Wale, die unter andere Übereinkommen fallen, nämlich das *Internationale Übereinkommen zur Regelung des Walfangs* (*IWC*, 1946) und das *Übereinkommen zur Erhaltung der Antarktischen Robben* (das 1978 im Rahmen des Antarktisvertrages in Kraft trat).

80% der Flossenfüßer (Robben, Walrosse und Seelöwen) auf der Erde sind im Bereich der Antarktis zu finden. Sie sind die wichtigsten Raubtiere des Ökosystems im Südpolarmeer. Zu ihnen gehört auch der einzige Meeressäuger, der sein ganzes Leben (Sommer wie Winter) in der Antarktis verbringen kann: die Weddellrobbe.

■ Weddellrobbe

Größe 2,5 bis 3 m; Gewicht: 400 bis 600 kg; Weibchen etwas größer als die Männchen; massiger Körper und ein eher kleiner Kopf; graues oder braunes geflecktes Fell.

Wissenschaftlicher Name *Leptonychotes weddellii*.

Wesen Relativ friedlich, lassen Menschen nah an sich herankommen (darum wurden auch viele als Nahrung für die Schlittenhunde getötet und stehen daher seit 1961 unter Schutz). Sie können aber auch beißen, und so ein Biss heilt nur schwer.

Verbreitung Rund um die Antarktis. Man sieht oft, wie sie auf dem Packeis schlafen oder sich räkeln, sie haben nämlich eine sehr dicke Fettschicht, die sie bestens gegen die Kälte schützt. Für den Zugang zum Wasser schabt das Männchen mit einer Sägebewegung seiner Zähne ein kreisförmiges Loch ins Eis; Herbert Ponting, der Fotograf von Scotts letzter Expedition, hat diese Bewegung gefilmt. Während der Fortpflanzungszeit bleiben die Weibchen des Harems auf dem Packeis in der Nähe eines solchen Loches.

Kommunikation Die Weddellrobben verfügen über eine große Bandbreite an Lauten. Wenn sie unter Wasser sind, kann man sie sogar durch das Packeis hören.

Tauchen Der Rekord liegt bei 750 m und 73 Minuten. Normalerweise tauchen sie 15 bis 20 Minuten in Tiefen zwischen 50 und 500 m. Das können sie dank einer doppelten Sauerstoffreserve: sowohl in den Muskeln (durch eine hohe Myoglobin-Konzentration) als auch im Blut.

Ernährung Sehr vielseitig, vor allem Fische (Antarktischer Seehecht), Kopffüßer und Krustentiere. Eine Crittercam (kleine Videokamera) auf dem Kopf einiger Tiere konnte uns ihre Jagdmethoden zeigen: Sie stöbern kleine Fische auf, indem sie Luft durch ihre Nasenlöcher blasen, und schnappen sie sich dann.

Fortpflanzung Erst mit sechs bis acht Jahren. Die Männchen locken die Weibchen mit ihren Gesängen an und paaren sich dann mit ihnen im Wasser. Zwischen September und November werfen die Weibchen ihre Jungen direkt auf dem Eis; die Neugeborenen messen 1,2 bis 1,5 m und wiegen 22 bis 29 kg. Die Muttermilch ist so reichhaltig, dass sie 2 kg pro Tag zunehmen. Wenn sie entwöhnt sind, wiegen sie 125 kg. Schon in der ersten Lebenswoche lernen sie tauchen und durch ihre kleine, in das Eis gesägte »Tür« wieder auf das Packeis zu kommen. Die Paarung findet gleich nach der Entwöhnung der Jungen statt.

Bestand Geschätzt auf 500 000 Tiere, vielleicht mehr.

Erhaltung der Art Nicht gefährdet.

▼ *Ein Weddellrobben-Baby (rechts) verlangt nach seiner Mutter.*

■ Krabbenfresser-Robbe

▲ *Die Krabbenfresser-Robbe hat speziell geformte Zähne, um Krill filtern zu können.*

Sie ist schlanker als die Weddellrobbe und hat einen sehr charakteristischen Kopf mit einem leicht eckigen Maul. Ihr Rückenfell ist braun, bei älteren Tieren manchmal auch hellgrau oder ocker, nicht gefleckt, aber voller Narben – »Andenken« an die Angriffe eines Seeleoparden oder Orcas.

Größe 2 bis 2,6 m; Gewicht: 180 bis 410 kg. Die Weibchen sind größer.

Wissenschaftlicher Name *Lobodon carcinophagus*.

Verbreitung Krabbenfresser-Robben leben ausschließlich auf dem Packeis und sind im Sommer sehr weit südlich anzutreffen, zu Beginn des Winters weiter nördlich. Einzelne Tiere wurden auch auf dem Festland gesichtet (im Bereich des Rossmeeres und im Westen der Antarktischen Halbinsel).

Laute Diese Robbe ist nicht so gesprächig wie die Weddellrobbe.

Bestand Die häufigste Robbenart auf der Erde: Ihr Bestand wird auf etwa zehn bis 15 Millionen Tiere geschätzt (die Zahl wurde *APIS*, einem 1999/2000 durchgeführten, internationalen Projekt zur Zählung der antarktischen Packeisrobben entnommen). Diese Fülle ist eine Folge des Walfangs, der den Bestand der Großwale – Nahrungskonkurrenten der Robben um den Krill – erheblich dezimiert hat.

Ernährung Ihre Nahrung besteht fast ausschließlich aus Antarktischem Krill; sie frisst nachts und bleibt vier bis fünf Minuten in einer Tiefe von 20 oder bis 30 m, kann aber auch bis auf 250 m hinuntergehen. Ihr Gebiss wirkt wie ein Filter und ist speziell darauf eingerichtet, Krill zu fangen. Sie frisst aber auch Fische (*Pleurogramma antarcticum*) sowie Kopffüßer.

Fortpflanzung Mit 2,5 bis sechs Jahren. Keine Harems wie bei der Weddellrobbe; Mutter und Jungtier sind immer in Begleitung eines Männchens. Die Tragezeit dauert neun Monate; Geburten zwischen September und November, die meisten im Oktober; die Kleinen messen 1 m und wiegen 36 kg. Sie nehmen 4 kg pro Tag zu, und bei der Entwöhnung wiegen sie 110 kg. Das Männchen ist seinen Geschlechtsgenossen gegenüber sehr aggressiv. Die Paarung findet vier Tage nach der Entwöhnung des Jungtiers statt, aber erst nach 81 Tagen nistet der Embryo sich in der Gebärmutter ein (embryonale Diapause).

Natürliche Feinde Seeleoparden und Orcas.

Erhaltung der Art Nicht gefährdet.

Lebenserwartung Ungefähr 40 Jahre.

■ Seeleopard

Dieser prachtvolle Einzelgänger ist einer der außergewöhnlichsten Flossenfüßer, die es gibt. Er sieht beeindruckend aus. 2003 wurde eine

Ein Seeleopard beobachtet von einem Loch aus das Packeis.

28-jährige Biologin in der Nähe der britischen Station *Rothera* auf der Antarktischen Halbinsel bei einem Arbeitstauchgang von einem Seeleoparden getötet. Es ist der einzige Unfall dieser Art.

Wissenschaftlicher Name *Hydrurga leptonyx*.

Größe 2,8 bis 3,8 m; Gewicht: 320 bis 500 kg; die Weibchen sind größer als die Männchen. Das Tier ist sehr schlank und hat einen kräftigen Kopf, der ein bisschen an den eines Tyrannosaurus erinnert.

Laute Der Seeleopard hat ein großes Repertoire an Tönen, die er sowohl im Wasser als auch außerhalb von sich gibt.

Verbreitung Auf dem Packeis um den ganzen Kontinent herum. Einzelne Tiere wurden in Tasmanien, Neuseeland, Südamerika, Südafrika, auf der Inselgruppe Tristan da Cunha und den Macquarie-Inseln gesichtet. Sie sind Einzelgänger, und wir wissen noch nicht alles über ihr Verhalten.

Fortpflanzung Mit etwa sechs Jahren. Nach neun Monaten Tragezeit wird ein Junges, das bei der Geburt ungefähr 30 kg wiegt, geworfen.

Ernährung Seeleoparden fressen alles: Pinguine (Adélie-, Esels- und Kaiserpinguine), aber auch junge Krabbenfresser-, Pelz- und Weddellrobben sowie Krill, Fische und Kopffüßer. Bevor sie ihre Opfer fressen, reißen sie ihnen mit einer speziellen Technik die Haut ab.

Natürliche Feinde Orcas.

Bestand Wird auf 220 000 Tiere geschätzt.
Lebenserwartung Ungefähr 26 Jahre.

■ Rossrobbe

Sie ist die kleinste und – obwohl sie bereits 1844 entdeckt wurde – am wenigsten bekannte der antarktischen Robben, denn sie lebt auf dem festen Packeis, wohin man ohne Eisbrecher nur schwer gelangt. Sie hat eine sehr charakteristische Gestalt: Sie besitzt nämlich praktisch keinen Hals.

Größe 2 bis 2,6 m; Gewicht: 173 bis 220 kg. Die Weibchen sind größer als die Männchen. Die Neugeborenen messen 1,2 m und wiegen 16 kg.

Wissenschaftlicher Name *Ommatophoca rossii* zu Ehren von James Clark Ross.

Verbreitung Rund um die Antarktis. Sie wurde auch auf Heard Island, auf den Kerguelen und in Südaustralien gesichtet. Einzelgänger.

Fortpflanzung Mit drei bis vier Jahren. Geburten im November/Dezember, Paarung Ende Dezember bis Anfang Januar. Einnistung des Embryos: frühestens im März.

Ernährung Kopffüßer (65%), Krill und Fische. Die Rossrobbe jagt vor allem nachts. Eine Studie hat ergeben, dass die Tauchgänge mitten in der Nacht nicht so tief sind wie kurz vor dem Morgengrauen; das bedeutet, dass sie eine Beute jagt, die im Wasser von oben nach unten wandert. Ihr Tauchrekord beträgt 212 m.

Bestand Wird auf 220 000 Tiere geschätzt.
Natürliche Feinde Orcas und Seeleoparden.

Die seltene Rossrobbe.

Wale

Im antarktischen Sommer vermehren sich in den Gewässern rund um den Kontinent Milliarden und Abermilliarden von winzigen einzelligen Algen: Auf Englisch heißt dieses Phänomen *The Blooming of Plancton* – Planktonblüte. Damit vermehrt sich auch der Krill. Diese gut gefüllte Speisekammer lockt viele Bartenwale *(Mysticeti)* an; jedes Jahr wandern sie von den tropischen und gemäßigten Gewässern tief in den Süden und verbringen dort den Sommer. In der Antarktis anzutreffende Arten sind Buckelwal, Südlicher Zwergwal, Blauwal und Finnwal; bei den Zahnwalen *(Odontoceti)* sind es Pottwale und Orcas.

Die Strände der Süd-Shetlandinseln sind immer noch von Walknochen übersät.

■ Walfang

Im Laufe des 19. Jahrhunderts und bis in die Mitte des 20. Jahrhunderts hinein (1946 Gründung der *Internationalen Walfangkommission*; 1986 Verbot des kommerziellen Walfangs) hat der Walfang den Bestand dieser großen und wunderbaren Tiere stark dezimiert. Heute jagen noch zwei Länder Wale: Norwegen und Japan. Seit 1986, dem Inkrafttreten des Verbotes, hat Japan 9000 Wale getötet. Und seine Walfangflotten jagen weiter, »aus wissenschaftlichen Gründen«. In der Saison 2006/2007 haben die Japaner im Südpolarmeer – das ein ausgewiesenes Naturschutzgebiet ist – 505 Zwergwale und drei Finnwale erlegt. Die Planung hatte sogar 850 Zwergwale vorgesehen, doch ein Brand beschädigte ein Fabrikschiff, und damit war die Saison vorbei. Die Umweltschutzorganisation *Greenpeace* war mit ihrem Schiff ESPERANZA vor Ort, um die Walfänger aufzuhalten. Die Zeiten des Walfangs sind also leider noch nicht vorbei.

Bartenwale (Mysticeti)

■ Blauwal

Wissenschaftlicher Name *Balaenoptera musculus*. Er ist das größte lebende Säugetier auf der Erde.

Größe 20 bis 34 m; Gewicht: 80 bis 150 Tonnen (etwa so viel wie 18 Afrikanische Elefanten).

Blauwale wurden nach der Erfindung der Harpunenkanone Mitte des 19. Jahrhunderts beinahe ausgerottet. Da ein 25 m großes Tier 120 Fass Öl ergab, wurden diese Meeressäuger zu Tausenden abgeschlachtet. Zwischen 1904 und 1967 waren es auf der Südhalbkugel 350 000. Allein in der Saison 1931 wurden 29 000 Blauwale getötet.

Die Rote Liste der *IUCN* vermerkt, dass in den 1960er- und 1970er-Jahren sowjetische Walfänger Zehntausende Blauwale erbeuteten (die Zahlen sind nicht bestätigt). Heute wird der Bestand auf der Südhalbkugel auf 5000 Tiere geschätzt.

Verbreitung Während des antarktischen Sommers rund um die Antarktis, am Rand der Packeiszone.

Ernährung Pro Tag zwischen 3 und 8 Tonnen Krill.

Barten Auf jeder Seite des Oberkiefers 260 bis 400 (Länge: 50 bis 100 cm).

Fortpflanzung Geschlechtsreife mit sechs bis zehn Jahren. Die Neugeborenen messen 7 bis 8 m und wiegen 3 Tonnen. Der Blauwal pflanzt sich alle zwei bis drei Jahre fort (Tragezeit: zwölf Monate).

Arterhaltung Gefährdete Art: www.iucnredlist.org/

Alles auf einen Blick

■ Buckelwal

Wissenschaftlicher Name *Megaptera novaeangliae*. Einer der schönsten Wale, eine Begegnung mit ihm ist unvergesslich.

Größe Männchen 12,20 bis 14,60 m, Weibchen 13,70 bis 15,20 m. Gewicht: 25 bis 40 Tonnen. Sehr große, auf der Oberseite schwarze und auf der Unterseite weiße Brustflossen, ein Drittel der Körperlänge.

Verbreitung Alle Ozeane. Unterschiedliche Populationen auf der Nord- und auf der Südhalbkugel; mindestens fünf verschiedene Populationen im Südpolarmeer. Lange Wanderungen zwischen tropischen Gewässern (Fortpflanzung) und den südlichen Breitengraden (Nahrung).

Ernährung Krill und Ruderfußkrebse (in der Antarktis). Der Buckelwal hat eine besondere Fangtechnik, das *bubblenet feeding* (Blasennetzjagd): Die Beute wird mit einem Netz von Luftbläschen umgeben, um sie zusammenzuhalten und sie dann zu fressen. Ein Buckelwal frisst etwa 1,5 Tonnen pro Tag.

Barten 260 bis 400 auf jeder Seite des Oberkiefers (Länge: 76 cm).

Fortpflanzung Geschlechtsreife mit sechs bis zehn Jahren. Bei der Geburt misst das Junge 3 bis 4,5 m und wiegt eine Tonne. Pflanzt sich alle zwei bis drei Jahre fort.

Bestand Wird auf 30 000 geschätzt (35 % des ursprünglichen Bestandes).

Erhaltung der Art Als gefährdet eingestuft.

■ Zwergwal

Wissenschaftlicher Name Die antarktische Art heißt *Balaenoptera bonaerensis*.

Größe 7,20 bis 10,70 Meter; Gewicht: 5,9 Tonnen. Die Weibchen sind 1 m länger als die Männchen. Zwergwale sind leicht an ihrer Rückenflosse und ihrem spitzen Maul zu erkennen.

Lebensraum Die antarktische Art kommt weit in den Süden, bis ins Treibeis.

Bestand Ungefähr 500 000. Die japanischen Walfänger erbeuten jedes Jahr rund 400 Tiere.

Ernährung Krill.

▲ *Ein äußerst seltenes Bild von einem weißen Pottwal: Moby Dick gab es wirklich!*

Fortpflanzung Jedes Jahr ein Junges, das in den tropischen Gewässern zur Welt kommt.

Erhaltung der Art Wird als nicht gefährdet eingestuft.

Zahnwale (Odontoceti)

■ Pottwal

Wissenschaftlicher Name *Physeter macrocephalus*.

Größe Männchen 15 bis 18 m (35 bis 45 Tonnen); Weibchen 11 m (13 bis 14 Tonnen). Leicht zu erkennen am Blas, der wegen des einzigen, links befindlichen Blaslochs nach vorne links geneigt ist, an der Form der Fluke sowie daran, dass er keine Rückenflosse hat. Bevor er taucht, bläst er mehrmals und geht dann langsam hinunter, wobei die Fluke aus dem Wasser ragt.

Verbreitung Alle Ozeane. Auch im Mittelmeer bei Cap Corse, während des Sommers rund um die Antarktis, allerdings seltener im Weddellmeer oder in der Bellingshausensee. Er wurde massenweise getötet (allein im Jahr 1964 wurden 29 255 Pottwale erlegt).

Tauchgänge Der Pottwal ist ein außergewöhnlicher Taucher. Er geht bis auf 3300 m hinunter und kann dank der Sauerstoffreserven im Myoglobin seiner Muskeln etwa eine Stunde unter Wasser bleiben.

Ernährung Kopffüßer, Fische wie der Antarktische Seehecht. Frisst etwa eine Tonne pro Tag. Seine Kiefer sind mit 18 bis 25 kegelförmigen Zähnen »bewehrt«.

Fortpflanzung Geschlechtsreife mit etwa zehn Jahren. Tragezeit 14 bis 16 Monate; das Neugeborene misst 3 bis 4 m und wiegt eine Tonne. Alle drei bis fünf Jahre ein Junges.

Bestand Auf 360 000 Tiere geschätzt. Dass vor allem große Männchen getötet wurden, hat die Fortpflanzungsrate gesenkt.

▼ *Ein Orca schwimmt auf einen Beobachter auf dem Packeis zu.*

■ Orca oder Schwertwal

Wissenschaftlicher Name *Orcinus orca*.

Größe Männchen 7 bis 9 m; Weibchen 5 bis 7 m. Gewicht: Männchen 3,8 bis 5,5 Tonnen, Weibchen 4 Tonnen. Er hat eine sehr charakteristische Färbung und Rückenflosse. Manchmal kann man ihn beim *spy-hop* beobachten: Dabei streckt er den Kopf senkrecht aus dem Wasser, um seine Umgebung zu beobachten, z. B. auf dem Packeis liegende Robben.

Verbreitung In allen Meeren. Dringt bis ins offene Packeis vor. In der Antarktis soll es zwei verschiedene Orca-Arten geben, von denen eine angeblich kleiner ist und anstatt der weißen Flecken gelbe hat.

Bestand Auf 80 000 Exemplare geschätzt. Orcas leben in Gruppen von fünf bis zehn Tieren (in der Antarktis).

Fortpflanzung Geschlechtsreife mit etwa zehn Jahren. Die Tragezeit dauert 13 bis 17 Monate; bei der Geburt messen die Jungen 1,8 bis 2 m und wiegen 80 kg. Alle drei bis fünf Jahre ein Jungtier.

Ernährung Fische (zum Beispiel Antarktischer Seehecht), Kopffüßer, Krabbenfresser-Robben, Kaiserpinguine. Orcas greifen auch Zwergwale an.

www.iwcoffice.org/
www.oceanlaw.net/index.html
www.acsonline.org/

Die Antarktis ist umgeben vom Südpolarmeer, das wiederum klar begrenzt ist von der Polarfront – dem Zusammentreffen des kalten Wassers aus dem Südpolarmeer und des wärmeren Wassers aus dem Norden. Die Polarfront bildet eine biologische Grenze, die das Südpolarmeer zu einem 35 Millionen km² großen, praktisch geschlossenen Ökosystem macht. Dieses außergewöhnliche Ökosystem mit seiner biologischen Vielfalt (Fische, Krustentiere, Weichtiere, Vögel) steht seit 1982 unter dem Schutz des *CCAMLR*, des Übereinkommens über die Erhaltung der lebenden Meeresschätze der Antarktis, das für alle Arten innerhalb der Polarfront (etwa bei 50° S) gilt. Sitz des *CCAMLR* ist Hobart in Tasmanien (Australien).
www.ccamlr.org/

▲ Der Antarktische Krill, **Euphausia superba**, ein Krustentier. Während des Wachstums bildet er immer wieder einen neuen Chitinpanzer.

◀ Das Facettenauge des Krill ist ähnlich wie das anderer Gliederfüßer, zum Beispiel der Insekten. Ein solches Auge setzt sich aus Ommatidien genannten Einzelaugen zusammen.

Krill

Der Krill ist ein garnelenartiges, 6 cm langes und 1 g schweres kleines Krebstier. Er ist durchsichtig und hat große, runde, schwarze Augen wie die von Insekten und Spinnentieren (diese sind wichtig, um das Alter der Tiere zu bestimmen). Er gehört zum Zooplankton und nimmt eine Schlüsselstellung in der Nahrungskette des Südpolarmeeres ein: Von ihm ernähren sich Wale, Pinguine, Albatrosse, Sturmvögel, Krabbenfresser-Robben, Seeleoparden, Pelzrobben, Kalmare und Eisfische. Bei einem viermonatigen Aufenthalt in der Antarktis frisst ein Zwergwalweibchen ca. 56,2 Tonnen Krill. Wissenschaftler haben 85 verschiedene Arten identifiziert, fünf davon in den antarktischen Gewässern. Die häufigste ist *Euphausia superba*, von der es rund 500 Millionen Tonnen im Südlichen Ozean geben soll. Auf hoher See bilden sich gigantische Krillschwärme, die sich über Hunderte von Kilometern erstrecken und bis zu 30 000 Tiere pro m³ enthalten. Diese Schwärme lassen sich nur selten beobachten, da der Krill tagsüber in der Tiefe lebt und nachts an die Oberfläche aufsteigt. Er ist ein Pflanzenfresser und ernährt sich von winzigen, einzelligen Algen – den Diatomeen oder Kieselalgen, aus denen das Phytoplankton besteht. Die Diatomeen leben in der Nähe des Packeises; gefriert das Meerwasser, bilden sie dunkelgelbe Schichten im Eis. Der Krill hängt also immer mit dem Meereis zusammen: Seine Mundwerkzeuge sind so beschaffen, dass sie einerseits die Diatomeen von der Unterseite des Eises abschaben und diese andererseits nach dem Brechen des Eises aus dem Meerwasser herausfiltern können. Der Krill vermehrt sich im Sommer: Jedes Weibchen legt zweimal pro Jahr 8000 bis 10 000 Eier; die befruchteten Eier sinken auf 700 m herab. Dort entwickeln sich die Larven, die dann wieder an die Oberfläche steigen. Während des Wachstums häutet sich der Krill immer wieder (ebenso wie Krabben oder Langusten): Er wirft den alten Panzer ab und bildet einen neuen, größeren. Die Lebenszeit beträgt fünf bis sieben Jahre. Ernährung während des Polarwinters: Zum einen kommt er sehr lange ohne Nahrung aus (in Gefangenschaft bis zu 200 Tage), zum anderen schrumpft er, wenn nicht genügend Nahrung vorhanden ist. Der industrielle Krillfang setzte in den 1970er-Jahren ein (Russland, Japan, Norwegen). Die Probleme eines unkontrollierten Fanges haben zur Ratifizierung des internationalen Übereinkommens *CCAMLR* geführt. Diese Konvention trägt – zum ersten Mal – der Tatsache Rechnung, dass die Fischerei Einfluss auf ein ganzes Ökosystem haben kann. Krill wird vor allem in der Aquakultur verwendet; die aktuellen Fangraten liegen bei 100 000 Tonnen pro Jahr (das Maximum waren 150 000 Tonnen im Jahre 1981).

Begegnung mit dem Antarktischen Krill

Zweimal durfte ich das Krill-Aquarium der *Australian Antarctic Division (AAD)*, in Kingston, Tasmanien besuchen. Beide Male hatte ich einen hervorragenden Führer: Dr. So Kawaguchi, der für die Krill-Studien am *AAD* verantwortlich ist. Den Krill in Gefangenschaft außerhalb der Antarktis zu halten und erst recht ihn zu züchten, scheint beinahe ein Ding der Unmöglichkeit zu sein: Es gibt nur zwei Orte auf der Welt, wo Wissenschaftlern das gelungen ist, und die *Australian Antarctic Division* ist einer davon. Seit jeher stehen übrigens die australischen Teams an der Spitze der Krill-Forschung. So Kawaguchi führt mich durch die *Krill Facility*. Im ersten Raum werden einzellige Algen, das Futter für den Krill, in einer Art riesiger Reagenzgläser gezüchtet. Eines enthält eine orangefarbene Flüssigkeit, ein anderes eine grüne und wieder ein anderes eine gelbe: Die Farben hängen mit den Pigmenten der Mikroalgen zusammen. Doch es geht weiter: Ich folge Dr. Kawaguchi in den Raum mit dem Krill. Halbdunkel und eisige Kälte. Ich brauche ein paar Sekunden, um mich daran zu gewöhnen, bevor ich zwei große Becken erkennen kann, die bis zum Rand mit Meerwasser gefüllt sind. »Da sind sie«, sagt So. In den Becken befinden sich 6000 Tiere. Sachte und schweigend beugen wir uns über das Wasser. Keine schnellen Bewegungen, hatte So mir eingeschärft. In dem dunklen Wasser treibt ein Schwarm kleiner durchscheinender Garnelen langsam im Uhrzeigersinn. Sie haben uns gesehen und lassen sich zum Boden des Beckens sinken. Einen Augenblick später kommen sie wieder hoch. »Ein ganz normales Verhalten«, erklärt So. Die Arme auf den Beckenrand gestützt, beobachtet er sie begeistert. »Sie schauen uns an.« Tatsächlich, sie tauchen auf, als wollten sie uns betrachten. Eigentlich sind die Augen des Krill nur zwei schwarze ausdruckslose Kügelchen; dennoch fühle ich mich beobachtet. Wir schauen zu, wie sie das Wasser mit ihren Mundwerkzeugen filtern. Das alles kommt mir vor wie ein Wunder.

Kopffüßer und Fische

Kopffüßer

Die Kopffüßer *(Cephalopoden)* spielen eine außerordentlich wichtige Rolle im Ökosystem des Südpolarmeeres. Sie fressen jedes Jahr 100 Millionen Tonnen Antarktischen Krill *(Euphausia superba)*. Sie selbst sind Nahrung für viele Raubtiere wie Pinguine (Kaiserpinguine, Eselspinguine, in manchen Gebieten auch Adéliepinguine), Robben und Wale (Pottwale und Orcas). 34 Millionen Tonnen Kopffüßer sollen jedes Jahr von anderen Tieren gefressen werden. Im Rossmeer leben auch Koloss-Kalmare *(Mesonychoteuthis hamiltoni)* wie jenes Weibchen, das im Februar 2007 von einem neuseeländischen Fischerboot gefangen wurde. Der 500 kg schwere und 10 m lange Kalmar, der größte, der je gefangen wurde, verzehrte gerade die als Köder an den Leinen befestigten Seehechte.

Antarktische Fische

Der Ozean, der die Antarktis umgibt, ist eine Welt für sich, und die Fische, die dort leben, weisen erstaunliche Merkmale auf. Vor allem die Arten, die in der Nähe des Festlandes leben, denn sie haben sich an sehr spezielle Lebensbedingungen angepasst. Temperatur, Zähflüssigkeit, Dichte und Sauerstoffgehalt des Wassers sowie das Eis waren bei der Evolution der antarktischen Fische grundlegende Faktoren. Bisher wurden in den Gewässern um die Antarktis 274 Arten entdeckt (von 27 300 Arten weltweit). Davon gehören 95 zur Unterordnung der Nototheniidae. Diese Fische findet man auch in der Subantarktis, und das ist wahrscheinlich auch ihr Ursprungsgebiet, von dem aus sie in späteren Zeiten die Antarktis bevölkerten (das ist aber nicht sicher, denn Fossilien der modernen antarktischen Fische gibt es nicht).

In der Nähe des Festlandes liegt die Wassertemperatur immer unter dem Gefrierpunkt des Meerwassers (− 1,87 °C). Diese Temperatur bleibt das ganze Jahr über konstant, und es besteht so gut wie kein Unterschied zwischen der Wasseroberfläche und dem Meeresgrund. Der Kontinentalsockel liegt tiefer als anderswo (500 m statt 200 m), weil die Eisschilde mit ihrem enormen Gewicht auf dem Festland lasten. Bei einer so niedrigen Temperatur ist das Wasser sehr reich an Sauerstoff: Es enthält 1,6-mal mehr als 20 °C warmes Wasser. Es ist auch extrem dicht und zähflüssig (bei 0 °C ist es zwei mal so zähflüssig wie bei 25 °C), was die Fortbewegung deutlich erschwert. Hinzu kommt das Eis, das überall im Wasser ist, in Form von Grundeis, Schelfeis, Packeis und nicht zuletzt von winzigen, höchst gefährlichen Eiskristallen.

Befindet sich eine Flüssigkeit in einem unterkühlten Zustand (englisch: *supercooled*), reicht ein einziges Eiskristall oder ein Staubkörnchen, und sie gefriert unverzüglich. Die antarktischen Fische haben ein sehr wirksames Mittel gegen diese schreckliche Gefahr: Sie produzieren Frostschutzsubstanzen (Glycoproteine und Frostschutzpeptide), die sich sowohl in ihrem Blut befinden als auch in den anderen Körperflüssigkeiten, im Darm und in der Haut. Diese Substanzen – die vor 40 Jahren von dem amerikanischen Wissenschaftler Arthur DeVries entdeckt wurden – heften sich an die Eiskristalle, hemmen deren Wachstum und verhindern so, dass der Fisch zu einem Eisblock wird. Auch Insekten und Pflanzen produzieren solche Moleküle.

In Zukunft werden derartige Moleküle vielleicht von der Nahrungsmittelindustrie genutzt (zum Beispiel, um die cremige Konsistenz von Eis zu erhalten und die Bildung der wenig appetitlichen Eiskristallschichten zu verhindern). Evolutionsgeschichtlich haben sich die Glycoproteine und Frostschutzproteine zuerst außen auf dem Fisch befunden, in dem Schleim, der sie schützt, und später dann Eingang in die inneren Gewebe gefunden. Auch die Fische in der Arktis produzieren Frostschutzmoleküle – fast die gleichen wie die Nototheniidae in der Antarktis, obwohl sie nicht mit ihnen verwandt sind (der atlantische Kabeljau und der Grönlandkabeljau, der Fisch, den wir in unseren Supermärkten finden). Die wahre Gefahr für diese Fische, die perfekt an die Polarbedingungen angepasst sind, ist die Klimaerwärmung!

Auch in anderen Punkten haben sich die antarktischen Fische an ihre Umgebung angepasst. Sie haben keine Schwimmblase und ein sehr leichtes Skelett (Knorpel), was den Aufenthalt in sehr dichtem Wasser erleichtert, Veränderungen an Nieren (damit die Glycoproteine nicht ausgeschieden werden) und Herz-Kreislauf-System (sehr wenige rote Blutkörperchen). Eine Netzhaut mit vielen sehr lichtempfindlichen Fotorezeptoren. Doch die außergewöhnlichste Anpassung – und absolut einzigartig bei den Zehntausende von bekannten Wirbeltierarten auf der Erde – ist die einer Familie von Nototheniidae, den Channichthyidae oder Krokodileisfischen (15 Arten). In der Antarktis ist das Wasser so sauerstoffhaltig, dass die Channichthyidae weder Hämoglobin (das Protein in den roten Blutkörperchen, das den Sauerstoff bindet) bilden noch Myoglobin (das Protein, das den Sauerstoff in den Muskeln einschließlich des Herzmuskels speichert). Der Sauerstoff gelangt direkt von den Kiemen ins Blut und mit diesem in das Gewebe. Die Kiemen dieser Fische sind ebenso wie ihre Leber nicht rot, sondern weiß, und das Blut ist durchsichtig wie Wasser. Außerdem haben diese Fische ein erheblich größeres Blutvolumen als andere Fische und ein zweimal größeres Herz. Auch sie sind gut durch Frostschutzsubstanzen geschützt.

Zu den bekanntesten Fischen der Antarktis gehören die folgenden vier Nototheniidae.

Der Riesen-Antarktisdorsch oder Antarktische Seehecht *(Dissostichus mawsoni)* kommt rund um die Antarktis vor. Er wird bis zu 2,5 m lang, erreicht ein Gewicht von 70 kg und lebt in einer Tiefe von 20 bis 1600 m. Er ist der einzige Antarktisfisch, der kommerziell befischt wird (die Fangquoten werden vom *CCAMLR* festgelegt). Dieser Fisch dient auch Orcas, Pottwalen, Weddellrobben und Riesenkalmaren als Nahrung. Er wird bis 48 Jahre alt.

Der *Pagothenia borchgrevinki* misst zwischen 15 und 25 cm und wiegt 10 g. Er kann ohne zu gefrieren in den Spalten des Packeises leben. Ernährt sich von Krill und Ruderfußkrebsen. Natürliche Feinde: Weddellrobben.

Der *Trematomus bernacchii* misst 25–35 cm und wiegt 350 g. Er lebt in einer Wassertiefe zwischen 0 und 700 m und setzt sich manchmal auf einen Schwamm. Er ernährt sich von Ringelwürmern (Polychaeta), Schnecken und Flohkrebsen.

Der Antarktische Silberfisch *(Pleuro-*

▲ *Der Eisfisch* **Chionodraco hamatus**, *aufgenommen im Aquarium der italienischen Station M. Zucchelli. Er besitzt weder rote Blutkörperchen noch Hämoglobin.*

gramma antarcticum) ist überall um den Kontinent herum anzutreffen. Er misst 12–25 cm, lebt zwischen 0 und 900 m Tiefe im offenen Wasser oder unter dem Eis. Dieser Fisch ernährt sich von Ruderfußkrebsen, Krill und Ringelwürmern. Er ist ein sehr wichtiges Glied in der Nahrungskette des Südpolarmeeres: Seine natürlichen Feinde sind Weddell- und Krabbenfresser-Robben, Adélie- und Eselspinguine, Sturmvögel sowie andere Fischarten.

▼ *Der Antarktis-Tourismus ist ein lukrativer und blühender Erwerbszweig. Die Reisenden kommen vor allem aus den USA, Korea und Deutschland. Auf dem Bild unten geht eine Gruppe auf dem Packeis spazieren.*

Tourismus

Während des Südsommers gibt es in der Antarktis zehnmal so viele Touristen wie »Einheimische«. 1966 waren es nur einige Tausend Besucher, die vor allem mit Schiffen kamen, heute sind es Zehntausende, und ihre Zahl wächst ständig. Die Auswirkungen, vor allem auf der Halbinsel, sind leider nicht mehr zu übersehen. In der Saison 2006/2007 kamen laut Statistik 30 000 Touristen. 98 % besuchen die Antarktische Halbinsel auf Schiffen, eine kleine Anzahl (300–500 Touristen je nach Jahr) schafft es nach einer Woche bis ins Rossmeer. Im Laufe von fast 40 Jahren wurde der Tourismus deutlich ausgebaut und diversifiziert: Die meisten Besucher reisen auf mehr oder weniger großen Kreuzfahrtschiffen, einige wenige nehmen lieber Segelschiffe (vor allem von Südamerika und den Falklandinseln aus), wieder andere kommen mit Privatflugzeugen, und manche Touristen schließlich überfliegen die Antarktis mit Linienflugzeugen in sehr großer Höhe. Solche Flüge werden von einem australischen Reiseveranstalter in Zusammenarbeit mit Quantas angeboten. Startflughäfen sind Sydney, Melbourne und Adelaide. Die Flüge dauern zwölf Stunden, vier Stunden davon über der Antarktis. Seit 1994 haben 25 000 Passagiere auf diese Weise *The Ice* vom Himmel aus gesehen.

In diesem Zusammenhang möchte ich an den Absturz des Air-New-Zealand-Fluges 901 am 28. November 1979 erinnern: Das Flugzeug zerschellte an den Hängen des Vulkans Erebus, 237 Passagiere sowie 20 Besatzungsmitglieder kamen ums Leben. Es war die größte Flugzeugkatastrophe in der Antarktis. Die Überreste wurden erst 20 Stunden nach der Tragödie gefunden.

Das einzige Zeltlager für Touristen ist *Patriot Hills*, das eine eigene Landepiste besitzt. Die

▲ *Fotosession bei einer Kaiserpinguinkolonie.*

Reisenden kommen per Direktflug aus Punta Arenas (Chile).

Antarktisreisen sind eine höchst einträgliche Marktnische, denn die »Expeditionen« sind teuer. Das Angebot ist groß: der geografische Südpol, Bergsteigerziele wie der Mount Vinson, der höchste Berg der Antarktis, die Kaiserpinguinkolonien. Von den Schiffen aus werden mit Schlauchbooten oder Hubschraubern Ausflüge zum Festland gemacht, man kann Kajak fahren oder tauchen. Die Preise reichen von 4000 bis 65 000 US-Dollar pro Reise.

Rund 80 Reiseveranstalter haben sich zusammengeschlossen zu einer Vereinigung namens *IAATO (International Association of Antarctic Tour Operators)* mit Sitz in den USA, da 35 % der Touristen Amerikaner sind. Jedes Jahr nimmt ein Vertreter der *IAATO* an der *ATCM* teil, dem jährlichen Treffen der Konsultativvertragsparteien des Antarktisvertrages. Prinzipiell sind alle Reiseveranstalter aufgerufen, sich strikt an die Regeln des *Protokolls von Madrid* zu halten. Um bösen Überraschungen und Beutelschneidereien zuvorzukommen, müssen die Eigenschaften des Schiffs, der Route, des Meereises, der Besatzung und des- oder derjenigen, den die Veranstalter *expedition leader* nennen, genau geprüft werden. Je erfahrener diese Person ist, desto besser stehen die Chancen für einen Erfolg der Reise.

Bibliografie

Allgemein
McGonigal David / Woodworth, Lynn: *Die Welt der Antarktis und der Arktis*, Delius Klasing, Bielefeld 2008
Pyne, Stephen J.: *The Ice*, Weidenfeld & Nicolson, London 2003
Rubin, Jeff: *Lonely Planet Antarctica*, Lonely Planet, London 2005

Wissenschaft allgemein
Roland, Norbert W.: *Antarktis. Forschung im ewigen Eis*, Spektrum, Heidelberg 2009
Fütterer, Dieter Karl / Fahrbach, Eberhard: *Polarstern. 25 Jahre Forschung in Arktis und Antarktis*, Delius Klasing Verlag, Bielefeld 2008

Wildlife
Ainley David G.: *The Adélie Penguin, Bellwether of Climate Change*, Columbia University Press, New York 2002
Shirihai, Hadoram: *The complete guide to Antarctic Wildlife*, Princeton University Press, Princeton 2002
Eastman, Joseph T.: *Antarctic Fish Biology. Evolution in a Unique Environment*, Academic Press Inc., London 1993
Lynch, Wayne: *Penguins of the World*, Firefly Books, Ontario 1997

Geologie
Le Masurier, Wesley / Thomson, Janet: *Volcanoes of the Antarctic Plate and Southern Oceans*, American Geophysical Union, Columbia 1990
Hambrey, Michael J. / Alean Jurg: Glaciers, Cambridge University Press, Cambridge 2004

Expeditionen
Charcot, Jean-Baptiste: *Autour du Pole Sud. Expédition du »Pourquoi-Pas?«*, Flammarion, Paris 1910
Ponting, Herbert G: *The Great White South*, Cooper Square Press, Lanham 2001
Rifenburgh, Beau: *Nimrod. Ernest Shackleton und die außergewöhnliche Geschichte der Südpolexpedition 1907–1909*, Berlin Verlag, Berlin 2006
Amundsen, Roald: *Die Eroberung des Südpols 1910–1912*, Ed. Erdmann, Lenningen 1989
Bomann-Larsen, Tor: *Amundsen. Bezwinger beider Pole. Die Biographie*, mare Buchverlag, Hamburg 2007
Scott, Robert Falcon: *Letzte Fahrt. Kapitän Scotts Tagebuch. Tragödie am Südpol 1910–1912*, Ed. Erdmann, Lenningen 1997
Langner, Rainer-K.: *Duell im ewigen Eis. Scott und Amundsen oder Die Eroberung des Südpols*, Fischer, Frankfurt am Main 2007
Shackleton, Sir Ernest: *Mit der Endurance ins ewige Eis. Meine Antarktisexpedition 1914–1917*, Piper, München 2009
Lansing, Alfred: *635 Tage im Eis. Die Shackleton-Expedition*, Goldmann, München 2008
Cherry-Garrard, Apsley: *Die schlimmste Reise der Welt. Die Antarktis Expedition 1910–1913*, Semele Verlag, Berlin 2006
Alexander, Caroline: *Die Endurance. Shackletons legendäre Expedition in die Antarktis*, Berliner Taschenbuch Verlag, Berlin 2005
Byrd, Richard E.: *Aufbruch ins Eis. Abenteuer Polarnacht*, Sierra Verlag, München 2001
Fuchs, Sir Vivian / Hillary, Sir Edmund: *The Crossing of Antarctica*, Cassell, London 1958
Hillary, Edmund: *Wer wagt, gewinnt*, National Geographic, München 2007
Fuchs, Arved: *Im Schatten des Pols. Auf Shackletons Spuren im härtesten Meer der Welt*, Delius Klasing Verlag, Bielefeld 2000
Fuchs, Arved: *Von Pol zu Pol*, Delius Klasing Verlag, Bielefeld 2003
Messner, Reinhold: *Himmel und Hölle zugleich*, Fischer Tb, Frankfurt a. M. 2004
Granser, Nora: *Kalte Füße inklusive. Mein Jahr in der Antarktis*, Droemer/Knaur, München 2008

Kunst
Krause, Reinhard A. / Scholl, Lars U.: *Der Zauber der antarktischen Farben*, Hauschild, Bremen 2004
Libbrecht, Kenneth: *Schneeflocken. Juwelen des Winters*, Sanssouci, München 2005

Websites

Argentinien: www.dna.fov.ar
Australien: www.new-aad.gov.au
Belgien: www.belspo.be/belspo/BePoles/index_en.stm
Chile: www.inach.cl
China: www.chinare.cn
Deutschland: www.awi.de und www.polarjahr.de
Frankreich: www.institu-polaire.fr
Großbritannien: www.antarctica.uk
Indien: www.ncaor.gov.in
Italien: www.pnra.it
Japan: www.nipr.ac.jp
Niederlande: www.nwo.nl/subsidiewijzer.nsf/pages/NWOA_4YDGAT_Eng
Neuseeland: www.antarcticanz.govt.nz
Norwegen: npweb.npolar.no
Peru: www.rree.gob.pe/portal/pwinanpe.nsf/Index?OpenForm
Russland: www.aari.nw.ru/default_en.asp
Schweden: www.polar.se
Spanien: www.mec.es/ciencia/jsp/plantilla.jsp?area=comPolar&id=20
Südafrika: home.intekom.com/sanae
USA: www.nsf.gov/div/index.jsp?div=ANT
Sekretariat des Antarktisvertrages: www.ats.aq
Scientific Committee on Antarctic Research (SCAR): www.scar.org
Antarctic and Southern Ocean Coalition (ASOC): www.asoc.org
International Association of Antarctica Tour Operators (IAATO): www.iaato.org
Weltorganisation für Meteorologie (WMO): www.wmo.ch
Internationales Polar Office (IPY): www.ipy.org
Scott Polar Research Institute: www.spri.cam.ac.uk
Byrd Polar Research Center: www-bprc.mps.ohio-state.edu
Gateway Antarctica – University of Canterbury: www.anta.canterbury.ac.nz
The Antarctic Sun: antarcticsun.usap.gov
The Antarctic Connection: www.antarcticconnection.com
NASA (live aus der Antarktis): quest.arc.nasa.gov./antarctica
EducaPoles (Bildungsseite der International Polar Foundation): www.educapoles.org
70° South: www.70south.com
Mount Erebus: erebus.nmt.edu
David Ainley: penguinscience.com
Isis: www.noc.soton.ac.uk
Marum: www.rcom.marum.de
ANDRILL: www.andrill.org
Astronomie am Südpol: spt.uchicago.edu/public/telescope_optics.html
BICEP: astro.caltech.edu/~lgg/becep_front.htm
COMNAP: www.comnap.aq
NSF: www.nsf.gov
Scott Base: www.scottbase50years.co.nz
Kunst: www.stellaraxis.com
Philatelie: www.taaf.fr

Webcams in der Antarktis

Casey Station (Australien): www.aad.gov.au/asset/webcams/casey/default.asp
Davis Station (Australien): www.aad.gov.au/asset/webcams/davis/default.asp
Macquarie Island Station (Australien): www.aad.gov.au/asset/webcams/macca/default.asp
The Automated Astrophysical Site-Testing Observatory (AASTO) auf der Amundsen-Scott Station: www.phys.unsw.edu.au/southpolediaries/webcam.html
Mawson Station (Australien): www.aad.gov.au/asset/webcams/mawson/default.asp
O'Higgins Station (Chile): www.martingrund.de/pinguine
Halley Station (Großbritannien): www.antarctica.ac.uk/living_and_working/stations/Halley/Webcam
Neumayer Station (Deutschland): www.awi-bremerhaven.de/NM_WebCam
www.neumayer.realnature-expedition.de
Scott Base (Neuseeland): www.antarcticanz.govt.nz/education/2568
Forschungsschiff des British Antarctic Survey (Großbritannien): www.antarctica.ac.uk/living_and_working/Transport/Ships/Webcam

Museen

Christchurch, Neuseeland: www.canterburymuseum.com
International Antarctic Centre, Christchurch: www.iceberg.co.nz
Hobart, Tasmanien, Australien: www.tmag.tas.gov.au
Italien: Standorte in Genua, Siena und Triest: www.mna.it
Frankreich: Centre Polaire Paul-Émile Victor in Prémanon (Jura): www.centrepev.com
Großbritannien: Discovery: www.rrsdiscovery.com/index.php?pageID=129&PHPSESSID=17581ab9a2de0c6789c0856ae151e681
Norwegen: Polarschiff von Fridtjof Nansen und Amundsen im Frammuseet (Oslo): http://www.fram.museum.no/de/
USA: www.exploratorium.org

Pinguine beobachten kann man in der größten Pinguinkolonie Europas im *Océanopolis*, Brest (Frankreich, Bretagne).

Bildnachweis

Umschlag: © Eric Dietrich/Hedgehog House/Minden Pictures/J.H. Editorial • Vorsatzseiten: © Lucia Simion • S. 3: © Lucia Simion • S. 4-5: ©Yann Arthus-Bertrand/Altitude • S. 8-9: © Norbert Wu/Minden Pictures/J. H. Editorial • S. 10: © Tui De Roy/Minden Pictures/J.H. Editorial • S. 14: © Bryan Storey/Bristish Antarctic Survey • S. 15: © Lucia Simion • S. 16: © Ingo Arndt/Minden Pictures/J. H. Editorial • S. 17: © Francis Latreille • S. 18-19: © Norbert Wu/Minden Pictures/J. H. Editorial • S. 20-21: © Lucia Simion • S. 22-23: © Yann Arthus-Bertrand/Altitude • S. 24-25: © Norbert Wu/Minden Pictures/J. H. Editorial • S. 26-27: © Norbert Wu/Minden Pictures/J. H. Editorial • S. 28-29: © Yann Arthus-Bertrand/Altitude • S. 30-31: © Frans Lanting/Minden Pictures/J. H. Editorial • S. 32-33: © Frank Todd/Arcticphoto/Cosmos • S. 34: SPL/Cosmos • S. 36-37: © Gordon Wiltsie/National Geographic Society • S. 38 (l): © Kevin Sheridan • S. 38-39: © James Dragisic • S. 41: © Lucia Simion • S. 42-43: © Lucia Simion • S. 44-45: © Lucia Simion • S. 46: © Norbert Wu/Minden Pictures/J.H. Editorial • S. 48: © Yann Arthus-Bertrand/Altitude • S. 49: © Yann Arthus-Bertrand/Altitude • S. 50: NASA • S. 50-51: © Yann Arthus-Bertrand/Altitude • S. 52-53: © George Steinmetz/Cosmos • S. 54-55: © George Steinmetz/Cosmos • S. 56: © Philipp Kyle • S. 57 (o): © Josh Landis/NSF • (u): © Philipp Kyle • S. 58-59: © Yann Arthus-Bertrand/Altitude • S. 60-61: © Yann Arthus-Bertrand/Altitude • S. 62: © Yann Arthus-Bertrand/Altitude • S. 63 (o): © Yann Arthus-Bertrand/Altitude • (u): © Andris Apse • S. 64-65: © George Steinmetz/Cosmos • S. 66: © Thomas Sorrentino • S. 67: © Antartic Sun/NSF • S. 68-69: © Lucia Simion • S. 70-71: © Yann Arthus-Bertrand/Altitude • S. 72: © LGGE • S. 73: © Phototèque CNRS • S. 75: © Norbert Wu/ Minden Pictures/J.H. Editorial • S. 76-77: © Norbert Wu/ Minden Pictures/J.H. Editorial • S. 78-79: © Tui De Roy/Minden Pictures/J.H. Editorial • S. 80-81: © Hans Reinhard-Tierfoto • S. 82-83: © Gerald Kooyman • S. 84-85: © Tui De Roy/ Minden Pictures/J.H. Editorial • pp 86-87: © Graham Robertson • S. 88: © Lucia Simion • S. 89: © Doug Allan/Nature PL/Jacana/Eyedea • S. 90: © Frans Lanting/Minden Pictures/J.H. Editorial • S. 90-91: © Frans Lanting/Minden Pictures/J.H. Editorial • S. 92-93: © Gordan Court/Hedgehog House/Minden Pictures/J.H. Editorial • S. 94: Peter West/NSF • S. 95: Emily Stone/NSF • S. 96 (o und u): © Frans Lanting/Minden Pictures/J.H. Editorial • (M): © Tui De Roy/Minden Pictures/J.H. Editorial • S. 97 (o): © Tui De Roy/Minden Pictures/J.H. Editorial • (u): © Colin Monteath/Hedgehog House/ Minden Pictures/J.H. Editorial • S. 98: © Lucia Simion • S. 99: © Konrad Wothe/Minden Pictures/J. H. Editorial • S. 100-101: © Paul Nicklen/National Geographic Society • S. 102 (l): © Norbert Wu/ Minden Pictures/J. H. Editorial • S. 102-103: © Lucia Simion • S. 104-105: © Norbert Wu/Minden Pictures/J. H. Editorial • S. 106-107: © Colin Monteath/Hedgehog House/Minden Pictures/J.H. Editorial • S. 108: © So Kawaguchi • S. 109: © Lucia Simion • S. 110-111: © Ingo Arndt/Minden Pictures/J. H. Editorial • S. 112: © Ingo Arndt/ Minden Pictures/J. H. Editorial • S. 113, 114 und 115: © Norbert Wu/ Minden Pictures/J. H. Editorial • S. 116-117: © Frank Hurley/Scott Polar Research Institute • S. 118 (l): © Biblioteca Universidad, Barcelona/Paul Maeyaert/The Bridgeman Art Library • (r): © Royal Geographical Society, London/The Bridgeman Art Library • S. 120: The Bridgeman Art Library (Coll. Part.) • S. 121: © Royal Geographical Society, London/The Bridgeman Art Library • S. 122 und 123: Privatsammlung • S. 124-125: © Herbert Ponting/Royal Geographical Society • S. 126 und 127: © Herbert Ponting/Royal Geographical Society • S. 128 (o): © Anon/Royal Geographical Society • (u): H.R. Bowers/ Royal Geographical Society • S. 128-129: © Herbert Ponting/Royal Geographical Society • S. 130 und 131: © Frank Hurley/Royal Geographical Society • S. 132-133: © Frank Hurley/Royal Geographical Society • S. 134: © Bettmann/Corbis • S. 135 und 136 (or): © OSU Archives collections • S. 136 (ol): Frank Hurley/Royal Geographical Society • (u): Herbert Ponting/Royal Geographical Society • S. 137: Herbert Ponting/Royal Geographical Society • S. 138: © Hulton-Deutsch Collection/Corbis • S. 139: Corbis • S. 140: Francis Latreille/7e Continent • S. 141: © Stephane Compoint • S. 142-143: © Lucia Simion • S. 144-145: © Lucia Simion • S. 146 (o und u): © Lucia Simion • S. 147: © George Steinmetz/Cosmos • S. 148 und 149: © Lucia Simion • S. 150 und 151: © Lucia Simion • S. 152: © Lucia Simion • S. 153 (o): © Peter Somers/NSF • (u): © Lucia Simion • S. 154: © Bill Bloss • S. 155: © Craig Nicholls • S. 156: (o) © Gauthier Chapelle/AWI • (u): NASA • S. 157 (o): © Julian Gutt/AWI; MARUM • (u): © NOCS-BAS • S. 158: © Peter Rejcek/NSF • S. 159 (r): Peter Rejcek/NSF • (M): ANDRILL • S. 160: © IceCube/NSF-GRANT-OPP-0236449 • S. 161 (o): © Nobuyoshi Kitamura/NSF • (M): © Ethan Dicks/NSF • (u): © Albrecht Karle/NSF • (r): © IceCube/NSF-GRANT-OPP-0236449 • S. 162-163: © Rhys Boulton/NSF • S. 164 und 165: © Luigi Folco/MNA • S. 166-167: NASA • S. 168: Scott Smith/NSF • 169: © Lucia Simion • S. 170-171: © Lucia Simion • S. 172 und 173: © Lucia Simion • S. 174: © Lucia Simion • S. 174-175: © Lucia Simion • S. 176: Elaine Hood/NSF • S. 176-177: Glenn Grant/NSF • S. 178-179: British Antarctic Survey • S. 179 (o): AWI Alfred Wegener Institut • (M): Detrois SA-IPF • S. 180 und 181: © Lucia Simion • S. 182-183: © Jean de Pomereu • S. 184: © Guillaume Dargaud • S. 185: © Roberto Dicasillati • S. 186-187: © Yann Arthus-Bertrand/Altitude • S. 188: © Lucia Simion • S. 189 (o): © Lucia Simion • (M): © Kris Kuenning/NSF • (u): © Jordan Goodman/NSF • S. 190: © Sean Louttit • S. 191: © Lucia Simion • S. 192 und 193: © Lucia Simion • p 194: © Lucia Simion • S. 195: TAAF • S. 196: © Lucia Simion außer (ol): © Bill Servais-McMurdo Hospital/NSF • S. 197: © Lucia Simion außer (Ml): NOOA Photo Library und (ul): © Donald Le Roi/NOOA/NSF • S. 200 (ol): Akg-images • (ul): © Zina Deretsky/NSF • (ur) © Lucia Simion • S. 201 à 205 Briefmarken: NZPost-Ross Dependency • S. 201 (or): NOOA Photo Library • (ur): © Lucia Simion • S. 202, 203 und 204: © Lucia Simion • S. 205 (o): Rue des Archives • S. 206 (ol): © Lucia Simion • (oM) Bob McElhinney/Helicopters NZ • (ul): DR • (uM): © Cécile Engrand/CNRS Photothèque • (r) CNRS Photothèque • S. 207 (l): © Luigi Folco/NNA • (oM): © Lucia Simion • (uM): © Michael Gilbert/SPL/Cosmos • (or): NASA • S. 208 (ol und ul): © Lucia Simion • (M): © William Hammer/NSF, Research Cast International • (r): © Kristan Sabbatini/NSF • S. 209, 210 und 211: © Lucia Simion • S. 212 (ul): © Téo Allofs/Zefa/Corbis • (Ml und Mr): © Lucia Simion • (or): © Ariana Owens/NSF • (ur): ©Tui De Roy/Minden Pictures/J.H. Editorial • S. 213 (o und Ml): © Lucia Simion • (Mr): © Ariana Owens/NSF • (u): © Harry Kaiser/NSF • S. 214 (u): © Lucia Simion • (M): © Doug Allan/NPL/Jacana/Eyedea • S. 215 (o und M): © Lucia Simion • (u): DR • S. 216 (o): © Hiroya Minakuchi/Minden Pictures/J.H. Editorial • (u): © Donald Le Roi/NOOA/NSF • S. 217 (o): © Stephan Nicol/Australian Antarctic Division • (M): DR • S. 218 und 219: © Lucia Simion • S. 224: © Lucia Simion

Karten und Schaubilder S. 198-199: Corredoc

Danksagung

Die Autorin möchte all jenen danken, die dieses Projekt ermöglicht haben.
Mein erster Gedanke geht an den Verlag Belin und an alle, mit denen ich an diesem Werk zusammengearbeitet habe.
Ein besonderer Dank geht an Yann Arthus-Bertrand, Isabelle Lechenet, Isabelle Bruneau und Erwan Sourget von *La Terre vue du Ciel-Altitude*; ein herzlicher Dank an Annie Boulat und das ganze *Cosmos*-Team, die mir immer zur Seite gestanden haben; ebenfalls herzlichen Dank an Joël Halioua, den Agenten von *Minden Pictures* in Frankreich, sowie an Larry Minden und alle seine Fotografen; vielen Dank an Claude Lorius, Präsident der französischen Sektion des *Internationalen Polarjahres (IPY)*, Dank an das *Institut Polaire Français Paul-Émile Victor* und an Nino Cucinotta, den Direktor des *Programma Nazionale Ricerche in Antartide (P.N.R.A.)*; dankbar bin ich David G. Ainley, So Kawaguchi, Philip Kyle, Luigi Folco, Rhian Salmon, Roberto Dicasillati, Sean Loutitt; Dank an Linda Capper, Athena Dinar und Becky Allen vom Pressedienst des *British Antarctic Survey*; Dank an Margarete Pauls und Julian Gutt vom *Alfred-Wegener-Institut (AWI)*; Dank an Sally Chambers, Jessica Fitzpatrick und Graham Robertson von der *Australian Antarctic Division*; Dank an Rita Bartolomei; Dank an Jean-Marie Jaguenaud von den *Terres Australes et Antarctiques Françaises (TAAF)*; Dank an Jean Duprat vom *Centre de Spectrométrie Nucléaire et de Spectrométrie de Masse – Conseil National de la Recherche Scientifique (CSNSM-CNRS)*, Alain Manouvrier, Jocelyne Le Bret, Serge Marco, Hélène Herbet-Jacquin, Caroline Gilbert. Dank an Richard Levy, Ross Powell, David Harwood von *Antarctic Geological Drilling (ANDRILL)*; Dank an Professor Francis Halzen und Bob Morse von *IceCUBE* sowie an Evelyn Malkus; Lou Sanson, Direktor von *Antarctica New Zealand*; Pierre Jouventin vom *Centre d'Écologie Fonctionnelle et Évolutive (CEFE-CNRS)*; Elaine Hood von der *Antarctic Photo Library*, Kristan Sabbatini, John Behrendt, JC Hureau, Silvia Olmastroni, Francesca Pezzo. Dank an José Luis Agraz vom Sekretariat des *Antarktisvertrages*. Dank an Pascal Briard von *Canon*, an Cyril Drouhet und Wanda Schmollgruber von *Figaro Magazine*, an Joëlle Pichon von *Images Doc*, an Jean-Christophe von *Objectif Bastille*, an Stephanie Sterchele von *Singapore Airlines*. Dank an alle meine philatelistischen Polarfreunde.

Diesen Band widme ich meinem Neffen Roberto, der schon im Alter von elf Jahren sein Herz an die Antarktis verloren hat.

Inhaltsübersicht

Inhalt 5
Geleitwort von Jean-Louis Étienne 6

Einführung 11
Gewaltige Größe 11
Unter der Eiskappe 12
Ein einzigartiger internationaler Vertrag 12
Ein neues Umweltbewusstsein 13
Neue Abenteurer 14

Die Antarktis, ein Eisplanet 33
Gondwana 35
Eisschilde 40
Gletscher und Eisschelfe 47
Berge und Vulkane 48
Begegnung: Philip Kyle – im Zeichen des Vulkans .. 56
Trockentäler 63
Begegnung: Yann Arthus-Bertrand –
Die Antarktis von oben 66
Begegnung: Claude Lorius – sucht im Eis nach
der klimatischen Geschichte der Erde 72
Subglaziale Seen 74
Auf dem Grund des gefrorenen Ozeans 74

Das Leben auf dem Kontinent
der Extreme 79
Mitten in der antarktischen Wüste 80
Die Pinguine 89
Begegnung: David G. Ainley – erforscht die
Ökologie der Meeresvögel 94
Extreme Bedingungen 97
Die Meeressäuger 101
Begegnung: So Kawaguchi und die Ökologie
des Antarktischen Krills 108
Fische mit durchsichtigem Blut 114

Das Heroische Zeitalter
der Polarforschung 117
Terra australis incognita 118
Die ersten Entdecker 119
Cook beinahe am Ziel 119
Dumont d'Urville, Wilkes und Ross in der
Antarktis 121
Die Charcot-Expedition 122
Das Duell zwischen Scott und Amundsen 126
Shackletons Odyssee 131
Der Pol von oben 134
Die modernen Forscher 138
Begegnung: Jean-Louis Étienne – auf dem
Gipfel des Mount Erebus 140

Ein Land des Friedens und der
Wissenschaft 143
Das größte Labor der Erde 144
EPICA: 800 000 Jahre Geschichte der
Atmosphäre 149
Astronomie und Astrophysik 150
Begegnung: Rhian Salmon lenkt die öffentliche
Aufmerksamkeit auf die Polargebiete 154
Die POLARSTERN und die Erforschung neuer
Gefilde unter dem Eis 156
Klimatologie *ANDRILL* 158
IceCube, das größte wissenschaftliche
Instrument der Erde 160
Der Himmel über dem Südpol 163
Begegnung: Luigi Folco – auf der Jagd nach
antarktischen Meteoriten 164
Die Forschungsstationen in der Antarktis 166
Die Verwaltung und das *Antarktische
Vertragssystem* 168
Concordia, die französisch-italienische Entente ... 172
Dumont-d'Urville, Mario Zucchelli 174
McMurdo und *Amundsen-Scott* 176
Neue antarktische Stationen 2007/2008 178
Wohnen und arbeiten in der Antarktis 180
Begegnung: Roberto Dicasillati – Arzt in
extremer Umgebung 184
Eine neue Flugpiste in der Antarktis 188
Begegnung: Sean Loutitt gelangt auch
während des Polarwinters an den Südpol 190
Reise eines Briefes ans Ende der Welt 195

Alles auf einem Blick 196
Karte der Antarktis 198
Kleine Geschichte der Polarjahre 200
Antarktisforscher 201
Meteoriten und Mikrometeoriten 206
Ozon 207
Dinosaurier und Fossilien in der Antarktis 208
Pinguine 209
Andere Vögel der Antarktis 212
Robben 214
Wale 215
Krill 217
Kopffüßer und Fische 218
Tourismus 219

Bibliografie, Websites, Webcams
und Museen 220
Bildnachweis 221
Danksagung 222

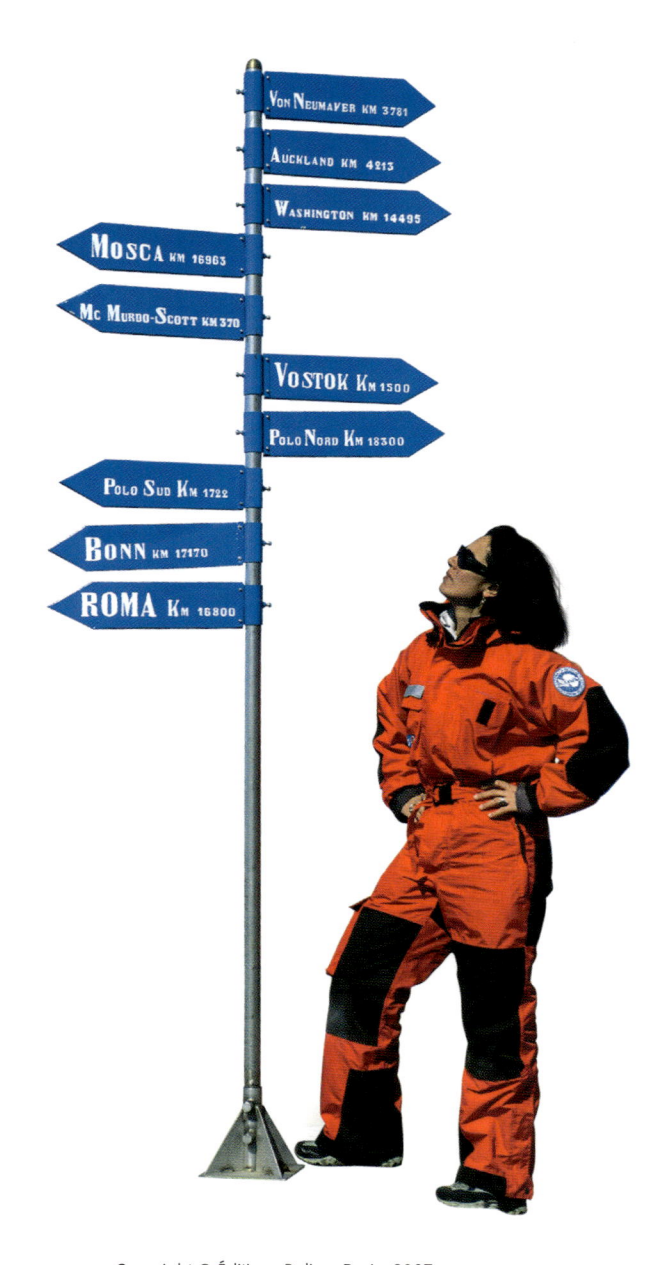

Copyright © Éditions Belin – Paris, 2007
Titel der französischen Originalausgabe: Antarctique, cœur blanc de la terre

Bibliografische Information der Deutschen Nationalbibliothek
Die Deutsche Nationalbibliothek verzeichnet diese Publikation in der Deutschen Nationalbibliografie;
detaillierte bibliografische Daten sind im Internet über http://dnb.d-nb.de abrufbar.

1. Auflage
ISBN 978-3-7688-2621-1
Die Rechte für die deutsche Ausgabe liegen beim Verlag Delius, Klasing & Co. KG, Bielefeld

Orthografie der geografischen Orte nach »Knaurs großer Weltatlas«, 2004
Aus dem Französischen von Nicola Volland
Schutzumschlaggestaltung: Gabriele Engel
Satz: Hans Kock Buch- und Offsetdruck GmbH
Printed in France 2009

Alle Rechte vorbehalten! Ohne ausdrückliche Erlaubnis des Verlages darf das Werk, auch nicht Teile daraus, weder
reproduziert, übertragen noch kopiert werden, wie z. B. manuell oder mithilfe elektronischer und mechanischer
Systeme inklusive Fotokopieren, Bandaufzeichnung und Datenspeicherung.

Delius Klasing Verlag, Siekerwall 21, D - 33602 Bielefeld
Tel.: 0521/559-0 · Fax: 0521/559-115 · E-Mail: info@delius-klasing.de · www.delius-klasing.de